앞선 정보 제공! 도서 업데이트

언제, 왜 업데이트될까?

도서의 학습 효율을 높이기 위해 자료를 추가로 제공할 때!
공기업 · 대기업 필기시험에 변동사항 발생 시 정보 공유를 위해!
공기업 · 대기업 채용 및 시험 관련 중요 이슈가 생겼을 때!

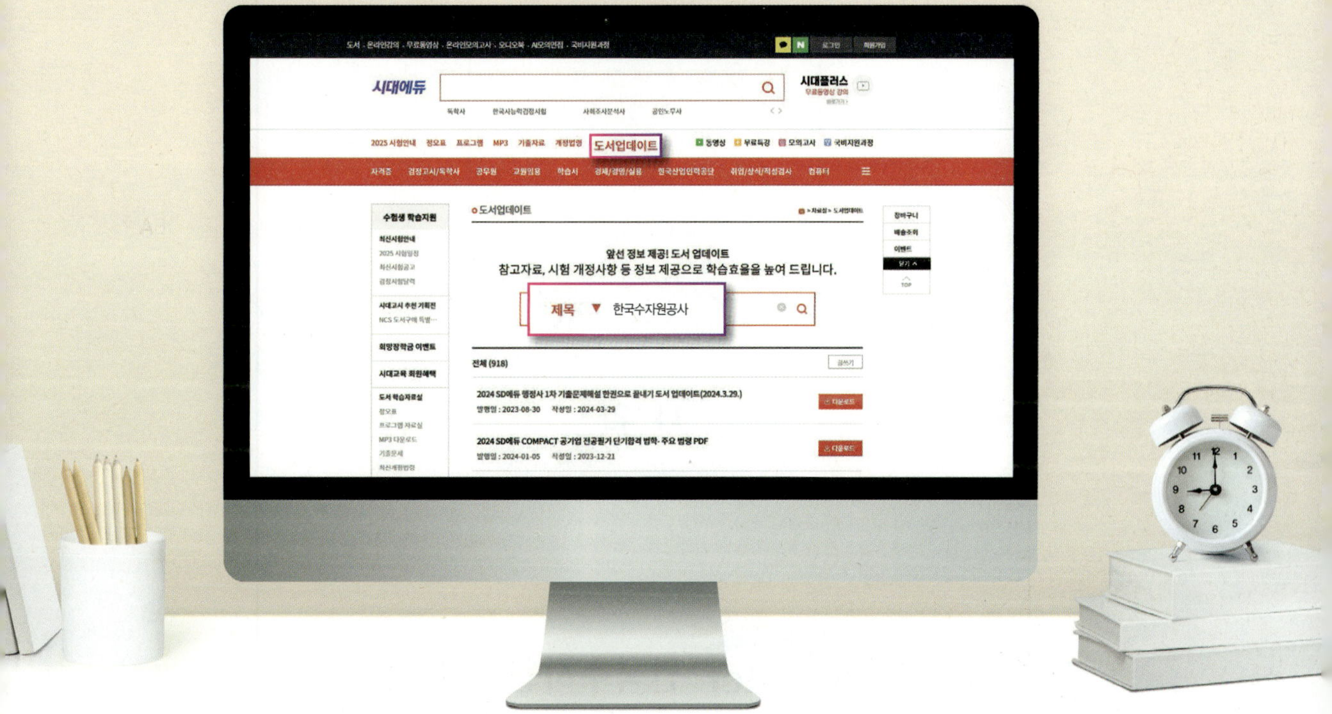

01 시대에듀 도서 www.sdedu.co.kr/book 홈페이지 접속

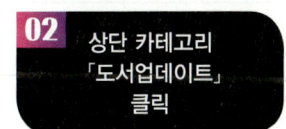

02 상단 카테고리 「도서업데이트」 클릭

03 해당 기업명으로 검색

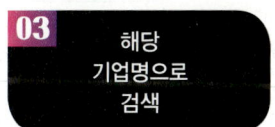

참고자료, 시험 개정사항 등 정보 제공으로 학습효율을 높여 드립니다.

#나의_사원증_미리_채우기

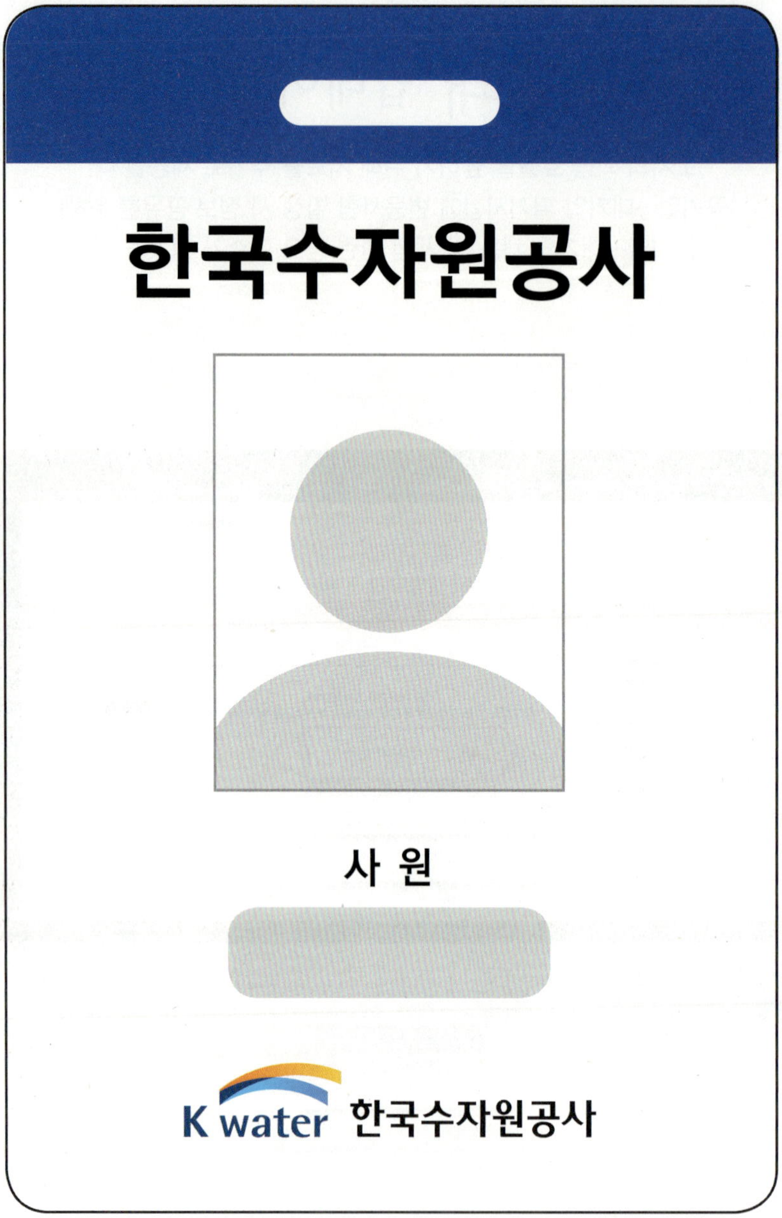

#취뽀성공 #합격은_나의_것 #올취완_올해취업완료 #한국수자원공사_신입사원

사이다

사일 동안
이것만 풀면
다 합격!

한국수자원공사 NCS + 전공

시대에듀

2026 최신판 시대에듀 사이다 모의고사
한국수자원공사 NCS + 전공

Always **with you**

사람의 인연은 길에서 우연하게 만나거나 함께 살아가는 것만을 의미하지는 않습니다.
책을 펴내는 출판사와 그 책을 읽는 독자의 만남도 소중한 인연입니다.
시대에듀는 항상 독자의 마음을 헤아리기 위해 노력하고 있습니다. 늘 독자와 함께하겠습니다.

머리말 PREFACE

인류가 직면한 기후 리스크를 해결하고 무난한 일상을 지키는 한국수자원공사는 2026년에 신입사원을 채용할 예정이다. 한국수자원공사의 채용절차는 「입사지원서 접수 ➡ 서류전형 ➡ 필기전형 ➡ 면접전형 ➡ 자격요건 적부심사 ➡ 최종 합격자 발표」 순서로 이루어진다. 필기전형은 직업기초능력평가와 직무능력평가로 진행하며, 그중 직업기초능력평가는 의사소통능력, 수리능력, 문제해결능력, 자원관리능력 총 4개의 영역을 평가하고, 직무능력평가는 직렬별 전공과 K-water 수행사업을 평가하므로 반드시 확정된 채용공고를 확인해야 한다. 따라서 필기전형에서 고득점을 받기 위해 다양한 유형에 대한 폭넓은 학습과 문제풀이능력을 높이는 등 철저한 준비가 필요하다.

한국수자원공사 합격을 위해 시대에듀에서는 기업별 NCS 시리즈 누적 판매량 1위의 출간 경험을 토대로 다음과 같은 특징을 가진 도서를 출간하였다.

도서의 특징

❶ 합격으로 이끌 가이드를 통한 채용 흐름 확인!

- 한국수자원공사 소개와 최신 시험 분석을 수록하여 채용 흐름을 파악하는 데 도움이 될 수 있도록 하였다.

❷ 기출응용 모의고사를 통한 완벽한 실전 대비!

- 철저한 분석을 통해 실제 유형과 유사한 기출응용 모의고사를 4회분 수록하여 시험 직전 4일 동안 자신의 실력을 점검할 수 있도록 하였다.

❸ 다양한 콘텐츠로 최종 합격까지!

- 온라인 모의고사를 무료로 제공하여 필기전형에 대비할 수 있도록 하였다.
- 모바일 OMR 답안채점/성적분석 서비스를 통해 자동으로 점수를 채점하고 확인할 수 있도록 하였다.

끝으로 본 도서를 통해 한국수자원공사 채용을 준비하는 모든 수험생 여러분이 합격의 기쁨을 누리기를 진심으로 기원한다.

SDC(Sidae Data Center) 씀

한국수자원공사 기업분석 INTRODUCE

◇ 미션

물이 여는 미래, 물로 나누는 행복

◇ 비전

기후위기 대응을 선도하는 글로벌 물 기업

◇ 핵심가치

안전(우선) / 역동(성장) / 공정(경영)

◇ 경영방침

극한 기후 안전한 물	협력 중심 가치 창출	공정 지향 조직 혁신
Water Security	Water Alliance	Water Innovation

◇ ESG⁺ 경영방침

Environmental	인간과 자연의 지속가능한 공존을 추구한다.
Social	상생을 통해 사회의 공동선(善)을 지향한다.
Governance	소통을 바탕으로 투명하게 의사결정을 한다.
+safety	현재와 미래의 안전을 최우선으로 경영한다.

◇ 슬로건

국문 세상에 행복을 水놓다

영문 Your True ESG Partner

◇ 마크

K water

- 무지개 천(川)을 모티브로, 사람과 자연이 조화를 이루는 선진 물 관리를 통해 고객 중심의 세계적 물 서비스 기업으로 도약하겠다는 의지를 형상화함
- Korea Water, Key of Water Solution, Kingdom of Water Service 등을 의미함

◇ 캐릭터

- 깨끗하고 영롱한 물방울을 소재로 CI 그래픽 아이콘을 날개로 달고 있는 '깨끗한 물의 요정', '깨끗한 물의 천사'를 형상화함
- 깨끗한 물을 위한 Total Management Solution을 제공하는 한국수자원공사의 역할을 상징함

신입 채용 안내 INFORMATION

◇ 지원자격(공통)

❶ 학력 · 전공 · 학점 · 성별 · 어학성적 · 자격증 등 : 제한 없음

※ 단, 공고 마감일 기준 정년(만 60세) 이상인 자는 지원 불가

❷ 남성의 경우 군필 또는 면제자

※ 단, 입사일까지 전역 예정자로서 전형 절차에 응시 가능한 경우 지원 가능

❸ 한국수자원공사 인사규정의 채용 결격사유에 해당하지 않는 자

❹ 입사일부터 현업 전일 근무 가능한 자

◇ 필기전형

구분		직렬		내용
직업기초능력평가		전 직렬		의사소통능력, 수리능력, 문제해결능력, 자원관리능력
직무능력평가	전공	행정	경영	재무관리, 회계, 경영전략, 인사 · 조직
			경제	미시경제, 거시경제
			행정	정책학, 재무행정, 조직행정, 인사행정
			법	민법, 행정법
		토목		수리수문학, 토목시공학, 상하수도공학
		전기		전력공학, 전기기기, 제어공학, 신재생에너지
		기계		기계설계, 유체역학, 열역학, 유체기계
		전자통신		정보통신, 전자회로 및 계측제어시스템
		환경		수질오염개론, 수처리공정, 수질분석 및 관리, 수질환경 관계 법규
	K-water 수행사업	전 직렬		홈페이지 내 참고자료 1～2권 활용

※ 일부 채용분야의 전공과목은 생략하였음

◇ 면접전형

구분	형태	내용
직무PT면접	지원자 1명 : 면접위원 4명	직무전문성 및 자기개발능력, 대인관계능력, 자원관리능력, 직업윤리, 조직이해능력 및 청렴도 등 종합 평가
경험역량면접		

❖ 위 채용 안내는 2025년 상반기 채용공고를 기준으로 작성하였으므로 세부내용은 반드시 확정된 채용공고를 확인하기 바랍니다.

2025년 상반기 기출분석 ANALYSIS

총평

한국수자원공사의 필기전형은 NCS의 경우 일부 영역을 제외하고는 직전 연도와 동일하게 영역별 10문항씩 피듈형으로 출제되었다. 난이도는 평이했으나 총 40문항을 40분 내에 풀어야 했기에 시간이 촉박했다는 후기가 많았다. 또한, 전공의 경우 직렬별 전공 30문항과 K-water 수행사업 10문항이 출제되었고, 개념 위주의 문제가 많이 출제되어 평소 한국수자원공사에 대한 관심을 가지며 홈페이지 내 참고자료를 읽는다면 무난하게 문제를 해결할 수 있었으리라 판단된다.

◇ 영역별 출제 비중

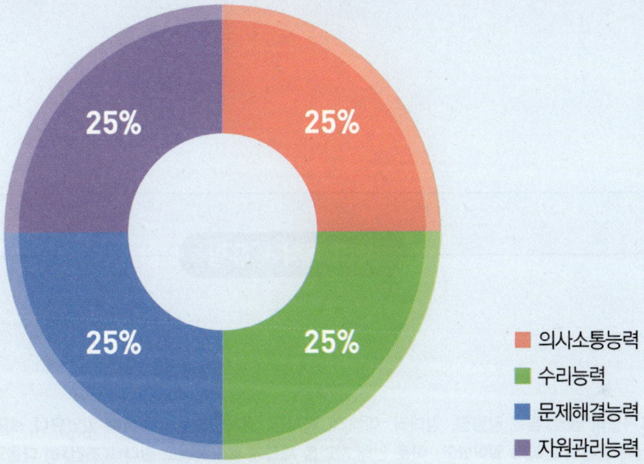

구분	출제 특징	출제 키워드
의사소통능력	• 맞춤법 · 어휘 문제가 출제됨 • 모듈형 문제가 일부 출제됨 • 중의적 표현이 출제됨	• 호도, 매아, 길한 등
수리능력	• 응용 수리 문제가 출제됨 • 자료 이해 문제가 출제됨	• 확률, 계산 문제, 사다리꼴 등
문제해결능력	• 자료 해석 문제가 출제됨 • 세트 문제가 출제됨	• 입장료 요금 계산, 신입사원 자리 배치, 연장근로수당, 공룡 이름 짓는 방식, 배터리 충전 등
자원관리능력	• 모듈형 문제가 출제됨 • 인원 선발 문제가 출제됨	• 적재적소, 선입선출, 회전율, 승진 대상자, 휴가 결재 등

한국수자원공사

확률 ▶ 유형

2025년 적중

12 K학교의 학생은 A과목과 B과목 중 한 과목만을 선택하여 수업을 받는다고 한다. A과목과 B과목을 선택한 학생의 비율이 각각 전체의 40%, 60%이고, A과목을 선택한 학생 중 여학생은 30%, B과목을 선택한 학생 중 여학생은 40%라고 하자. K학교의 3학년 학생 중에서 임의로 뽑은 학생이 여학생일 때, 그 학생이 B과목을 선택한 학생일 확률은?

① $\frac{1}{3}$　② $\frac{2}{3}$

③ $\frac{1}{4}$　④ $\frac{3}{4}$

자리 배치 ▶ 유형

2025년 적중

29 K기업의 영업1팀은 강팀장, 김대리, 이대리, 박사원, 유사원으로 이루어져 있었으나, 최근 인사이동으로 인해 팀원의 변화가 일어났고, 이로 인해 자리를 새롭게 배치하려고 한다. 〈조건〉이 다음과 같을 때, 항상 옳은 것은?

〈조건〉

- 영업1팀의 김대리는 영업2팀의 팀장으로 승진하였다.
- 이번 달 영업1팀에 김사원과 이사원이 새로 입사하였다.
- 자리는 일렬로 위치해 있으며, 영업1팀은 영업2팀과 마주하고 있다.
- 자리의 가장 안 쪽 옆은 벽이며, 반대편 끝자리의 옆은 복도이다.
- 각 팀의 팀장은 가장 안 쪽인 왼쪽 끝에 앉는다.
- 이대리는 영업2팀 김팀장의 대각선에 앉는다.
- 박사원의 양 옆은 신입사원이 앉는다.
- 김사원의 자리는 이사원의 자리보다 왼쪽에 있다.

① 이대리는 강팀장과 인접한다.
② 박사원의 자리는 유사원의 자리보다 왼쪽에 있다.
③ 이사원의 양 옆 중 한쪽은 복도이다.
④ 김사원은 유사원과 인접하지 않는다.

코레일 한국철도공사

교통사고 ▶ 키워드

2025년 적중

※ 다음은 K국의 교통사고 사상자 2,500명에 대해 조사한 자료이다. 이어지는 질문에 답하시오. [3~4]

〈교통사고 현황〉

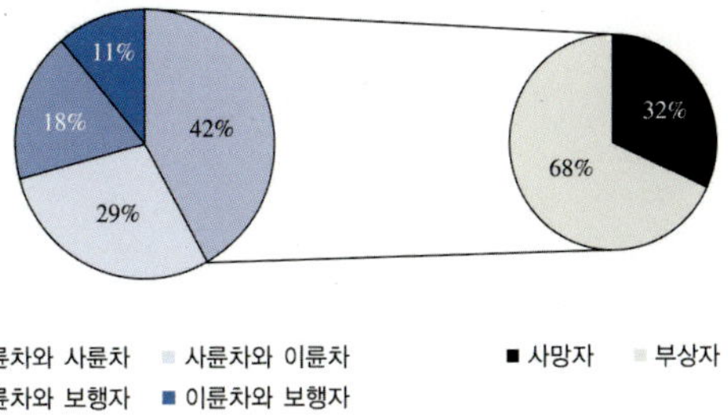

※ 사상자 수와 가해자 수는 같다.

〈교통사고 가해자 연령〉

구분	20대	30대	40대	50대	60대 이상
비율	38%	21%	11%	8%	( )

※ 교통사고 가해자 연령 비율의 합은 100%이다.

지하철 요금 ▶ 키워드

2025년 적중

※ 수원에 사는 H대리는 가족들과 가평으로 여행을 가기로 하였다. 다음은 가평을 가기 위한 대중교통 수단별 운행요금 및 소요시간과 자가용 이용 시 현황에 대한 자료이다. 이어지는 질문에 답하시오. [26~28]

〈대중교통수단별 운행요금 및 소요시간〉

구분	운행요금			소요시간		
	수원역 ~ 서울역	서울역 ~ 청량리역	청량리역 ~ 가평역	수원역 ~ 서울역	서울역 ~ 청량리역	청량리역 ~ 가평역
기차	2,700원	-	4,800원	32분	-	38분
버스	2,500원	1,200원	3,000원	1시간 16분	40분	2시간 44분
지하철	1,850원	1,250원	2,150원	1시간 03분	18분	1시간 17분

※ 운행요금은 어른 편도 요금이다.

〈자가용 이용 시 현황〉

구분	통행료	소요시간	거리
A길	4,500원	1시간 49분	98.28km
B길	4,400원	1시간 50분	97.08km
C길	6,600원	1시간 49분	102.35km

※ 거리에 따른 주유비는 124원/km이다.

조건

- H대리 가족은 어른 2명, 아이 2명이다.
- 아이 2명은 각각 만 12세, 만 4세이다.
- 어린이 기차 요금(만 13세 미만)은 어른 요금의 50%이고, 만 4세 미만은 무료이다.

학습플랜 STUDY PLAN

1일 차 학습플랜 1일 차 기출응용 모의고사

______월 ______일	
의사소통능력	수리능력
문제해결능력	자원관리능력

2일 차 학습플랜 2일 차 기출응용 모의고사

______월 ______일	
의사소통능력	수리능력
문제해결능력	자원관리능력

3일 차 학습플랜 3일 차 기출응용 모의고사

____월 ____일	
직렬별 전공 (경영/경제/행정/법/토목/전기/기계)	K-water 수행사업

4일 차 학습플랜 4일 차 기출응용 모의고사

____월 ____일	
직렬별 전공 (경영/경제/행정/법/토목/전기/기계)	K-water 수행사업

취약영역 분석 WEAK POINT

1일 차 취약영역 분석

시작 시간	:	종료 시간	:
풀이 개수	개	못 푼 개수	개
맞힌 개수	개	틀린 개수	개
취약영역 / 유형			
2일 차 대비 개선점			

2일 차 취약영역 분석

시작 시간	:	종료 시간	:
풀이 개수	개	못 푼 개수	개
맞힌 개수	개	틀린 개수	개
취약영역 / 유형			
3일 차 대비 개선점			

3일 차 취약영역 분석

시작 시간	:	종료 시간	:
풀이 개수	개	못 푼 개수	개
맞힌 개수	개	틀린 개수	개
취약영역 / 유형			
4일 차 대비 개선점			

4일 차 취약영역 분석

시작 시간	:	종료 시간	:
풀이 개수	개	못 푼 개수	개
맞힌 개수	개	틀린 개수	개
취약영역 / 유형			
시험일 대비 개선점			

이 책의 차례 CONTENTS

1일 차
기출응용 모의고사

〈문항 수 및 시험시간〉

평가영역	문항 수	시험시간	모바일 OMR 답안채점 / 성적분석 서비스
의사소통능력＋수리능력＋ 문제해결능력＋자원관리능력	40문항	40분	

한국수자원공사 NCS	
1일 차 기출응용 모의고사	문항 수 : 40문항 시험시간 : 40분

01 다음 중 제시된 단어의 관계와 유사한 것은?

직권 – 권한

① 백중 – 호각　② 직책 – 직업
③ 악화 – 호전　④ 광음 – 찰나

02 A씨 부부는 대화를 하다 보면 사소한 다툼으로 이어지곤 한다. A씨의 아내는 A씨가 자신의 이야기를 제대로 들어주지 않기 때문이라고 생각한다. 다음 사례에 나타난 A씨의 경청을 방해하는 습관은 무엇인가?

A씨의 아내가 남편에게 직장에서 업무 실수로 상사에게 혼난 일을 이야기하자 A씨는 "항상 일을 진행하면서 꼼꼼하게 확인하라고 했잖아요. 당신이 일을 처리하는 방법이 잘못됐어요. 다음부터는 일을 하기 전에 미리 계획을 세우고 체크리스트를 작성해보세요."라고 이야기했다. A씨의 아내는 이런 대답을 듣자고 이야기한 것이 아니라며 더 이상 이야기하고 싶지 않다고 말하며 밖으로 나가 버렸다.

① 짐작하기　② 걸러내기
③ 판단하기　④ 조언하기

03 다음 문단을 논리적 순서대로 바르게 나열한 것은?

(가) 다만 각자에게 느껴지는 감각질이 뒤집혀 있을 뿐이고 경험을 할 때 겉으로 드러난 행동과 하는 말은 똑같다. 예컨대 그 사람은 신호등이 있는 건널목에서 똑같이 초록 불일 때 건너고 빨간 불일 때는 멈추며, 초록 불을 보고 똑같이 "초록 불이네."라고 말한다. 그러나 그는 자신의 감각질이 뒤집혀 있는지 전혀 모른다. 감각질은 순전히 사적이며 다른 사람의 감각질과 같은지를 확인할 수 있는 방법이 없기 때문이다.

(나) 그래서 어떤 입력이 들어올 때 어떤 출력을 내보낸다는 기능적·인과적 역할로써 정신을 정의하는 기능론이 각광을 받게 되었다. 기능론에서는 정신이 물질에 의해 구현되므로 그 둘이 별개의 것은 아니라고 주장한다는 점에서 이원론과 다르면서도, 정신의 인과적 역할이 뇌의 신경 세포에서든 로봇의 실리콘 칩에서든 어떤 물질에서도 구현될 수 있음을 보여 준다는 점에서 동일론의 문제점을 해결할 수 있기 때문이다.

(다) 심신 문제는 정신과 물질의 관계에 대해 묻는 오래된 철학적 문제이다. 정신 상태와 물질 상태는 별개의 것이라고 주장하는 이원론이 오랫동안 널리 받아들여졌으나, 신경 과학이 발달한 현대에는 그 둘은 동일하다는 동일론이 더 많은 지지를 받고 있다. 그러나 똑같은 정신 상태라고 하더라도 사람마다 그 물질 상태가 다를 수 있고, 인간과 정신 상태는 같지만 물질 상태는 다른 로봇이 등장한다면 동일론에서는 그것을 설명할 수 없다는 문제가 생긴다.

(라) 그래도 정신 상태가 물질 상태와 다른 무엇이 있다고 생각하는 이원론에서는 '나'가 어떤 주관적인 경험을 할 때 다른 사람에게 그 경험을 보여줄 수는 없지만 나는 분명히 경험하는 그 느낌에 주목한다. 잘 익은 토마토를 봤을 때의 빨간색의 느낌, 시디신 자두를 먹었을 때의 신 느낌, 꼬집힐 때의 아픈 느낌이 그런 예이다. 이런 질적이고 주관적인 감각 경험, 곧 현상적인 감각 경험을 철학자들은 '감각질'이라고 부른다. 이 감각질이 뒤집혔다고 가정하는 사고 실험을 통해 기능론에 대한 비판이 제기된다. 나에게 빨강으로 보이는 것이 어떤 사람에게는 초록으로 보이고 나에게 초록으로 보이는 것이 그에게는 빨강으로 보인다는 사고 실험이 그것이다.

① (가) – (나) – (다) – (라)
② (나) – (다) – (가) – (라)
③ (다) – (가) – (라) – (나)
④ (다) – (나) – (라) – (가)

04 다음 글의 내용으로 가장 적절한 것은?

> 지방상수도 현대화 사업은 상수도 재정 상태가 열악한 지자체의 노후 상수관망을 정비하고 노후 정수장을 개량하는 사업이다. 2015년 당시 전국 평균 수돗물 유수율은 84.3%이다. 시·군 지역은 각각 82.2%, 65.2%로 전국 평균에 못 미친다. 하지만 누수율은 반대다. 시 지역은 12.3%, 군 지역은 28.6%로 전국 평균 10.9%를 상회한다. 이에 정부는 지방상수도 현대화 사업을 추진함으로써 누수율은 낮추고 유수율은 높여 국민의 물 걱정을 해소하겠다는 계획을 밝혔다.
>
> 지방상수도 현대화 사업을 추진하면 지속 가능한 유지 관리 체계 도입으로 지자체 스스로 투자와 관리를 할 수 있는 선순환 구조 정착, 상습 가뭄 지역에 안정적인 수돗물 공급, 지역 SOC(Social Overhead Capital ; 사회간접자본) 사업 추진으로 일자리 창출, 누수 차단으로 수돗물 생산 비용 절감, 국내 물 산업 성장 육성 및 해외 진출 기반 마련 등의 효과를 볼 수 있다.
>
> 지방상수도 현대화 사업은 노후도와 누수율이 심각한 시·지역부터 2028년까지 118개 지자체를 대상으로 추진한다. 이 중 22개 지자체가 선제적으로 지방상수도 현대화 사업을 2017년부터 본격 추진했다. K-water도 국민에게 안전하고 깨끗한 물을 안정적으로 공급하기 위해 정부가 추진하는 지방상수도 현대화 사업에 동참한다. ICT 기반의 최신 누수 관리 기술을 갖춘 K-water는 강원 횡성군, 충남 부여군·서천군·태안군, 충북 단양군, 전북 장수군, 전남 신안군, 경북 의성군, 경남 함양군의 9개 지자체와 지방상수도 현대화 사업수탁·협약을 체결한 바 있다. K-water는 지방상수도 현대화 사업을 통해 국민 물 복지를 향상시킬 계획이다.

① K-water는 전북 순창군과 현대화 사업수탁·협약을 체결했다.
② 지방상수도 현대화 사업은 노후 정수장을 새로 설치하는 사업이다.
③ 약 30개의 지자체가 2017년부터 지방상수도 현대화 사업을 시행했다.
④ 지방상수도 현대화 사업을 통해 누수율을 낮추고, 유수율을 높이고자 한다.

05 **다음 중 밑줄 친 ㉠~㉣에 대한 설명으로 적절하지 않은 것은?**

> 사유 재산 제도와 시장 경제가 자본주의의 양대 축을 이루기 때문에 토지 또한 민간의 소유여야만 한다고 하는 이들이 많다. 토지사유제의 정당성을 그것이 자본주의의 성립 근거라는 점에서 찾고자 하는 학자도 있다. 토지에 대해서는 절대적이고 배타적인 소유권을 인정할 수 없다고 하면 이들은 신성불가침 영역에 대한 도발이라며 이에 반발한다. 토지가 일반 재화나 자본에 비해 지닌 근본적인 차이는 무시하고 말이다. 과연 자본주의 경제는 토지사유제 없이 성립할 수 없는 것일까?
> 싱가포르, 홍콩, 대만, 핀란드 등의 사례는 위의 물음에 직접적인 답변을 제시한다. 이들은 토지공유제를 시행하였거나 토지의 공공성을 인정했음에도 불구하고 자본주의의 경제를 모범적으로 발전시켜 온 사례이다. 물론 토지사유제를 당연하게 여기는 사람들이 이런 사례들을 토지 공공성을 인정해야만 하는 당위의 근거로서 받아들이는 것은 아니다. 그들은 오히려 토지의 공공성 강조가 사회주의적 발상이라고 비판한다. 하지만 이와 같은 비판은 토지와 관련된 권리 제도에 대한 무지에 기인한다.
> 토지 소유권은 사용권, 처분권, 수익권의 세 가지 권리로 구성된다. 각각의 권리를 누가 갖느냐에 따라 토지 제도는 다음과 같이 분류된다. 세 권리 모두 민간이 갖는 ㉠ <u>토지사유제</u>, 세 권리 모두 공공이 갖는 ㉡ <u>사회주의적 토지공유제</u>, 그리고 사용권은 민간이 갖고 수익권은 공공이 갖는 ㉢ <u>토지가치공유제</u>이다. 한편, 토지가치공유제는 처분권을 누가 갖느냐에 따라 두 가지 제도로 분류된다. 처분권을 완전히 민간이 갖는 토지가치세제와 공공이 처분권을 갖지만 사용권을 가진 자에게 한시적으로 처분권을 맡기는 ㉣ <u>토지공공임대제</u>이다. 토지 소유권을 구성하는 세 가지 권리를 민간과 공공이 적당히 나누어 갖는 경우가 많으므로 실제의 토지 제도는 이 분류보다 훨씬 더 다양하다.
> 이 중 자본주의 경제와 결합할 수 없는 토지 제도는 사회주의적 토지공유제뿐이다. 물론 어느 토지 제도가 더 나은 경제적 성과를 보이는가는 그 이후의 문제이다. 토지사유제 옹호론에 따르면, 토지 자원의 효율적 배분이 가능하기 위해 토지에 대한 절대적, 배타적 소유권을 인정해야만 한다. 토지사유제만이 토지의 오용을 막을 수 있으며, 나아가 토지 사용의 안정성을 보장할 수 있다는 것이다. 하지만 토지 자원의 효율적 배분을 위해 토지의 사용권, 처분권, 수익권 모두를 민간이 가져야 할 필요는 없다. 토지 위 시설물에 대한 소유권을 민간이 갖고, 토지에 대해서 민간은 배타적 사용권만 가지면 충분하다.

① ㉠ : 토지 소유권을 민간이 갖는다.

② ㉡ : 자본주의 경제와 결합할 수 없다.

③ ㉢ : 처분권을 누가 갖느냐에 따라 토지공공임대제와 토지가치세제로 구분된다.

④ ㉣ : 처분권은 민간이 갖고, 사용권과 수익권은 공공이 갖는다.

06 다음 글의 빈칸에 들어갈 내용으로 가장 적절한 것은?

탁월함은 어떻게 습득되는가, 그것을 가르칠 수 있는가? 이 물음에 대하여 아리스토텔레스는 지성의 탁월함은 가르칠 수 있지만, 성품의 탁월함은 비이성적인 것이어서 가르칠 수 없고, 훈련을 통해서 얻을 수 있다고 대답한다.

그는 좋은 성품을 얻는 것을 기술을 습득하는 것에 비유한다. 그에 따르면, 리라(Lyra)를 켬으로써 리라를 켜는 법을 배우며 말을 탐으로써 말을 타는 법을 배운다. 어떤 기술을 얻고자 할 때 처음에는 교사의 지시대로 행동한다. 그리고 반복 연습을 통하여 그 행동이 점점 더 하기 쉽게 되고 마침내 제2의 천성이 된다. 이와 마찬가지로 어린아이는 어떤 상황에서 어떻게 행동해야 진실되고 관대하며 예의를 차리게 되는지 일일이 배워야 한다. 훈련과 반복을 통하여 그런 행위들을 연마하다 보면 그것들을 점점 더 쉽게 하게 되고, 결국에는 스스로 판단할 수 있게 된다.

그는 올바른 훈련이란 강제가 아니고 그 자체가 즐거움이 되어야 한다고 지적한다. 또한 그렇게 훈련받은 사람은 일을 바르게 처리하는 것을 즐기게 되고, 일을 바르게 처리하고 싶어하게 되며, 올바른 일을 하는 것을 어려워하지 않게 된다. 이처럼 성품의 탁월함이란 사람들이 '하는 것'만이 아니라 사람들이 '하고 싶어 하는 것'과도 관련된다. 그리고 한두 번 관대한 행동을 한 것으로 충분하지 않으며, 늘 관대한 행동을 하고 그런 행동에 감정적으로 끌리는 성향을 갖고 있어야 비로소 관대함에 관하여 성품의 탁월함을 갖고 있다고 할 수 있다.

다음과 같은 예를 통해 아리스토텔레스의 견해를 생각해 보자. 갑돌이는 성품이 곧고 자신감이 충만하다. 그가 한 모임에 참석하였는데, 거기서 다수의 사람들이 옳지 않은 행동을 한다고 생각했을 때, 그는 다수의 행동에 대하여 비판의 목소리를 낼 것이며 그렇게 하는 데에 별 어려움을 느끼지 않을 것이다. 한편, 수줍어하고 우유부단한 병식이도 한 모임에 참석하였는데, 그 역시 다수의 행동이 잘못되었다는 판단을 했다고 하자. 이런 경우에 병식이는 일어나서 다수의 행동이 잘못되었다고 말할 수 있겠지만, 그렇게 하려면 엄청난 의지를 발휘해야 할 것이고 자신과 힘든 싸움도 해야 할 것이다. 그런데도 병식이가 그렇게 행동했다면 우리는 병식이가 용기 있게 행동하였다고 칭찬할 것이다. 그러나 아리스토텔레스의 입장에서 생각해 볼 때, 성품의 탁월함을 가진 사람은 갑돌이다. 왜냐하면 ______________________ 우리가 어떠한 사람을 존경할 것인지가 아니라, 우리 아이를 어떤 사람으로 키우고 싶은가라는 질문을 받는다면 우리는 아리스토텔레스의 견해에 가까워질 것이다. 왜냐하면 우리는 우리 아이들을 갑돌이와 같은 사람으로 키우고 싶어 할 것이기 때문이다.

① 그는 옳은 일을 하는 천성을 타고났기 때문이다.
② 그는 내적인 갈등이 없이 옳은 일을 하기 때문이다.
③ 그는 주체적 판단에 따라 옳은 일을 하기 때문이다.
④ 그는 자신이 옳다는 확신을 가지고 옳은 일을 하기 때문이다.

07 다음 글의 주제로 가장 적절한 것은?

> 인공지능 기술은 최근 몇 년간 급격히 발전하며 다양한 산업에 변화를 가져왔다. 특히 생성형 AI는 그중에서도 주목받는 기술로, 텍스트 생성, 이미지 생성, 음악 작곡 등 창작의 영역에까지 영향을 미치고 있다. 생성형 AI로 인해 과거에는 사람이 직접 해야 했던 작업들이 이제는 AI를 통해 자동화되거나 보조될 수 있는 시대가 열렸으며, 특히 광고 문구를 작성하거나 소설의 초안을 작성하는 데 생성형 AI가 활용되면서 창작자의 작업 시간이 크게 단축되고 있다. 이외에도 의료 분야에서도 생성형 AI는 환자 기록을 분석해 맞춤형 치료 계획을 제안하거나, 새로운 약물을 설계하는 데 기여하고 있다.
>
> 그러나 이러한 기술의 발전은 긍정적인 면만 있는 것은 아니다. 생성형 AI가 만들어낸 콘텐츠는 종종 진짜와 가짜를 구분하기 어렵게 만들며, 이는 허위 정보의 확산이나 저작권 문제를 야기할 수 있다. 특히, 딥페이크 기술은 사람의 얼굴과 목소리를 조작해 실제와 구분이 어려운 영상을 만들어내며 사회적 논란을 일으키고 있다. 게다가 생성형 AI가 인간의 창작 활동을 대체할 가능성이 커지면서 창작자의 역할과 직업적 안정성에 대한 우려도 제기되고 있다.
>
> 그럼에도 불구하고 생성형 AI는 여전히 무궁무진한 가능성을 가지고 있다. 이 기술이 단순히 인간의 역할을 대체하는 것이 아니라, 인간과 협력하여 더 나은 결과물을 만들어낼 수 있는 도구로 자리 잡을 수 있을지에 대한 논의가 활발하다. 결국 중요한 것은 기술 자체가 아니라 이를 어떻게 활용하느냐에 달려 있다. 생성형 AI가 가져올 미래는 우리가 이 기술을 책임감 있게 사용하고 적절히 규제할 수 있는지에 따라 달라질 것이다.

① 생성형 AI가 가져올 사회적 문제

② 생성형 AI로 인한 의료기술의 발전

③ 딥페이크로 인한 윤리적 문제의 대두

④ 생성형 AI의 가능성과 책임감 있는 활용의 중요성

08 다음은 K공사의 리스크 관리 규정의 일부이다. 이에 대한 설명으로 가장 적절한 것은?

> **리스크 관리 위원회 설치 및 구성(제6조)**
> ① 투자사업 이외의 경영활동에서 발생할 수 있는 리스크에 대한 관리전략, 계획수립 등 리스크 관리 전반에 대한 업무를 심의하기 위하여 리스크 관리 위원회를 둔다.
> ② 리스크 관리 위원회는 각 본부의 본부장, 처(단·원)장 및 감사실장으로 구성하고 기획관리본부장을 위원장으로 한다.
> ③ 위원장이 사고로 그 직무를 수행할 수 없을 때는 위원장이 지정한 본부장이 그 직무를 대행하고 그러한 지정이 없을 경우에는 위원 중 직제규정이 정하는 순서에 따른 본부장 및 부서장 순서로 그 직무를 대행한다.
> ④ 리스크 관리 위원회는 간사를 두며, 간사는 리스크 관리 총괄부서의 팀장으로 한다.
>
> **회의 소집(제7조)**
> ① 리스크 관리 위원회의 소집은 위원장이 한다.
> ② 리스크 관리 위원회를 소집할 때는 회의의 일시, 장소 및 목적 등을 기재한 통지서와 안건을 회의 개최 3일 전까지 각 위원에게 통지함을 원칙으로 한다. 다만 긴급을 요하는 경우에는 그러하지 아니한다.
> ③ 위원의 참석이 불가능한 경우 직제규정에 의한 직무대리자가 대리 참석할 수 있다.
> ④ 리스크 관리 위원회 부의사항 중 토의를 요하지 않는 안건 및 긴급을 요하는 안건으로 회의 소집이 불가능한 경우 위원장의 결정으로 서면심의할 수 있으며 서면심의 회의록에는 그 사유를 적시하여야 한다.
>
> **의사(제10조)**
> ① 위원장은 회의를 주재하고 의사를 진행한다.
> ② 리스크 관리 위원회는 부의사항 중 의결이 필요한 사항에 대하여는 구성원 과반수 찬성으로 결의한다.
> ③ 위원장은 필요 시 안건과 관계있는 자를 출석시켜 그 의견을 청취할 수 있다.
>
> **모니터링 및 보고(제28조)**
> ① 리스크 관리 총괄부서는 리스크 관리 실행이 정의된 전략, 정책 및 실행규정에 준하여 성실히 이행되고 있는지를 지속해서 모니터링하여야 한다.
> ② 리스크 관리 유관부서는 분기별로 리스크 관리 세부방안 추진 및 관리사항을 리스크 관리 총괄부서에 보고한다.
> ③ 리스크 관리 총괄부서는 리스크 관리 유관부서별 리스크 관리 상태를 종합 분석하여 위원회에 보고하여야 한다.

① 기획지원본부장이 리스크 관리 위원회 위원장을 맡는다.
② 리스크 관리 위원이 회의에 참석할 수 없는 경우, 동일 부서의 상급자가 대리 참석한다.
③ 리스크 관리 위원회 소집 시에는 예외 없이 회의에 대한 정보를 각 위원에게 사전 통지하여야 한다.
④ 리스크 관리 위원회가 위원장을 제외하고 9명으로 구성된 경우, 의결을 위해서는 최소 리스크 관리 위원 6명 이상의 찬성이 필요하다.

09 다음 글을 읽고 추론한 내용으로 가장 적절한 것은?

> 휴대전화기를 새 것으로 바꾸기 위해 대리점에 간 소비자가 있다. 대리점에 가면서 휴대전화기 가격으로 30만 원을 예상했다. 그런데 마음에 드는 것을 선택하니 가격이 25만 원이라고 하였다. 소비자는 흔쾌히 구입을 결정했다. 그러면서 뜻밖의 이익이 생겼음에 좋아할지도 모른다. 처음 예상했던 휴대전화기의 가격과 실제 지불한 액의 차이, 즉 5만 원의 이익을 얻었다고 보는 것이다. 경제학에서는 이것을 '소비자 잉여(消費者剩餘)'라고 부른다. 어떤 상품에 대해 소비자가 최대한 지불해도 좋다고 생각하는 가격에서 실제로 지불한 가격을 뺀 차액이 소비자 잉여인 셈이다.
> 휴대전화기를 구입하고 나니, 대리점 직원은 휴대전화의 요금제를 바꾸라고 권유했다. 현재 이용하고 있는 휴대전화 서비스보다 기본요금이 조금 더 비싼 대신 분당 이용료가 싼 요금제로 바꾸는 것이 더 이익이라는 설명도 덧붙였다. 소비자는 지금까지 휴대전화의 요금이 기본 요금과 분당 이용료로 나누어져 있는 것을 당연하게 생각해 왔다. 그런데 곰곰이 생각해 보니, 이건 정말 특이한 가격 체계였다. 다른 제품이나 서비스는 보통 한 번만 값을 지불하면 되는데, 왜 휴대전화 요금은 기본요금과 분당 이용료의 이원 체제로 이루어져 있는 것일까?
> 휴대전화 회사는 기본요금과 분당 이용료의 이원 체제 전략, 즉 '이부가격제(二部價格制)'를 채택하고 있다. 이부가격제는 소비자가 어떤 상품을 사려고 할 때, 우선적으로 그 권리에 상응하는 가치를 값으로 지불하고, 실제 상품을 구입할 때 그 사용량에 비례하여 또 값을 지불해야 하는 체제를 말한다. 이부가격제를 적용하면 휴대전화 회사는 소비자의 통화량과 관계없이 기본 이윤을 확보할 수 있다.
> 이부가격제를 적용하는 또 다른 예로 놀이공원을 들 수 있다. 이전에는 놀이공원에 갈 때 저렴한 입장료를 지불했고, 놀이기구를 이용할 때마다 표를 구입했다. 그렇기 때문에 놀이기구를 골라서 이용하여 사용료를 절약할 수 있었고, 구경만 하고 사용료를 지불하지 않는 것도 가능했다. 그러나 요즘의 놀이공원은 입장료를 이전보다 엄청나게 비싸게 하고 놀이기구의 사용료를 상대적으로 낮게 했다. 게다가 '빅3'니 '빅5'니 하는 묶음표를 만들어 놀이기구 이용자로 하여금 가격의 부담이 적은 것처럼 느끼게 만들었다. 결국 놀이공원의 가격 전략은 사용료를 낮추고 입장료를 높게 받는 이부가격제로 굳어지고 있는 것이다.
> 여기서 놀이공원의 입장료는 상품을 살 수 있는 권리를 얻기 위해 지불해야 하는 금액에 해당한다. 그리고 입장료를 내고 들어간 사람들이 놀이기구를 이용할 때마다 내는 요금은 상품의 가격에 해당하는 부분이다. 우리가 모르는 가운데 기업의 이윤 극대화를 위한 모색은 계속되고 있다.

① 놀이공원의 '빅3'나 '빅5' 등의 묶음표는 이용자를 위한 가격제이다.
② 이부가격제는 이윤 극대화를 위해 기업이 채택할 수 있는 가격 제도이다.
③ 소비자 잉여의 크기는 구입한 상품에 대한 소비자의 만족감과 반비례한다.
④ 휴대전화 요금제는 기본요금과 분당 이용료가 비쌀수록 소비자에게 유리하다.

10 **다음은 K공사의 인도 무선통신망 확장 프로젝트 자금조달 계약에 대한 글이다. 이에 대한 내용으로 적절하지 않은 것을 〈보기〉에서 모두 고르면?**

> K공사는 동사가 10억 달러(1.1조 원)를 지원하는 '인도 무선통신망 확장 프로젝트'의 자금조달 계약이 체결됐다고 밝혔다. 이번 프로젝트는 대중·중소기업 동반진출 모범사례로, 중소·중견기업 해외진출 견인과 일자리 창출 효과가 기대된다.
> 이번 사업은 S전자와 국내 30여 개 중소·중견 협력사가 함께 참여하는 대·중소기업 동반진출 사업으로, 국내 중소·중견기업은 기자재의 상당 부분을 공급한다. S전자와는 별도로 수출계약을 성사시킨 중견기업도 있다. 무선통신 중견 제조업체인 A테크놀로지는 기지국 안테나를 수입자에게 직접 공급하는 별도의 계약을 체결하였다. 수출증대에 따른 생산증가로 기존 일자리에 대한 고용안정성 강화는 물론 신규 일자리 창출도 기대된다.
> 이 프로젝트는 인도 최대 민간기업 '릴라이언스인더스트리(Reliance Industries Ltd.)'의 자회사인 '릴라이언스지오인포콤(Reliance Jio Infocomm Ltd.)'이 인도 전역에 통신망을 '확장'하는 사업으로, 인도 무선통신 서비스를 한 단계 높일 것으로 기대된다.
> S전자가 최초 LTE 무선통신망 구축사업에 참여했기 때문에 이번 확장사업을 추가 수주할 수 있었다. K공사는 2015년 6월 최초 구축사업에 7.5억 불의 금융을 지원한 바 있다. 릴라이언스지오인포콤은 2016년 9월 통신망 구축을 완료하고 인도 최초로 LTE 서비스를 시작하였다. 현재 해당기업 LTE 시장 점유율은 64%로 1위를 기록 중이다. 이동통신사업 특성상 통신망 구축에 지속적인 투자가 요구되는 만큼 이번 K공사 금융지원은 향후 4G 통신망 추가 계약과 5G 통신망 수출에도 큰 도움이 될 것으로 기대된다.
> K공사의 금융지원은 중국·유럽이 주도하는 세계 네트워크 시장에서 우리 기업 시장점유율 확대에 큰 힘이 된다. 최근에는 발주처가 사업에 필요한 거액의 자금조달을 수주기업에게 요구하고 있기 때문에 기술력뿐만 아니라 금융 경쟁력 확보가 필수다.
> 금융계약 체결식에 참석한 투자금융본부장은 "인도는 중국에 이은 세계 2대 통신시장이다. 또한 데이터통신 수요가 급속히 증가하여 LTE 신흥시장으로 주목받고 있다. 인도 무선통신 가입이 가속화될 전망이며 그만큼 우리 기업의 사업 참여 기회가 늘어날 것으로 기대된다."면서, "K공사는 인도 수입자가 한국 제품 구매에 필요한 자금을 쉽게 조달할 수 있도록 금융지원하여 인도에서 우리 기업의 수주 경쟁력을 높이고 있다. 앞으로도 정부 新남방정책 주요국인 인도에 우리 기업이 더 많이 진출할 수 있도록 적극적으로 지원하겠다."라고 밝혔다.

보기

ㄱ. 모든 국내 중견기업은 현재 해외시장에서 대기업을 통해 수출계약을 체결해 내고 있다.
ㄴ. 최근 우리나라는 세계 네트워크 시장에서 가장 높은 점유율 확보를 통해 시장을 주도하고 있다.
ㄷ. 중견기업들의 수출이 증대되면 기존 근로자들의 고용안정성도 높아질 수 있다.
ㄹ. 최근에는 발주처가 직접 사업자금을 조달하는 추세이므로 수주기업에는 높은 기술수준만이 요구된다.

① ㄱ, ㄷ　　② ㄱ, ㄹ
③ ㄴ, ㄷ　　④ ㄱ, ㄴ, ㄹ

11 다음은 주요 선진국과 BRICs의 고령화율을 나타낸 자료이다. 다음 중 2040년의 고령화율이 2010년 대비 2배 이상이 되는 나라를 〈보기〉에서 모두 고르면?

〈주요 선진국과 BRICs 고령화율〉

(단위 : %)

구분	한국	미국	프랑스	영국	독일	일본	브라질	러시아	인도	중국
1990년	5.1	12.5	14.1	15.7	15.0	11.9	4.5	10.2	3.9	5.8
2000년	7.2	12.4	16.0	15.8	16.3	17.2	5.5	12.4	4.4	6.9
2010년	11.0	13.1	16.8	16.6	20.8	23.0	7.0	13.1	5.1	8.4
2020년	15.7	16.6	20.3	18.9	23.1	28.6	9.5	14.8	6.3	11.7
2030년	24.3	20.1	23.2	21.7	28.2	30.7	13.6	18.1	8.2	16.2
2040년	33.0	21.2	25.4	24.0	31.8	34.5	17.6	18.3	10.2	22.1
2010년 대비 2040년	㉠	㉡	1.5	1.4	1.5	㉢	㉣	1.4	㉤	2.6

보기

㉠ 한국
㉡ 미국
㉢ 일본
㉣ 브라질
㉤ 인도

① ㉠, ㉡, ㉢
② ㉠, ㉣, ㉤
③ ㉡, ㉢, ㉣
④ ㉡, ㉣, ㉤

12 다음은 K대학교의 적성고사 평가 방법 및 A～E의 오답 문항 개수에 대한 자료이다. 이를 바탕으로 A～E의 평균 점수를 구하면?

〈K대학교 적성고사 평가 방법〉

구분	산출 공식
인문계열	(국어 20문항×4점)+(수학 20문항×3점)+(영어 10문항×3점)+기본점수 230점=400점
자연계열	(국어 20문항×3점)+(수학 20문항×4점)+(영어 10문항×3점)+기본점수 230점=400점

〈A～E의 오답 문항 개수〉

구분	계열	국어	수학	영어
A	인문계열	2개	3개	5개
B	자연계열	3개	7개	2개
C	인문계열	8개	6개	4개
D	인문계열	3개	9개	7개
E	자연계열	1개	2개	4개

① 354점
② 356점
③ 358점
④ 360점

13 고등학생 8명이 래프팅을 하러 여행을 떠났다. 보트는 3명, 5명 두 팀으로 나눠 타기로 했다. 이때 8명 중 반장, 부반장은 서로 다른 팀이 된다고 할 때, 가능한 경우의 수는?(단, 반장과 부반장은 각각 1명이다)

① 15가지
② 18가지
③ 30가지
④ 32가지

※ 다음은 우리나라의 2024년 차종 및 운행연수별 자동차검사 현황이다. 이어지는 질문에 답하시오. **[14~15]**

〈2024년 차종 및 운행연수별 자동차검사 부적합률〉

(단위 : %)

구분	4년 이하	5~6년	7~8년	9~10년	11~12년	13~14년	15년 이상	전체
승용차	5.2	7.2	9.9	13.0	16.4	19.3	23.9	13.8
승합차	6.6	12.2	12.7	15.1	17.1	17.7	20.4	14.0
화물차	6.8	15.3	20.3	21.6	21.6	23.5	22.9	18.2
특수차	8.3	14.0	13.2	13.5	14.0	16.2	18.7	14.3
전체	6.3	9.5	12.5	15.3	17.7	20.5	23.2	15.2

14 **다음 2024년 차종 및 운행연수별 자동차검사 부적합률에 대한 〈보기〉의 설명 중 옳지 않은 것을 모두 고르면?**

보기

ㄱ. 운행연수가 4년 이하인 차량 중 부적합률이 가장 높은 차종은 화물차이다.
ㄴ. 승용차의 경우, 운행연수가 11~12년인 차량의 부적합률은 5~6년인 차량의 부적합률의 2배 이상이다.
ㄷ. 승합차의 경우, 운행연수가 높을수록 부적합률도 높다.
ㄹ. 운행연수가 13~14년인 차량 중 화물차의 부적합률 대비 특수차의 부적합률의 비율은 80% 이상이다.

① ㄱ
② ㄴ
③ ㄴ, ㄷ
④ ㄱ, ㄷ, ㄹ

15 **다음은 2024년 차종 및 운행연수별 자동차검사 부적합률에 기반해 작성한 보고서의 일부이다. 밑줄 친 ㉠~㉣의 설명 중 옳지 않은 것을 모두 고르면?**

통계청은 지난 2024년 차종 및 운행연수별 자동차검사 현황을 발표하였다. 발표 항목 중 자동차검사 결과 부적합률을 보면, 대부분의 차량들은 차종과 무관하게 운행연수가 길수록 부적합률이 높아지는 경향을 보였다. 발표 자료에 따르면, ㉠ <u>모든 차종은 운행연수가 길어질수록 자동차 검사 부적합률이 높았다</u>.
㉡ <u>모든 운행연수의 차량을 합한 전체 차량의 부적합률은 15% 이상이었다</u>. 차종별로 보면, 모든 운행연수의 차량을 합한 부적합률이 가장 높은 차종은 화물차였으며, ㉢ <u>이는 모든 운행연수의 차량을 합한 부적합률이 가장 낮은 차종의 부적합률과 4.2%p의 차이를 보였다</u>. 특수차의 경우, 모든 운행연수의 차량을 합하였을 때 승합차보다 높은 부적합률을 보였다.
운행연수별로 보면, 화물차의 경우 '15년 이상'인 차량의 부적합률은 '4년 이하'인 차량의 부적합률의 3배 이상이었다. ㉣ <u>특수차의 경우 '15년 이상'인 차량의 부적합률은 '4년 이하'인 차량의 부적합률의 2.5배 미만이었다</u>. 운행연수가 '4년 이하'인 차량의 경우에는 승용차가 가장 부적합률이 낮았으나, '15년 이상'인 차량의 경우에는 승용차가 가장 높은 부적합률을 보였다.

① ㉠, ㉡
② ㉠, ㉢
③ ㉡, ㉢
④ ㉢, ㉣

16 다음은 K공사의 금융구조조정자금 총지원 현황이다. 이에 대한 〈보기〉의 설명 중 옳은 것을 모두 고르면?

〈금융구조조정자금 총지원 현황〉

(단위 : 억 원)

구분	은행	증권사	보험사	제2금융	저축은행	농협	소계
출자	222,039	99,769	159,198	26,931	1	0	507,938
출연	139,189	4,143	31,192	7,431	4,161	0	186,116
부실자산 매입	81,064	21,239	3,495	0	0	0	105,798
보험금 지급	0	113	0	182,718	72,892	47,402	303,125
대출	0	0	0	0	5,969	0	5,969
총계	442,292	125,264	193,885	217,080	83,023	47,402	1,108,946

보기

ㄱ. 출자 부문에서 은행이 지원받은 금융구조조정자금은 증권사가 지원받은 금융구조조정자금의 3배 이상이다.
ㄴ. 보험금 지급 부문에서 지원된 금융구조조정자금 중 저축은행이 지원받은 금액의 비중은 20%를 초과한다.
ㄷ. 제2금융에서 지원받은 금융구조조정자금 중 보험금 지급 부문으로 지원받은 금액이 차지하는 비중은 80% 이상이다.
ㄹ. 부실자산 매입 부문에서 지원된 금융구조조정자금 중 은행이 지급받은 금액의 비중은 보험사가 지급받은 금액 비중의 20배 이상이다.

① ㄱ
② ㄴ, ㄹ
③ ㄱ, ㄴ, ㄷ
④ ㄴ, ㄷ, ㄹ

17 흰 공 3개, 검은 공 2개가 들어 있는 상자에서 1개의 공을 꺼냈을 때, 흰 공이면 동전 3번, 검은 공이면 동전 4번을 던진다고 한다. 앞면이 3번 나올 확률은?

① $\frac{3}{20}$
② $\frac{7}{40}$
③ $\frac{1}{5}$
④ $\frac{9}{40}$

18 다음은 2022 ~ 2024년의 행정 구역별 인구에 대한 자료이다. 이를 바탕으로 전년 대비 2024년 대구 지역의 인구 증가율을 구하면?(단, 소수점 둘째 자리에서 반올림한다)

〈행정 구역별 인구〉

(단위 : 천 명)

구분	2022년	2023년	2024년
전국	20,726	21,012	21,291
서울	4,194	4,190	4,189
부산	1,423	1,438	1,451
대구	971	982	994
인천	1,136	1,154	1,171
광주	573	580	586
대전	592	597	606
울산	442	452	455
세종	63	82	94
경기	4,787	4,885	5,003
강원	674	685	692
충북	656	670	681
충남	871	886	902
전북	775	783	790
전남	824	834	843
경북	1,154	1,170	1,181
경남	1,344	1,367	1,386
제주	247	257	267

① 1.1%　　② 1.2%
③ 1.3%　　④ 1.4%

19 X커피의 300g은 A원두와 B두의 양을 1:2 비율로 배합하여 만들고, Y커피의 300g은 A원두와 B원두의 양을 2:1 비율로 배합하여 만든다. 두 커피 300g의 판매 가격이 각각 3,000원, 2,850원일 때, B원두의 100g당 원가는?(단 판매 가격은 원가의 합의 1.5배이다)

① 500원　　② 600원
③ 700원　　④ 800원

20 다음은 우리나라 항공기 기종별 공항사용료에 대한 자료이다. 이에 대한 설명으로 옳지 않은 것은?

〈항공기 기종별 공항사용료〉

(단위 : 천 원)

구분			B747 (395톤)	B777 (352톤)	A330 (230톤)	A300 (165톤)	B767 (157톤)	A320 (74톤)	B737 (65톤)
착륙료	국제선	김포	3,141	2,806	1,854	1,340	1,276	607	533
		김해, 제주	3,046	2,694	1,693	1,160	1,094	449	387
		기타공항	2,510	2,220	1,395	956	902	370	319
	국내선	김포, 김해, 제주	1,094	966	604	411	387	155	134
		기타공항 (군산제외)	901	796	498	339	319	128	110
조명료	국제선	김포	106	106	106	106	106	106	106
		김해, 제주	52	52	52	52	52	52	52
		기타공항	43	43	43	43	43	43	43
	국내선	김포, 김해, 제주	52	52	52	52	52	52	52
		기타공항	43	43	43	43	43	43	43
정류료	국제선	김포	1,615	1,471	1,061	809	774	391	343
		김해, 제주	441	397	271	205	196	105	93
		기타공항	364	327	224	169	162	86	77
	국내선	김포, 김해, 제주	291	262	179	135	130	69	62
		기타공항	241	217	148	112	107	57	51

※ (공항사용료)=(착륙료)+(조명료)+(정류료)

① 항공기의 무게가 무거울수록 더 높은 착륙료와 정류료를 지불한다.
② 김해공항을 사용하는 항공기들은 기종과 상관없이 모두 동일한 조명료를 납부한다.
③ 광주공항을 사용하는 시드니행 B747 항공기는 광주공항에 대하여 공항사용료로 250만 원 이상을 납부한다.
④ 김포공항을 사용하는 A300 항공기의 경우, 국제선을 사용하는 항공기는 국내선을 사용하는 항공기의 7배 이상의 정류료를 납부한다.

21 독일인 A씨는 베를린에서 한국을 경유하여 일본으로 가는 비행기표를 구매하였다. A씨의 일정이 다음과 같을 때, A씨가 인천공항에 도착하는 한국 시각과 A씨가 참여했을 환승투어를 바르게 짝지은 것은?(단, 제시된 조건 외에는 고려하지 않는다)

〈A씨의 일정〉

한국행 출발 시각 (독일시각 기준)	비행 시간	인천공항 도착 시각	일본행 출발 시각 (한국 시각 기준)
11월 2일 19:30	12시간 20분		11월 3일 19:30

※ 독일은 한국보다 8시간 느림
※ 비행 출발 1시간 전에는 공항에 도착해야 함

〈환승투어 코스 안내〉

구분	코스	소요 시간
엔터테인먼트	• 인천공항 → 파라다이스시티 아트테인먼트 → 인천공항	2시간
인천시티	• 인천공항 → 송도한옥마을 → 센트럴파크 → 인천공항 • 인천공항 → 송도한옥마을 → 트리플 스트리트 → 인천공항	2시간
산업	• 인천공항 → 광명동굴 → 인천공항	4시간
전통	• 인천공항 → 경복궁 → 인사동 → 인천공항	5시간
해안관광	• 인천공항 → 을왕리해변 또는 마시안해변 → 인천공항	1시간

	도착 시각	환승투어
①	11월 2일 23:50	산업
②	11월 2일 15:50	엔터테인먼트
③	11월 3일 23:50	전통
④	11월 3일 15:50	인천시티

※ K공사의 시설관리과는 각 지부의 전산시스템을 교체하고자 한다. 전산시스템을 교체할 지부에 대한 정보가 다음과 같을 때, 이어지는 질문에 답하시오. [22~23]

〈전산시스템 교체 정보〉

- 각 지부의 전산시스템을 교체하는 데에 소요되는 기간과 매년 필요한 예산은 아래와 같다.
- 각 연도의 예산범위 내에서 동시에 여러 지부의 전산시스템 교체를 진행할 수 있으나, 예산범위를 초과해 진행할 수 없다.
- 각 지부의 교체작업은 각 소요기간 동안 중단 없이 진행된다.
- 교체 작업은 6년 내에 모두 완료되어야 한다.

〈지부별 교체 정보〉

구분	소요 기간	1년 필요 예산(원)
수도권	4년	26억
전남권	2년	10억
충북권	1년	5억
경남권	3년	17억
경북권	2년	9억

22 K공사에서 연도별로 사용가능한 예산이 다음과 같을 때, 〈보기〉 중 옳은 것을 모두 고르면?

〈연도별 사용가능 예산〉

(단위 : 억 원)

구분	1년 차	2년 차	3년 차	4년 차	5년 차	6년 차
예산	32	40	38	44	28	26

보기

ㄱ. 6년 내에 모든 지부의 전산시스템 교체를 위해서는 수도권 지부는 1년 차에 시작하여야 한다.
ㄴ. 전남권의 교체작업은 수도권의 교체 작업 중에 진행하여야 한다.
ㄷ. 충북권의 교체작업을 6년 차에 시작하더라도 6년 내에 모든 지부의 전산시스템 교체를 완료할 수 있다.
ㄹ. 충북권과 경남권의 교체작업은 동시에 진행된다.

① ㄱ, ㄴ
② ㄱ, ㄷ
③ ㄴ, ㄷ
④ ㄷ, ㄹ

23 연도별로 사용가능한 예산이 다음과 같이 변경되었다고 할 때, 다음 중 충북권의 전산시스템 교체가 시행될 시기는?

〈연도별 사용가능 예산〉

(단위 : 억 원)

구분	1년 차	2년 차	3년 차	4년 차	5년 차	6년 차
예산	28	26	50	39	36	30

① 2년 차
② 3년 차
③ 4년 차
④ 5년 차

24 김대리는 이번 휴가에 여행을 갈 장소를 고르고 있다. 각 관광 코스에 대한 정보가 다음과 같을 때, 〈조건〉에 따라 김대리가 선택할 관광 코스로 가장 적절한 것은?

〈관광 코스 정보〉

구분	A코스	B코스	C코스	D코스
기간	3박 4일	2박 3일	4박 5일	4박 5일
비용	245,000원	175,000원	401,000원	332,000원
경유지	3곳	2곳	5곳	5곳
참여인원	25명	18명	31명	28명
할인	K카드로 결제 시 5% 할인	–	I카드로 결제 시 귀가셔틀버스 무료 제공	I카드로 결제 시 10% 할인
비고	공항 내 수화물 보관서비스 제공	–	경유지별 수화물 운송서비스 제공	–

조건

- 휴가기간에 맞추어 4일 이상 관광하되 5일을 초과하지 않아야 한다.
- 비용은 결제금액이 30만 원을 초과하지 않아야 한다.
- 모든 비용은 I카드로 결제한다.
- 참여인원이 30명을 넘지 않는 코스를 선호한다.
- 되도록 경유지가 많은 코스를 고른다.

① A코스
② B코스
③ C코스
④ D코스

25 K공사는 직원들의 여가를 위해 하반기 동안 다양한 프로그램을 운영하고자 한다. 다음 수요도 조사 결과와 〈조건〉에 따라 프로그램을 선정할 때, 운영될 프로그램이 바르게 연결된 것은?

〈프로그램 후보별 수요도 조사 결과〉

운영 분야	프로그램명	인기 점수	필요성 점수
운동	강변 자전거 타기	6	5
진로	나만의 책 쓰기	5	7
여가	자수 교실	4	2
운동	필라테스	7	6
교양	독서 토론	6	4
여가	볼링 모임	8	3

※ 수요도 조사에는 전 직원이 참여하였음

조건

- 수요도는 인기 점수와 필요성 점수에 가점을 적용한 후 2 : 1의 가중치에 따라 합산하여 판단한다.
- 각 프로그램의 인기 점수와 필요성 점수는 10점 만점으로 하며, 전 직원이 부여한 점수의 평균값이다.
- 운영 분야에 하나의 프로그램만 있는 경우 그 프로그램의 필요성 점수에 2점을 가산한다.
- 운영 분야에 복수의 프로그램이 있는 경우 분야별로 필요성 점수가 가장 낮은 프로그램은 후보에서 탈락한다.
- 수요도 점수가 동점일 경우 인기 점수가 높은 프로그램을 우선시한다.
- 수요도 점수가 가장 높은 2개의 프로그램을 선정한다.

① 강변 자전거 타기, 볼링 모임

② 나만의 책 쓰기, 필라테스

③ 자수 교실, 독서 토론

④ 필라테스, 볼링 모임

26 **다음 중 기초생활수급자 선정에 대한 설명으로 옳지 않은 것은?**

가. 기초생활수급자 선정 기준

부양의무자가 없거나, 부양의무자가 있어도 부양능력이 없거나 또는 부양을 받을 수 없는 자로서 소득인정액이 최저생계비 이하인 자

※ 부양능력이 있는 부양의무자가 있어도 부양을 받을 수 없는 경우란 부양의무자가 교도소 등에 수용되거나 병역법에 의해 징집·소집되어 실질적으로 부양을 할 수 없는 경우와 가족관계 단절 등을 이유로 부양을 거부하거나 기피하는 경우 등을 가리킴

나. 매월 소득인정액 기준

- (소득인정액)=(소득평가액)+(재산의 소득환산액)
- (소득평가액)=(실제소득)−(가구특성별 지출비용)

다. 가구별 매월 최저생계비

(단위 : 만 원)

1인	2인	3인	4인	5인	6인
42	70	94	117	135	154

라. 부양의무자의 범위

수급권자의 배우자, 수급권자의 1촌 직계혈족 및 그 배우자, 수급권자와 생계를 같이 하는 2촌 이내의 혈족

① 소득인정액이 최저생계비 이하인 자로서 부양의무자가 없으면 기초생활수급자로 선정된다.
② 소득인정액은 소득평가액과 재산의 소득환산액을 합한 것이다.
③ 수급권자의 삼촌은 부양의무자에 해당되지 않는다.
④ 소득평가액은 실제소득과 가구특성별 지출비용을 합한 것이다.

27 **A~F 여섯 명이 번지 점프를 하기 위해 줄을 서 있고 다음 〈조건〉을 만족할 때, 항상 옳은 것은?**

조건

- A와 D 사이에는 세 명이 있다.
- C는 D보다 늦게, E는 C보다 늦게 뛰어내린다.
- F와 E는 연속으로 뛰어내리지 않는다.
- B는 C와 D 사이에서 뛰어내린다.

① F는 A보다 빨리 뛰어내린다.
② B는 C보다 빨리 뛰어내린다.
③ A는 다섯 번째에 뛰어내린다.
④ E는 F보다 늦게 뛰어내린다.

28 민호는 여름방학 동안 6개의 도시를 여행했다. 다음 〈조건〉을 토대로 부산이 민호의 네 번째 여행이었다면, 전주는 몇 번째 여행지였는가?

조건

- 춘천은 세 번째 여행지였다.
- 대구는 여섯 번째 여행지였다.
- 전주는 강릉의 바로 전 여행지였다.
- 부산은 안동의 바로 전 여행지였다.

① 첫 번째
② 두 번째
③ 세 번째
④ 네 번째

29 다음은 K시의 연간 행사목록이며, K시는 올해 행사 관련 예산이 부족하여 하나의 행사를 폐지하려고 한다. 순수익을 가장 먼저 고려할 때, 올해 폐지될 행사는?

〈연간 행사목록〉

1월 : K시 신년 음악회(지출 : 1억 원, 수익 : 5천만 원)
2월 : K시 연극문화축제(지출 : 5천만 원, 수익 : 2억 원)
3월 : 봄맞이 K시 플리마켓(지출 : 1천만 원, 수익 : 3천만 원)
4월 : 불꽃분수축제(지출 : 8천만 원, 수익 : 1천만 원)
5월 : 가족의 달 한마당(지출 : 2천만 원, 수익 : 7천만 원)
6월 : K호수축제(지출 : 7천만 원, 수익 : 1억 2천만 원)
8월 : 어린이 물놀이 축제(지출 : 3천만 원, 수익 : 1천 5백만 원)
9월 : 코스모스 축제(지출 : 5백만 원, 수익 : 3천만 원)
10월 : 한가위 윷놀이 한마당(지출 : 3백만 원, 수익 : 1천만 원)
12월 : 크리스마스 조명축제(지출 : 4억 원, 수익 : 3억 원)

① K시 신년음악회
② K시 연극문화축제
③ 불꽃분수축제
④ 크리스마스 조명축제

30 다음은 우리나라 자동차 등록번호 부여방법과 K사 직원들의 자동차 등록번호에 대한 자료이다. 제시된 〈보기〉 중 자동차 등록번호가 잘못 부여된 것은 모두 몇 개인가?(단, K사 직원들의 자동차는 모두 비사업용이며 본인 소유의 승용차이다)

〈자동차 등록번호 부여방법〉

• 차량종류 – 차량용도 – 일련번호 순으로 부여한다.

• 차량종류별 등록번호

승용차	승합차	화물차	특수차	긴급차
100 ~ 699	700 ~ 799	800 ~ 979	980 ~ 997	998 ~ 999

• 차량용도별 등록번호

구분	문자열
비사업용 (32개)	가, 나, 다, 라, 마 거, 너, 더, 러, 머, 버, 서, 어, 저 고, 노, 도, 로, 모, 보, 소, 오, 조 구, 누, 두, 루, 무, 부, 수, 우, 주
운수사업용	바, 사, 아, 자
택배사업용	배
렌터카	하, 허, 호

• 일련번호

1000 ~ 9999 숫자 중 임의 발급

보기

〈K사 직원들의 자동차 등록번호〉

• 680 더 3412
• 521 버 2124
• 431 사 3019
• 531 서 9898
• 501 라 4395
• 421 저 2031
• 241 가 0291
• 670 로 3502
• 702 나 2838
• 431 구 3050
• 600 루 1920
• 912 라 2034
• 321 우 3841
• 214 하 1800
• 450 무 8402
• 531 고 7123

① 3개　　② 4개

③ 5개　　④ 6개

31 K공사에 근무하는 임직원은 7월 19일부터 7월 21일까지 2박 3일간 워크숍을 가려고 한다. 워크숍 장소 예약을 담당하게 된 P대리는 〈조건〉에 따라 호텔을 예약하려고 한다. 다음 중 P대리가 예약할 호텔로 가장 적절한 것은?

〈워크숍 장소 현황〉

(단위 : 실, 명, 개)

구분	총 객실 수	객실 예약완료 현황			세미나룸 현황			
		7월 19일	7월 20일	7월 21일	최대수용 인원	빔프로젝터	4인용 테이블	의자
A호텔	88	20	26	38	70	○	26	74
B호텔	70	11	27	32	70	×	22	92
C호텔	76	10	18	49	100	○	30	86
D호텔	68	12	21	22	90	×	18	100

※ 4인용 테이블 2개를 사용하면 8명이 앉을 수 있음

〈K공사 임직원 현황〉

(단위 : 명)

구분	신사업기획처	신사업추진처	기술기획처	ICT융합기획처
처장	1	1	1	1
부장	3	4	2	3
과장	5	6	4	3
대리	6	6	5	4
주임	2	2	3	6
사원	3	4	3	2

조건

- 워크숍은 한 호텔에서 실시하며, 워크숍에 참여하는 모든 직원은 해당 호텔에서 숙박한다.
- 부장급 이상은 1인 1실을 이용하며, 나머지 임직원은 2인 1실을 이용한다.
- 워크숍에서는 빔프로젝터가 있어야 하며, 4인용 테이블과 의자는 참여하는 인원수만큼 필요하다.

① A호텔 ② B호텔
③ C호텔 ④ D호텔

※ 다음은 K공사에 입사할 신입직원의 희망 및 추천부서에 대한 자료이다. 이어지는 질문에 답하시오. [32~33]

〈희망부서 및 추천부서〉

(단위 : 점)

구분	1지망	2지망	필기점수	면접점수	추천부서
A사원	개발부	사업부	70	40	홍보부
B사원	개발부	총무부	90	80	사업부
C사원	영업부	개발부	60	70	영업부
D사원	영업부	홍보무	100	50	개발부
E사원	홍보부	총부무	80	90	총무부
F사원	개발부	영업부	80	100	홍보부
G사원	영업부	사업부	50	60	사업부
H사원	총무부	사업부	60	80	영업부
I사원	홍보부	개발부	70	70	총무부
J사원	홍보부	영업부	90	50	총무부

※ 필기점수와 면접점수의 합이 높은 사람이 우선적으로 배정되며, 1지망, 2지망, 추천부서 순으로 진행됨
※ 동점자일 경우 면접점수가 높은 사원이 먼저 배정됨
※ 1지망을 우선 결정하고 남은 인원으로 2지망을 결정한 후, 남은 인원은 추천부서로 배정됨
※ 5개의 부서에 각각 2명씩 배정됨

32 다음 중 B사원이 배정되는 부서는 어디인가?

① 개발부　　② 홍보부
③ 영업부　　④ 총무부

33 다음 중 최종적으로 추천부서와 배정부서가 동일한 사원을 모두 고르면?

① A사원, D사원, I사원　　② B사원, F사원, J사원
③ C사원, G사원, J사원　　④ D사원, H사원, I사원

※ 다음은 2025년 상반기 K공사 신입사원 채용공고이다. 이어지는 질문에 답하시오. [34~35]

〈2025년 상반기 K공사 신입사원 채용공고〉

• 채용인원 및 선발분야 : 총 ○○○명(기술직 ○○○명, 행정직 ○○○명)
• 지원 자격

구분	주요내용
학력	– 기술직 : 해당 분야 전공자 또는 관련 자격 소지자 – 행정직 : 학력 및 전공 제한 없음
자격	– 기술직의 경우 관련 자격증 소지 여부 확인 – 외국어 능력 성적 보유자에 한해 성적표 제출
연령	– 만 18세 이상(채용공고일 2025. 3. 8. 기준)
병역	– 병역법에 명시한 병역기피 사실이 없는 자 (단, 현재 군복무 중인 경우 채용예정일 이전 전역 예정자 지원 가능)
기타	– 2025년 상반기 신입사원 채용부터 지역별 지원 제한 폐지

• 채용전형 순서 : 서류전형 – 필기전형 – 면접전형 – 건강검진 – 최종합격
• 채용예정일 : 2025년 5월 31일

34 K공사 채용 Q&A 게시판에 다음과 같은 질문이 올라왔다. 이에 대한 답변으로 옳은 것은?

> 안녕하세요.
> 이번 K공사 채용공고를 확인하고 지원하려고 하는데 지원 자격과 관련하여 여쭤보려고 합니다. 대학을 졸업하고 현재 군인 신분인 제가 이번 채용에 지원할 수 있는지 확인하고 싶어서요. 답변 부탁드립니다.

① 죄송하지만 이번 채용에서는 대학 졸업 예정자만을 대상으로 하고 있습니다.
② 채용예정일 이전 전역 예정자라면 지원 가능합니다.
③ 기술직의 경우 필요한 자격증을 보유하고 있다면 누구든지 지원 가능합니다.
④ 지역별로 지원 제한이 있으므로 확인하고 지원하기 바랍니다.

35 다음 중 K공사에 지원할 수 없는 사람은?

① 최종 학력이 고등학교 졸업인 A
② 관련 학과를 전공하고 기술직에 지원한 B
③ 2025년 5월 27일 기준으로 만 18세가 된 C
④ 현재 군인 신분으로 2025년 5월 21일 전역 예정인 D

※ 다음은 K공사의 임직원 경조사 지원규정과 이번 달 임직원 경조사 목록이다. 이어지는 질문에 답하시오. [36~37]

〈임직원 경조사 지원규정〉

- K공사는 임직원 경조사에 사안별로 다양한 지원을 제공한다.
- 경조사의 범위는 결혼식, 돌잔치, 장례식, 회갑, 결혼기념일, 입학 및 졸업으로 한정한다.
  1. 본인의 결혼식, 자녀의 돌잔치, 부모님 회갑에는 현금과 함께 화환을 제공한다.
  2. 부모의 장례식, 배우자의 장례식에는 현금과 함께 화환을 제공한다.
  3. 위의 1 ~ 2항에 언급하지 않은 사안에는 화환 또는 꽃다발만 제공하는 것으로 한다.

※ K공사에 재직 중인 2인 이상이 경조사 범위(1 ~ 2항)에 관련된 경우 한 명에게는 화환이나 꽃다발을, 다른 한 명에게는 현금을 제공함

〈이번 달 임직원 경조사 목록〉

구분	경조사	비고
황지원 대리	부친 장례식	이수현 과장 배우자
최진호 사원	조모 장례식	–
이수현 과장	장인어른 장례식	황지원 대리 배우자
김현수 부장	본인 결혼	–
조현호 차장	자녀 돌잔치	–
이강윤 대리	배우자 졸업식	최영서 사원 배우자
정우영 대리	결혼기념일	–
이미영 과장	모친 회갑	–
최영서 사원	본인 졸업식	이강윤 대리 배우자

36 이번 달 임직원 경조사 목록을 참고할 때, 본인이 현금과 화환을 모두 받을 수 있는 사람의 수는?

① 1명 ② 2명
③ 3명 ④ 4명

37 다음 〈보기〉에서 경조사 지원으로 현금을 받을 수 있는 사람을 모두 고르면?

보기
- K공사에 함께 재직하고 있는 배우자와의 결혼기념일에 휴가를 내는 A과장
- 첫 딸의 돌잔치를 소규모로 가족들끼리만 진행하는 B사원
- 본인과 배우자가 함께 대학교를 졸업하는 C사원

① A과장 ② B사원
③ A과장, B사원 ④ B사원, C사원

38 **다음 중 빈칸 ㉠~㉢에 들어갈 말이 순서대로 바르게 연결된 것은?**

> 배치의 유형에는 3가지가 있다. 먼저 양적 배치는 작업량과 조업도, 여유 또는 부족 인원을 감안하여 소요인원을 결정하여 배치하는 것을 말한다. 반면, 질적 배치는 효과적인 인력배치의 3가지 원칙 중 ___㉠___ 주의에 따른 배치를 말하며, ___㉡___ 배치는 팀원의 ___㉢___ 및 흥미에 따라 배치하는 것을 말한다.

	㉠	㉡	㉢
①	균형	적성	능력
②	적재적소	균형	능력
③	적재적소	적성	적성
④	능력	적성	적성

39 **육아휴직급여를 담당하는 인사부 K사원은 신청인원 명단을 받아 휴직기간 동안 지급될 급여를 계산해야 한다. 육아휴직급여 지원이 다음과 같을 때, A~C 세 사람이 받을 수 있는 급여의 총합은?**

〈육아휴직급여〉

근로자가 만 8세 이하 또는 초등학교 2학년 이하의 자녀를 양육하기 위하여 남녀고용평등과 일·가정 양립 지원에 관한 법률 제19조에 의한 육아휴직을 30일 이상 부여받은 경우 지급되는 급여입니다.

■ 해당조건 및 혜택

- 육아휴직 기간 : 1년 이내
- 육아휴직 첫 3개월 동안은 월 통상임금의 100분의 80(상한액 : 월 150만 원, 하한액 : 월 70만 원), 나머지 기간에 대해서는 월 통상임금의 100분의 40(상한액 : 월 100만 원, 하한액 : 월 50만 원)을 지급함
- 아빠의 달 : 동일한 자녀에 대하여 부모가 순차적으로 휴직할 경우 두 번째 사용자의 첫 3개월 급여는 통상임금의 100%(최대 150만 원, 둘째 아이에 대해서는 200만 원)를 지원함

〈신청인원〉

구분	성별	자녀	통상임금	육아휴직기간	비고
A씨	여	6살(첫째)	220만 원	8개월	–
B씨	남	3살(둘째)	300만 원	1년	아빠의 달, 두 번째 사용자
C씨	남	8살(첫째)	90만 원	6개월	–

① 2,580만 원 ② 2,739만 원
③ 2,756만 원 ④ 2,912만 원

40 K전력공사에서 근무하고 있는 김대리는 경기본부로 전기점검을 나가고자 한다. 〈조건〉에 따라 점검일을 결정할 때, 다음 중 김대리가 경기본부 전기점검을 진행할 수 있는 기간은?

〈10월 달력〉

일	월	화	수	목	금	토
				1	2	3
4	5	6	7	8	9	10
11	12	13	14	15	16	17
18	19	20	21	22	23	24
25	26	27	28	29	30	31

조건

- 김대리는 10월 중에 경기본부로 전기점검을 나간다.
- 전기점검은 2일 동안 진행되며, 이틀 동안 연이어 진행하여야 한다.
- 점검은 주중에만 진행된다.
- 김대리는 10월 1일부터 10월 7일까지 연수에 참석하므로 해당 기간에는 점검을 진행할 수 없다.
- 김대리는 10월 27일부터는 부서이동을 하므로, 27일부터는 전기점검을 포함한 모든 담당 업무를 후임자에게 인계하여야 한다.
- 김대리는 목요일마다 경인건설본부로 출장을 가며, 출장일에는 전기점검 업무를 수행할 수 없다.

① 10월 6～7일

② 10월 11～12일

③ 10월 14～15일

④ 10월 20～21일

MEMO

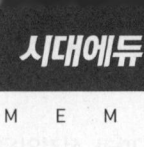

2일 차
기출응용 모의고사

〈문항 및 시험시간〉

평가영역	문항 수	시험시간	모바일 OMR 답안채점 / 성적분석 서비스
의사소통능력+수리능력+ 문제해결능력+자원관리능력	40문항	40분	

한국수자원공사 NCS

2일 차 기출응용 모의고사

문항 수 : 40문항
시험시간 : 40분

01 다음 중 밑줄 친 ㉠~㉣의 수정 방안으로 옳은 것은?

- 빨리 도착하려면 저 산을 ㉠<u>넘어야</u> 한다.
- 장터는 저 산 ㉡<u>넘어</u>에 있소.
- 나는 대장간 일을 ㉢<u>어깨너머</u>로 배웠다.
- 자동차는 수많은 작은 부품들로 ㉣<u>나뉜다</u>.

① ㉠ : 목적지에 대해 설명하고 있으므로 '너머'로 수정한다.
② ㉡ : 산으로 가로막힌 반대쪽 장소를 의미하므로 '너머'로 수정한다.
③ ㉢ : 남몰래 보고 배운 것을 뜻하므로 '어깨넘어'로 수정한다.
④ ㉣ : 피동 표현을 사용해야 하므로 '나뉘어진다'로 수정한다.

02 의사표현에서는 말하는 사람이 말하는 순간 듣는 사람이 바로 알아들을 수 있어야 하므로 어떠한 언어를 사용하는지가 매우 중요하다. 다음 〈보기〉에서 의사표현에 사용되는 언어로 적절하지 않은 것을 모두 고르면?

보기

㉠ 이해하기 쉬운 언어
㉡ 상세하고 구체적인 언어
㉢ 간결하면서 정확한 언어
㉣ 전문적 언어
㉤ 단조로운 언어
㉥ 문법적 언어

① ㉠, ㉡
② ㉡, ㉢
③ ㉢, ㉣
④ ㉣, ㉤

03 다음 글의 내용으로 적절하지 않은 것은?

미술작품을 연구함에 있어 문헌사료의 중요성은 선사시대 미술연구의 한계를 통해서 절감할 수 있다. 울산의 천전리 암각화의 연구 성과를 예로 든다면 청동기 시대에 새겨졌다는 공통된 의견만 있을 뿐, 암각화의 제작 배경이나 작품의 내용에 대한 해석은 연구자의 주관적인 의견 제시에 그칠 수밖에 없다. 그러므로 고대 미술 작품과 관련된 직·간접적인 기록이 존재하지 않는다면 그 작품은 감상의 범주를 벗어나기 어렵다.

미술사 연구의 시작은 작품의 제작시기를 파악하는 것에서부터 출발한다. 일반적으로 미술사에서는 양식사적 비교 편년에 의해 작품의 제작시기를 판단하는데, 이때 무엇보다도 중요한 것이 양식비교의 기준이 되는 작품이 존재해야 한다는 것이다. 비교 편년의 기준이 되는 작품을 흔히 '기준작'이라고 하는데, 기준작의 전제조건은 제작시기가 작품에 명시되어 있거나, 작품의 제작과 연관된 신뢰할 만한 기록을 보유한 작품이어야 한다는 점에서 기준작의 설정은 기록의 도움을 받을 수밖에 없다. 그러나 기준작의 설정을 전적으로 기록에만 의존하는 것도 곤란하다. 왜냐하면 물질자료와 달리 기록은 상황에 따라 왜곡되거나 윤색될 수도 있고, 후대에 가필되는 경우도 있기 때문이다. 따라서 작품에 명문이 있다 하더라도 기준작으로 삼기 위해서는 그것이 과연 신뢰할 만한 사료인가에 대한 엄정한 사료적 비판이 선행되어야 한다.

예를 들어, 일본 호류지 금당의 금동약사여래좌상 광배의 뒷면에는 스이코 천황과 쇼토쿠 태자가 요메이 천황의 유언에 따라 607년에 조성했다는 명문이 있다. 하지만 일본 학계에서는 이 불상을 7세기 초의 기준작으로 거론하지 않는다. 그 이유는 명문의 서체와 조각양식 및 제작기법 분석을 통해 이 불상이 670년 호류지가 화재로 소실된 이후 재건되면서 새롭게 조성되었다는 견해가 지배적이기 때문이다. 이러한 사례는 기준작의 선정을 위해서 작품과 관련기록에 대한 엄격한 사료의 비판이 전제되어야 한다는 것을 잘 보여준다.

한국 불교미술사에서 석굴암은 8세기 중엽 신라 불교미술의 기준작으로 확고하게 정착되어 있다. 절대연대가 확인되지 않은 통일신라 시대의 불교미술품은 석굴암을 기준으로 이전과 이후로 구분하여 제작시기를 파악하고 있으며, 석굴암이 8세기 중엽의 기준작으로 설정된 근본적인 원인은 13세기 말에 편찬된 『삼국유사』 제5권의 '불국사 창건기록'에 근거하고 있다.

① 미술작품을 연구함에 있어 문헌사료의 직·간접적인 기록이 중요하다.
② 전적으로 문헌사료의 기록에 의존해 기준작을 설정하는 것이 중요하다.
③ 석굴암은 8세기 중엽 신라 불교미술의 기준작으로 확고하게 정착되었다.
④ 미술작품의 기록이 존재하지 않는다면, 연구자의 주관적인 의견에서 벗어나기 어렵다.

※ 다음 글을 읽고 이어지는 질문에 답하시오. [4~5]

사회 현상을 볼 때는 돋보기로 세밀하게, 그리고 때로는 멀리 떨어져서 전체 속에 어떻게 위치하고 있는가를 동시에 봐야 한다. 숲과 나무는 서로 다르지만 따로 떼어 생각할 수 없기 때문이다.
현대 사회 현상의 최대 쟁점인 과학 기술에 대해 평가할 때도 마찬가지다. 로봇 탄생의 숲을 보면, 그 로봇 개발에 투자한 사람과 로봇을 개발한 사람들의 의도가 드러난다. 그리고 나무인 로봇을 세밀히 보면, 그 로봇이 생산에 이용되는지 아니면 감옥의 죄수들을 감시하기 위한 것인지 그 용도를 알 수가 있다. 이 광범위한 기술의 성격을 객관적이고 물질적이어서 가치관이 없다고 쉽게 생각하면 로봇에 당하기 십상이다.
자동화는 자본주의의 실업을 늘려 실업자에 대해 생계의 위협을 가하는 측면뿐만 아니라, 기존 근로자에 대한 감시를 더욱 효율적으로 해내는 역할도 수행한다. 자동화를 적용하는 기업 측에서는 자동화가 인간의 삶을 증대시키는 이미지로 일반 사람들에게 인식되기를 바란다. 그래야 자동화 도입에 대한 노동자의 반발을 무마하고 기업가의 구상을 관철시킬 수 있기 때문이다. 그러나 자동화나 기계화 도입으로 인해 실업을 두려워하고, 업무 내용이 바뀌는 것을 탐탁해 하지 않았던 유럽의 노동자들은 자동화 도입에 대해 극렬히 반대했던 경험들을 갖고 있다.
지금도 자동화·기계화는 좋은 것이라는 고정관념을 가진 사람이 많고, 현실에서 이러한 고정관념이 가져오는 파급효과는 의외로 크다. 예를 들어 은행에 현금을 자동으로 세는 기계가 등장하면 은행원들이 현금을 세는 작업량은 줄어든다. 손님들도 기계가 현금을 재빨리 세는 것을 보고 감탄하면서 행원이 세는 것보다 더 많은 신뢰를 보낸다. 그러나 현금 세는 기계의 도입에는 이익 추구라는 의도가 숨어 있다. 현금 세는 기계는 행원의 수고를 덜어 준다. 그러나 현금 세는 기계를 들여옴으로써 실업자가 생기고 만다. 사람이 잘만 이용하면 잘 써먹을 수 있을 것만 같은 기계가 엄청나게 혹독한 성품을 지닌 프랑켄슈타인으로 돌변하는 것이다.
자동화와 정보화를 추진하는 핵심 조직이 기업이란 것에서도 알 수 있듯이 기업은 이윤 추구에 도움이 되지 않는 행위는 무가치하다고 판단한다. 그러므로 자동화는 그 계획 단계에서부터 기업의 의도가 스며들어 탄생된다. 또한 그 의도대로 자동화나 정보화가 진행되면, 다른 한편으로 의도하지 않은 결과를 초래한다. 자동화와 같은 과학 기술이 풍요를 생산하는 수단이라고 생각하는 것은 하나의 ㉠ 고정관념에 불과하다.
찰리 채플린이 제작한 영화 〈모던 타임즈〉에 나타난 것처럼 초기 산업화 시대에는 기계에 종속된 인간의 모습이 가시적으로 드러날 수밖에 없었다. 그래서 이러한 종속에 저항하고자 하는 인간의 노력도 적극적인 모습을 보였다. 그러나 현대의 자동화 기기는 그 선두가 정보통신 기기로 바뀌면서 문제가 질적으로 달라진다. 무인 생산까지 진전된 자동화나 정보통신화는 인간에게 단순 노동을 반복시키는 그런 모습을 보이지 않는다. 그 까닭에 정보통신은 별 무리 없이 어느 나라에서나 급격하게 개발·보급되고 보편화되어 있다. 그런데 문제는 이 자동화 기기가 생산에만 이용되는 것이 아니라, 노동자를 감시하거나 관리하는 데도 이용될 수 있다는 것이다. 궁극적으로 정보통신의 발달로 인해 이전보다 사람들은 더 많은 감시와 통제를 받게 되었다.

04 다음 중 윗글의 밑줄 친 ㉠에 대한 사례로 적절하지 않은 것은?

① 부자는 누구나 행복할 것이라고 믿는 경우이다.
② 값비싼 물건이 항상 우수하다고 믿는 경우이다.
③ 구구단이 실생활에 도움을 준다고 믿는 경우이다.
④ 절약이 언제나 경제 발전에 도움을 준다고 믿는 경우이다.

05 다음 중 윗글에 대한 비판으로 가장 적절한 것은?

① 기업의 이윤 추구가 사회 복지 증진과 직결될 수 있음을 간과하고 있다.
② 기계화·정보화가 인간의 삶의 질 개선에 기여하고 있음을 경시하고 있다.
③ 기계화를 비판하는 주장만 되풀이할 뿐, 구체적인 근거를 제시하지 않고 있다.
④ 화제의 부분적 측면에 관계된 이론을 소개하여 편향적 시각을 갖게 하고 있다.

06 다음 기사의 제목으로 가장 적절한 것은?

> 올 여름 휴가철 고속도로를 이용해 수도권에서 출발하는 차량은 다음달 3 ~ 4일, 수도권으로 돌아오는 차량은 5일이 가장 많아 교통 혼잡이 심할 것으로 예상된다. 국토교통부는 오는 25일부터 내달 12일까지 19일간을 '하계 휴가철 특별 교통대책 기간'으로 정하고 원활한 교통편의 제공을 위해 특별 교통대책을 마련·시행할 계획이라고 24일 밝혔다.
> 혼잡이 예상되는 구간은 갓길차로 운영, 우회도로 안내, 실시간 교통정보 제공 등으로 교통량을 분산하고, 동해안 이동 고속도로 노선과 주요 휴가지 인근 고속도로 영업소의 교통관리도 강화할 예정이다. 또한 안전에 지장이 없는 범위 내에서 버스·열차·항공기·연안 여객선 등 대중교통 수송력을 최대한 확충하여 이용을 활성화할 예정이다.
> 대책기간 동안 교통수요 분석결과를 살펴보면, 올해 하계휴가 특별 교통대책 기간 동안 1일 평균 483만 명, 총 9,180만 명이 이동해 작년 대책기간의 일평균 대비 0.3%, 평시 대비 27.6% 증가할 것으로 예상된다.
> 정부는 먼저 휴가기간 이동객의 원활한 수송을 위해 특별 교통대책 기간 동안 1일 평균 고속버스 324회, 철도 6회, 항공기 7편, 선박 179회를 더 늘리기로 하였다.
> 또한 교통안내전광판(VMS) 등을 활용한 실시간 교통정보를 제공하는 한편 상습정체구간 우회도로, 교통 집중기간 및 혼잡구간 등에 대한 교통정보를 제공하는 등 사전 홍보도 강화한다. 아울러 스마트폰 앱, 인터넷, 방송 등 다양한 홍보매체를 통해 실시간 도로소통 상황과 우회도로 정보를 제공해 교통수요 분산을 유도할 예정이다. 더불어 고속도로 신규 개통, 고속도로 갓길의 효율적 운용과 교통수요 관리, 피서지 주변도로 교통대책 등 다양한 교통소통 대책이 시행된다.
> 또한 갓길차로(35개 구간, 246.1km)를 운영하고, 고속도로 이용이 집중될 것으로 예상되는 내달 1일부터 5일까지 승용차 임시 갓길차로(5개 구간, 12.4km) 운영 및 진출부 감속차로 연장운영(2개 구간, 1.4km)을 통해 교통 정체를 완화하고 교통 흐름의 연속성을 확보한다. 또한 고속도로 휴게소·졸음쉼터 등에 화장실을 확충하고, 졸음쉼터 198곳에 그늘막을 설치해 이용객 편의를 증진시키기로 하였다.

① 휴가철, 이용객 편의를 위한 특별 교통대책 시행
② 휴가철, VMS를 활용한 실시간 교통정보 제공
③ 휴가철, 승용차 임시 갓길차로제 도입
④ 휴가철, 고속버스와 철도 등 대중교통 수송력 확대

07 다음 문단을 논리적 순서대로 바르게 나열한 것은?

(가) 이와 같이 임베디드 금융의 개선을 위해서는 효과적인 보안 시스템과 프라이버시 보호 방안을 도입하여 사용자의 개인정보를 안전하게 관리하는 것이 필요하다. 또한 디지털 기기의 접근성을 개선하고 사용자들이 편리하게 이용할 수 있는 환경을 조성해야 한다.

(나) 임베디드 금융은 기업과 소비자 모두에게 이점을 제공한다. 기업은 제품과 서비스에 금융 기능을 통합함으로써 자사 플랫폼 의존도를 높이고, 수집한 고객의 정보를 통해 매출을 증대시킬 수 있으며, 고객들에게 편리한 금융 서비스를 제공할 수 있다. 소비자의 경우는 모바일 앱을 통해 간편하게 금융 거래를 할 수 있고, 스마트기기 하나만으로 다양한 금융 상품에 접근할 수 있어 편의성과 접근성이 크게 향상된다.

(다) 그러나 임베디드 금융은 개인정보 보호와 안전성에 대한 관리가 필요하다. 사용자의 금융 데이터와 개인정보가 디지털 플랫폼이나 기기에 저장되므로 해킹이나 데이터 유출과 같은 사고가 발생할 수 있다. 이는 사용자의 프라이버시 침해와 금융 거래 안전성에 대한 심각한 위협이 될 수 있다. 또한 모든 사람들이 안정적인 인터넷 연결과 임베디드 금융이 포함된 최신 기기를 보유하고 있지는 않기 때문에 디지털 기기에 익숙하지 않은 사람들은 임베디드 금융 서비스를 제공받는 데 제한을 받을 수 있다.

(라) 임베디드 금융은 비금융 기업이 자신의 플랫폼이나 디지털 기기에 금융 서비스를 탑재하는 것을 뜻한다. 삼성페이나 애플페이 같은 결제 서비스부터 대출이나 보험까지 임베디드 금융은 제품과 서비스에 금융 기능을 통합하여 사용자에게 편의성과 접근성을 높여준다.

① (나) – (가) – (다) – (라)
② (나) – (라) – (다) – (가)
③ (라) – (가) – (나) – (다)
④ (라) – (나) – (다) – (가)

※ 다음은 K공사 환경관리팀에 근무하고 있는 B사원이 본사 관람을 오는 고등학생들을 위해 준비한 에너지 강의 중 '지구온난화'와 관련된 유인물이다. 이어지는 질문에 답하시오. **[8~9]**

▶ **지구온난화 현상(Global Warming)이란?**

지난 100년간 지구의 평균온도는 점점 증가하는 추세를 보이면서 지구온난화 현상(Global Warming)이 나타나고 있다.

이는 이산화탄소(CO_2) 등과 같은 온실가스(Greenhouse Gas)의 증가로 인해 대기의 기온이 상승하는 온실효과(Greenhouse Effect)에 의한 것으로, 지구의 자동온도조절능력(Natural Temperature Control System)이 위기를 맞고 있음을 보여준다.

이러한 기후변화는 기상이변, 해수면 상승 등을 초래하여 사회·경제 분야에 지대한 영향을 끼치고 있다.

▶ **우리가 지구환경 속에서 쾌적하게 살아갈 수 있는 이유는 무엇일까?**

이것은 대기 중 이산화탄소 등의 온실가스가 온실의 유리처럼 작용하여 지구표면의 온도를 일정하게 유지하기 때문이다. 지구가 평균온도 15℃를 유지할 수 있는 것도 대기 중에 존재하는 일정량의 온실가스에 의한 것으로, 이러한 온실효과가 없다면 지구의 평균온도가 −18℃까지 내려가 생명체는 살 수 없게 된다.

지구온난화를 일으키는 물질들이 지난 100년에 걸쳐 증가되어 인류는 기후변화라는 전 세계적인 문제에 직면하게 되었다. 즉, 삼림벌채 등에 의하여 자연의 자정능력이 약화되고, 산업발전에 따른 화석연료의 사용량 증가로 인해 인위적으로 발생되는 이산화탄소의 양이 증가되었다.

이로 인해 두터운 온실이 형성되어 온실효과가 심화되었고 지구의 평균온도가 올라가는 지구온난화 현상이 나타나고 있는 것이다.

▶ **온실효과 메커니즘**

① 태양에서 지구로 오는 빛에너지 중에서 약 34%는 구름이나 먼지 등에 의해 반사되고, 지표면에는 44% 정도만 도달한다.

② 지구는 태양으로부터 받은 이 에너지를 파장이 긴 적외선으로 방출하는데, 이산화탄소 등의 온실가스가 적외선 파장의 일부를 흡수한다.

③ 적외선을 흡수한 이산화탄소 내의 탄소 분자는 들뜬 상태가 되고, 안정상태를 유지하기 위해 에너지를 방출하는데, 이 에너지로 인해 지구의 평균온도가 상승한다.

08 다음 중 윗글의 내용으로 적절하지 않은 것은?

① 지구의 평균온도가 −18℃까지 내려가면 생명체는 살 수 없다.
② 지구온난화 현상의 원인은 온실가스로, 이는 100년 전에는 없던 물질이다.
③ 삼림벌채 등에 의하여 자연의 자정능력이 약화된 것도 이산화탄소 증가의 원인 중 하나이다.
④ 기후변화는 자연에만 영향을 미치는 것이 아니라 사회·경제 분야에도 지대한 영향을 미친다.

09 다음 중 '온실효과 메커니즘'에서 지구와 온실가스가 흡수하는 에너지의 종류를 바르게 나열한 것은?

	지구	온실가스		지구	온실가스
①	적외선	이산화탄소	②	빛에너지	탄소
③	적외선	열에너지	④	빛에너지	적외선

10 다음 빈칸에 들어갈 내용으로 가장 적절한 것은?

> 고대 희랍의 누드 조각, 르네상스의 누드화, 인상파, 로댕, 피카소 등에 이르기까지 서양의 에로티시즘은 생명을 새롭게 파악하여 현실의 여러 의미를 보여 준다. 발가벗은 인체를 예술의 소재로 삼는다는 것은 우리 인간의 생명의 비밀을 직시하려는 태도의 표명이며, 삶의 근원을 찾아내려는 모색의 과정이다. 또한 에로티시즘의 조형화(造型化)는 삶의 단순한 향유가 아니라 현실의 재확인이다. 그러므로 대중들이 즐기고 욕망하는 현실 감정이 가장 쉽게, 그리고 직접적으로 누드에 반영된다.
>
> 우리의 미술사에서도 어느 정도 이러한 점을 확인할 수 있다. 성(性)을 경원시하고 남녀유별(男女有別)에 철저했던, 유교적 도덕으로 무장한 조선의 풍토에서 혜원 신윤복의 존재는 무엇을 말해주는가? 왜 혜원의 춘의도(春意圖)가 그 시대 산수도보다 대중들에게 잘 수용되었던가? 그것은 그가 당대의 사회적 풍토로 인해 억압되어 있었던 ____________________을 잘 드러냈기 때문이다.
>
> 그런데 근래의 우리 누드 화가들은 어떠한가? 누드를 통해 어떤 현실을 인식시키고 어떤 진실을 표현하려 하였던가? 가령 김인승의 〈나부(裸婦)〉를 놓고 보자. 이국적인 용모를 지닌 풍요한 여체가 옆면으로 등을 보이면서 소파 위에 앉아 있다. 주위의 실내 배경은 서구 스타일의 장식으로 간략히 정돈된 고전풍이다. 그에 따라 나부가 효과적으로 중심을 드러낸다. 기법은 인상주의 이전의 사실주의 수법으로 객관미를 표출하고 있다. 그럼에도 그의 누드는 우리에게 위화감을 불러일으킨다. 무엇 때문인가?
>
> 우리는 그의 누드 속의 인물, 즉 이국적 호사 취미에 알맞은 장식적 인물에서 그 단서를 발견할 수 있다. 우리가 보아온 누드 어디에 그 같은 취향이 있었던가? 이 누드의 풍요성과 같은 안정된 현실을 어느 시대에서 향유할 수 있었단 말인가? 결국 그의 누드에 담긴 장식적 현실은 부르주아적 모방 취미가 아닐 수 없다. 그런 누드화는 부유층의 수요에 의하여 생산되는 사치품에 불과하다. 이처럼 근래의 우리 누드화는 민중의 현실 속으로 파고들지 못했다.

① 도덕적 불감증
② 전통적인 가치관
③ 지배층의 물질적 욕망
④ 보편적인 감정의 진실

11 K전자 로봇청소기에는 투과율이 일정한 필터가 있다. 30g의 먼지를 두 번 필터링했을 때, 남은 먼지가 2.7g이다. 이 필터의 투과율은 얼마인가?

① 24%
② 26%
③ 28%
④ 30%

12 다음은 연도별 와이파이 공유기의 전체 판매량과 수출량의 변화 추이를 나타낸 자료이다. 이에 대한 설명으로 옳은 것은?

〈와이파이 공유기의 전체 판매량과 수출량의 변화 추이〉

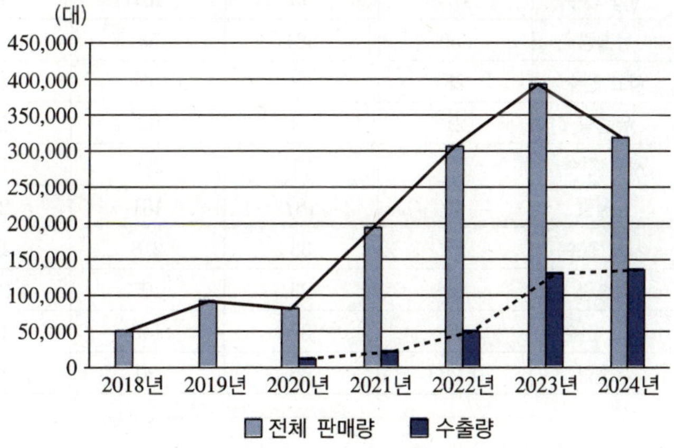

① 전체 판매량 중 수출량은 2020년에서 2023년까지 매년 증가하였다.
② 전체 판매량은 2020년에서 2024년까지 매년 증가하였다.
③ 2022～2023년 사이 수출량의 증가폭이 가장 컸다.
④ 전체 판매량이 가장 많은 해는 2024년이다.

13 어떤 기차가 700m인 다리를 통과하는 데 1분이 걸리고, 1,500m인 터널을 통과하는 데 2분이 걸린다고 할 때, 이 기차의 길이는?

① 50m
② 100m
③ 150m
④ 200m

14 다음은 선박종류별 기름 유출사고 발생 현황을 나타낸 자료이다. 이에 대한 설명으로 옳은 것은?

〈선박종류별 기름 유출사고 발생 현황〉

(단위 : 건, kL)

구분		유조선	화물선	어선	기타	전체
2020년	사고 건수	37	53	151	96	337
	유출량	956	584	53	127	1,720
2021년	사고 건수	28	68	247	120	463
	유출량	21	49	166	151	387
2022년	사고 건수	27	61	272	123	483
	유출량	3	187	181	212	583
2023년	사고 건수	32	33	218	102	385
	유출량	38	23	105	244	410
2024년	사고 건수	39	39	149	116	343
	유출량	1,223	66	30	143	1,462

① 유출량을 가장 많이 줄이는 방법은 화물선 사고 건수를 줄이는 것이다.
② 연도별 전체 사고 건수에 대한 유조선 사고 건수 비율은 매년 감소하고 있다.
③ 2020년부터 2024년 사이의 전체 유출사고 건수와 전체 유출량의 증감 추이는 동일하다.
④ 전체 유출량이 가장 적은 해에서 기타 항목을 제외하고 사고 건수에 대한 유출량 비율이 가장 낮은 선박종류는 어선이다.

15 다음은 연도별 투약일당 약품비에 대한 자료이다. 2023년의 총투약일수가 120일, 2024년의 총투약일수가 150일인 경우, 2023년 종합병원의 총약품비와 2024년 상급종합병원의 총약품비의 합은?

〈투약일당 약품비〉

(단위 : 원)

구분	상급종합병원	종합병원	병원	의원
2020년	2,704	2,211	1,828	1,405
2021년	2,551	2,084	1,704	1,336
2022년	2,482	2,048	1,720	1,352
2023년	2,547	2,025	1,693	1,345
2024년	2,686	2,074	1,704	1,362

※ 투약 1일당 평균적으로 소요되는 약품비를 나타내는 지표임

※ (투약일당 약품비)=(총약품비)÷(총투약일수)

① 630,900원

② 635,900원

③ 640,900원

④ 645,900원

16 K공사에 근무 중인 A사원은 의무적으로 1월부터 12월까지 총 60시간의 안전 교육을 이수해야 한다. 안전 교육은 1시간 단위로 진행되며 한 달에 최소 3시간을 이수해야 한다. 5월이 지날 때까지 35시간을 이수했을 때, 남은 기간 동안 안전 교육을 이수받을 수 있는 방법은 모두 몇 가지인가?

① 180가지

② 196가지

③ 200가지

④ 210가지

17 K공사에서는 추석을 맞이해 직원들에게 선물을 보내려고 한다. 비슷한 가격대의 상품으로 같이 준비하였으며, 전 직원들을 대상으로 투표를 실시하였다. 가장 많은 표를 얻은 상품 하나를 선정하여 선물을 보냈을 때 총비용은?

〈추석 맞이 선물 투표 결과〉

상품 내역		투표 결과(표)					
상품명	가격	총무부	기획부	영업부	생산부	관리부	연구소
한우세트	80,000원	2	1	5	13	1	1
영광굴비	78,000원	0	3	3	15	3	0
장뇌삼	85,000원	1	0	1	21	2	2
화장품	75,000원	2	1	6	14	5	1
전복	70,000원	0	1	7	19	1	4

※ 투표에 대해 무응답 및 중복응답은 없음

① 9,200,000원
② 9,450,000원
③ 9,650,000원
④ 9,800,000원

18 다음은 성별로 구분한 국민연금 가입자 현황을 나타낸 자료이다. 이에 대한 설명으로 옳은 것은?

〈성별 국민연금 가입자 수〉

(단위 : 명)

구분	사업장가입자	지역가입자	임의가입자	임의계속가입자	합계
남자	8,059,994	3,861,478	50,353	166,499	12,138,324
여자	5,775,011	3,448,700	284,127	296,644	9,804,482
합계	13,835,005	7,310,178	334,480	463,143	21,942,806

① 여자 사업장가입자 수는 이를 제외한 항목의 여자 가입자 수를 모두 합친 것보다 적다.
② 남자 사업장가입자 수는 남자 지역가입자 수의 2배 미만이다.
③ 전체 지역가입자 수는 전체 사업장가입자 수의 50% 미만이다.
④ 전체 가입자 중 여자 가입자 수의 비율은 40% 이상이다.

19 다음은 한 · 중 · 일의 평판 TV 시장점유율 추이에 대한 자료이다. 이에 대한 설명으로 옳지 않은 것은?

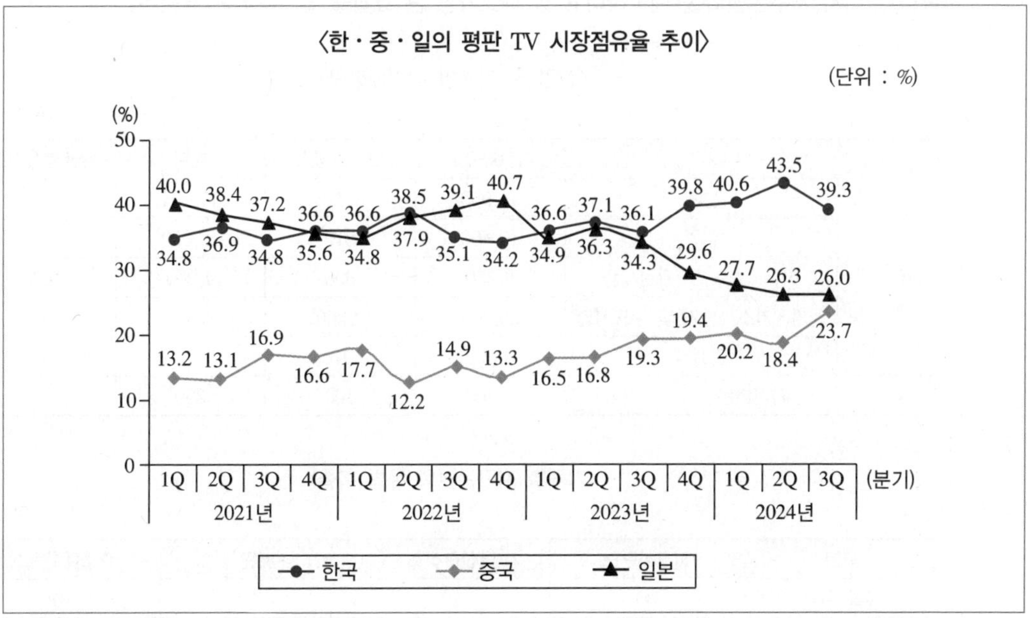

① 15분기 동안 한국이 10번, 일본이 5번 시장점유율 1위를 차지하였다.

② 2023년 4분기의 한국과 일본, 일본과 중국의 점유율 차이는 같다.

③ 한국과 중국의 점유율 차이는 매분기 15%p 이상이다.

④ 중국과 일본의 점유율 차이는 계속 줄어들고 있다.

20 다음은 산업 및 가계별 대기배출량과 기체별 지구온난화 유발 확률에 대한 자료이다. 이를 바탕으로 대기배출량을 줄여서 지구온난화를 예방하려고 할 때, 가장 큰 효과를 볼 수 있는 부문은?

〈산업 및 가계별 대기배출량〉

(단위 : 천 톤 CO_2eq)

구분		이산화탄소	아산화질소	메탄	수소불화탄소
산업부문	전체	45,950	3,723	17,164	0.03
	농업·임업·어업	10,400	810	12,000	0
	석유·화학 및 관련제품	6,350	600	4,800	0.03
	전기·가스·증기 및 수도사업	25,700	2,300	340	0
	건설업	3,500	13	24	0
가계부문		5,400	100	390	0

〈기체별 지구온난화 유발 확률〉

(단위 : %)

구분	이산화탄소	아산화질소	메탄	수소불화탄소
유발 확률	30	20	40	10

① 농업·임업·어업
② 석유·화학 및 관련제품
③ 전기·가스·증기 및 수도사업
④ 건설업

21 다음 〈조건〉에 따라 A ~ C 세 사람이 다음 주에 출장을 가려고 할 때, 동시에 출장을 갈 수 있는 요일은?(단, 출장 일정은 하루이다)

조건

- 출장 일정은 소속 부서의 정기적인 일정을 피해서 잡는다.
- A와 B는 영업팀, C는 재무팀 소속이다.
- 다음 주 화요일은 회계감사 예정으로 재무팀 소속 전 직원은 당일 본사에 머물러야 한다.
- B는 개인사정으로 목요일에 연차휴가를 사용하기로 하였다.
- 영업팀은 매주 수요일마다 팀 회의를 한다.
- 금요일 및 주말에는 출장을 갈 수 없다.

① 월요일 ② 화요일
③ 수요일 ④ 목요일

22 K공사의 A대리는 다음과 같이 보고서 작성을 위한 방향을 구상 중이다. 〈조건〉의 명제가 모두 참일 때, 공장을 짓는다는 결론을 얻기 위해 빈칸에 필요한 명제는?

> **조건**
> - 재고가 있다.
> - 설비투자를 늘리지 않는다면, 재고가 있지 않다.
> - 건설투자를 늘릴 때에만, 설비투자를 늘린다.
> - ______________________

① 설비투자를 늘린다.

② 건설투자를 늘리지 않는다.

③ 재고가 있거나 설비투자를 늘리지 않는다.

④ 건설투자를 늘린다면, 공장을 짓는다.

23 K사의 인력 등급별 임금이 다음과 같을 때, 〈조건〉에 따라 K사가 2주 동안 근무한 근로자에게 지급해야 할 임금의 총액은?

〈인력 등급별 임금〉

구분	초급인력	중급인력	특급인력
시간당 기본임금	45,000원	70,000원	95,000원
주중 초과근무수당	시간당 기본임금의 1.5배		시간당 기본임금의 1.7배

※ 기본 1일 근무시간은 8시간이며, 주말 및 공휴일에는 근무하지 않음

※ 각 근로자가 주중 근무일 동안 결근 없이 근무한 경우, 주당 1일(8시간)의 임금에 해당하는 금액을 주휴수당으로 각 근로자에게 추가로 지급함

※ 주중에 근로자가 기본 근무시간을 초과로 근무하는 경우, 초과한 근무한 시간에 대하여 시간당 주중 초과근무수당을 지급함

> **조건**
> - 모든 인력은 결근 없이 근무하였다.
> - K사는 초급인력 5명, 중급인력 3명, 특급인력 2명을 고용하였다.
> - 초급인력 1명, 중급인력 2명, 특급인력 1명은 근무기간 동안 2일은 2시간씩 초과로 근무하였다.
> - K사는 1개월 전 월요일부터 그다음 주 일요일까지 2주 동안 모든 인력을 투입하였으며, 근무기간 동안 국가공휴일은 없다.

① 47,800,000원

② 55,010,500원

③ 61,756,000원

④ 71,080,000원

24 A고객은 3일 후 떠날 3주간의 제주도 여행에 대비하여 가족 모두 여행자 보험에 가입하기 위해 D은행에 방문하였다. 이에 K사원이 A고객에게 여행자 보험 상품을 추천하고자 할 때, K사원의 설명으로 옳지 않은 것은?(단, A고객 가족의 나이는 만 14세, 17세, 45세, 51세, 75세이다)

〈D은행 여행자 보험〉

- 가입연령 : 만 1 ~ 79세(인터넷 가입 만 19 ~ 70세)
- 납입방법 : 일시납
- 납입기간 : 일시납
- 보험기간 : 2일 ~ 최대 1개월
- 보장내용

구분	보험금 지급사유	지급금액
상해사망 및 후유장해	여행 중 사고로 상해를 입고 그 직접적인 결과로 사망하거나 후유장해상태가 되었을 때	- 사망 시 가입금액 전액 지급 - 후유장해 시 장해정도에 따라 가입금액의 30 ~ 100% 지급
질병사망	여행 중 발생한 질병으로 사망 또는 장해지급률 80% 이상의 후유장해가 남았을 경우	가입금액 전액 지급
휴대품 손해	여행 중 우연한 사고로 휴대품이 도난 또는 파손되어 손해를 입은 경우	가입금액 한도 내에서 보상하되 휴대품 1개 또는 1쌍에 대하여 20만 원 한도로 보상(단, 자기부담금 1만 원 공제)

- 유의사항
  - 보험계약 체결일 기준 만 15세 미만자의 경우 사망은 보장하지 않음
  - 보장금액과 상해, 질병 의료실비에 대한 보장내용은 홈페이지 참조

① 고객님, 후유장해 시 보험금은 장해정도에 따라 차등지급 됩니다.

② 고객님, 가족 모두 가입하시려면 반드시 은행에 방문해 주셔야 합니다.

③ 고객님, 만 14세 자녀의 경우 본 상품에 가입하셔도 사망보험금은 지급되지 않습니다.

④ 고객님, 여행 도중 휴대폰 손해에 대하여 휴대폰 분실 수량과 관계없이 최대 20만 원까지 보상해드립니다.

25 **다음 〈조건〉을 토대로 판단할 때, 항상 옳은 것은?**

조건

- 철수, 영희, 돌이, 삼순 4명은 각각 A, B, C, D 중 하나의 학점을 받았다.
- 철수는 영희보다 학점이 높다.
- 돌이는 영희보다 학점이 낮다.
- 가장 학점이 낮은 것은 삼순이라고 한다.

① 영희는 철수보다 학점이 높다.
② 철수는 돌이보다 학점이 낮다.
③ 영희는 돌이보다 학점이 높다.
④ 돌이의 학점은 철수보다 높지만 영희보다는 낮다.

26 **K야구단의 락커룸이 그림과 같이 8개가 준비되어 있다. 8명의 새로 영입된 선수들이 각각 하나의 락커룸을 배정받을 때, 〈조건〉에 따라 배정받을 수 있는 경우의 수는 모두 몇 가지인가?**

〈락커룸〉

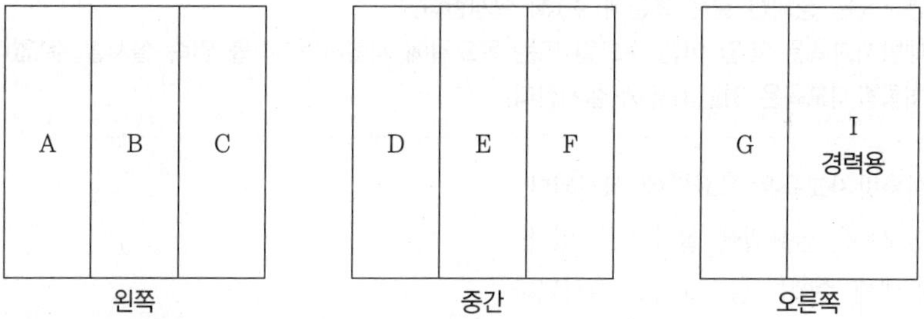

조건

- 락커룸은 그림과 같이 왼쪽 3개, 중간에 3개, 오른쪽에 2개가 준비되어 있다.
- 영입선수 중 2명은 경력선수이고, 나머지는 신입선수이다.
- 오른쪽 끝 락커룸 I에는 경력선수 2명 중 1명만 배정될 수 있다.
- 왼쪽 락커룸 A, B, C에는 신입선수 2명이 신청하였다.
- 중간 락커룸에 D, E, F에는 신입선수 1명이 신청하였다.
- 굳이 신청 의사가 없는 선수는 임의로 배정받아도 된다.

① 72가지　　② 96가지
③ 432가지　　④ 864가지

27 K공사에서는 8월 한 달 동안 임직원을 대상으로 금연교육 4회, 부패방지교육 2회, 성희롱방지교육 1회를 진행하려고 한다. 다음 〈조건〉을 근거로 판단할 때, 항상 옳은 것은?

〈8월 달력〉

일	월	화	수	목	금	토
			1	2	3	4
5	6	7	8	9	10	11
12	13	14	15	16	17	18
19	20	21	22	23	24	25
26	27	28	29	30	31	

조건

- 교육은 하루에 하나만 실시할 수 있고, 주말에는 교육을 실시할 수 없다.
- 매주 월요일은 부서회의로 인해 교육을 실시할 수 없다.
- 8월 1일부터 3일까지는 공사의 주요 행사 기간이므로 어떠한 교육도 실시할 수 없다.
- 금연교육은 정해진 같은 요일에 주1회 실시한다.
- 부패방지교육은 20일 이전 수요일 또는 목요일에 시행하며, 이틀 연속 실시할 수 없다.
- 성희롱방지교육은 8월 31일에 실시한다.

① 성희롱방지교육은 목요일에 실시된다.

② 금연교육은 금요일에 실시될 수 있다.

③ 8월 넷째 주에는 금연교육만 실시된다.

④ 부패방지교육은 같은 요일에 실시되어야 한다.

28 주희는 토요일에 주희네 가족 4명과 중학생, 초등학생인 사촌동생 2명과 함께 K놀이공원을 방문하는 1박 2일 여행을 다녀왔다. 6명이 다 같이 사용할 수 있으며 숙박비가 총 15만 원을 초과하지 않는 방을 예약한 주희는 여행을 다녀와서 총경비를 정리하였다. 다음 〈보기〉를 참고하여 총경비를 바르게 계산한 것은?(단, 주희네 가족은 모두 성인이고, K놀이공원은 토요일에 방문한다)

〈K놀이공원 입장료〉

구분	성인	소인(18세 미만)	기타
평일	12,000원	10,000원	36개월 미만 무료입장
주말	15,000원	12,000원	

〈주변 숙박 요금 비교(1박 기준)〉

구분		A민박	B펜션	C펜션
평일	2인실	45,000원	65,000원	90,000원
	4인실	60,000원	80,000원	100,000원
주말 / 공휴일	2인실	70,000원	80,000원	100,000원
	4인실	95,000원	100,000원	120,000원
추가비용		30,000원/인	25,000원/인	40,000원/인

※ 숙박시설 모두 최대 4인실까지 있으며 인원 추가는 최대 2명까지만 가능함
※ 추가비용은 주말·평일 동일함

보기

- 총인원 : 6명
- 교통 : 6인승 차량 이용
  - 서울 → K놀이공원(약 1시간 30분 소요)
    주유비 : 약 10,000원 / 통행료 : 약 5,800원
  - K놀이공원 → 서울(서울 → K놀이공원 교통 경비와 동일)
- 입장료 : ________
- 숙박비 : ________
- 총경비 : ________

① 216,500원
② 265,600원
③ 281,000원
④ 285,600원

29 영희씨는 회사 전화번호부를 핸드폰에 저장했다. 핸드폰 전화번호부에서 검색을 했을 때 나타나는 결과로 옳은 것은?(단, '2'를 누르면 '2353', '4452' 등이 뜨고 'ㅊ'을 누르면 '김철수', '박철환' 등이 뜬다)

구분	이름	번호
생산1팀	김철수	0513745985
총무팀	박철환	0516584521
마케팅팀	백주희	0518964572
인사팀	노한경	0514746944
재무팀	강승재	0519685733
기술2팀	이미희	0512336745
기술3팀	이성준	0515484348
해외사업팀	배근화	01054834745
영업팀	신희정	01048525483

① 'ㄱ'을 누르면 모든 사람이 나온다.
② '33'을 누르면 2명이 뜬다.
③ 'ㅎ'을 누르면 5명이 뜬다.
④ '5483'을 누르면 1명이 뜬다.

30 **투자정보팀에서는 문제기업을 미리 알아볼 수 있는 5개의 징후를 바탕으로 투자 여부를 판단한다. 투자 여부 판단 대상기업이 A ~ E일 때, 다음 〈조건〉에 따라 투자 부적격 기업을 모두 고르면?**

〈투자 여부 판단 징후〉

㉠ 기업문화의 종교화
㉡ 정책에 대한 지나친 의존
㉢ 인수 합병 의존도의 증가
㉣ 견제 기능의 부재
㉤ CEO의 법정 출입

이 5개의 징후는 다음과 같은 관계가 성립한다.

〈이상 징후별 인과 및 상관관계〉

1) '기업문화의 종교화(㉠)'와 '인수 합병 의존도의 증가(㉢)'는 동시에 나타난다.
2) '견제 기능의 부재(㉣)'가 나타나면 '정책에 대한 지나친 의존(㉡)'이 나타난다.
3) 'CEO의 법정 출입(㉤)'이 나타나면 '정책에 대한 지나친 의존(㉡)'과 '인수 합병의존도의 증가(㉢)'가 나타난다.

투자정보팀은 ㉠ ~ ㉤ 중 4개 이상의 이상 징후가 발견될 경우 투자를 하지 않기로 결정한다.

조건

- ㉠은 A, B, C기업에서만 나타났다.
- ㉡은 D기업에서 나타났고, C와 E기업에서는 나타나지 않았다.
- ㉣은 B기업에서 나타났고, A기업에서는 나타나지 않았다.
- ㉤은 A기업에서 나타나지 않았다.
- 각각의 이상 징후 ㉠ ~ ㉤ 중 모든 기업에서 동시에 나타나는 이상 징후는 없었다.

① A
② B
③ B, C
④ D, E

31 **다음 중 물적자원관리의 과정에 대한 설명으로 옳지 않은 것은?**

① 물품의 정리 및 보관 시 물품을 앞으로 계속 사용할 것인지 그렇지 않을지를 구분해야 한다.

② 물품의 정리 시 회전대응의 원칙은 입출하의 빈도가 높은 품목은 출입구 가까운 곳에 보관하는 것을 말한다.

③ 물품이 특성에 맞는 보관장소를 선정해야 하므로, 종이류와 유리 등은 그 재질의 차이로 인해서 보관장소의 차이를 두는 것이 바람직하다.

④ 유사성의 원칙은 유사품을 같은 장소에 보관하는 것을 말하며, 이는 보관한 물품을 보다 쉽고 빠르게 찾을 수 있도록 하기 위해서 필요하다.

32 **K씨는 자신에게 가장 적절한 신용카드를 발급받고자 한다. 다음 자료에 제시된 4가지의 카드 중 K씨가 선택할 신용카드는 무엇인가?**

〈K씨의 생활〉

K씨는 아침에 일어나 간단하게 끼니를 챙기고 출근을 한다. 자가용을 타고 가는 길은 항상 막혀 짜증이 날 법도 하지만, K씨는 라디오 뉴스로 주요 이슈를 확인하느라 정신이 없다. 출퇴근 중에는 차에서 보내는 시간이 많아 주유비가 상당히 나온다. 그나마 기름값이 싸져서 부담은 덜하다. 보조석에는 공과금 용지가 펼쳐져 있다. 혼자 살기 때문에 많은 요금이 나오지 않아 납부하는 것을 신경 쓰지 못하고 있다. 그리고 겨울이 올 것을 대비하여 오늘 오후에 차량 점검을 맡기려고 예약을 해두었다. 아직 사고는 난 적이 없지만 혹시나 하는 마음에 점검을 받으려고 한다.

〈신용카드 종류〉

A카드	B카드	C카드	D카드
• 놀이공원 할인 • 커피 할인 • Kids카페 할인	• 포인트 두 배 적립 • 6개월간 무이자 할인	• 공과금 할인 • 온라인 쇼핑몰 할인 • 병원 / 약국 할인	• 주유비 할인 • 차량 소모품 할인 • 상해보험 무료 가입

① A카드 ② B카드

③ C카드 ④ D카드

33 K외식업체는 고객전용 주차장의 공간이 협소하여 외부 주차장을 활용하려고 한다. 외부 주차장을 이용하는 방식은 월 임대료를 내고 사용하는 방법과 주차권을 발행하여 계산하는 방법이 있다. 다음 중 경제적인 주차장 이용방법과 그 차이를 바르게 연결한 것은?

■ 외부 주차장 이용방법

1) 월 임대료 납부 시 : 월 1,500만 원 1회 납부, 주차 대수 무관

2) 주차권 발행 시 : 1회 주차권 3시간 이용가능, 주차권 1장당 3,000원 납부

■ 요일별 방문고객 현황

구분	월요일	화요일	수요일	목요일	금요일	토요일	일요일
방문고객수(평균)	150명	180명	170명	175명	250명	400명	450명
차량보유비율	62%	55%	50%	68%	80%	92%	88%

※ 휴무일을 고려하여 1개월을 4주와 동일한 것으로 간주함

※ 방문고객수 및 차량보유비율은 지난 1년간 수집한 통계치를 근거로 작성됨

※ 방문고객 1명당 1장의 주차권을 제공함

주차장 이용방법	차이
① 월 임대료 납부	920,000원
② 주차권 발행	920,000원
③ 월 임대료 납부	1,320,000원
④ 주차권 발행	1,320,000원

34 D씨의 전력 사용량은 9월과 10월이 같다. 다음 자료에 기반하여 두 달의 요금 차이는 얼마인가?

[자료1]

〈주택용 누진제 개선〉

주택용 누진제도는 1973년 석유파동을 계기로 에너지 다소비층에 대한 소비절약 유도와 저소득층 보호를 위하여 시행되었습니다. 최근 전열기 등 가전기기 보급 확대와 대형화로 가구당 전력사용량이 증가함에 따라, 사용량이 많은 고객은 전기요금이 증가하는 추세입니다. 이에 한전에서는 저소득층 보호취지, 전력수급 상황, 국민여론, 최근의 전력소비 추이변화 등을 종합적으로 고려하여 누진제 완화방안을 검토해 나갈 예정입니다.

[자료2]

산업통상자원부는 서민층과 중소 업체의 전기요금 부담 경감을 위해 가정용 전기요금을 오는 7 ~ 9월 한시 인하하고 산업용 전기요금은 8월 1일부터 1년간 할인한다고 21일 밝혔다. 여름철 냉방이 집중되는 시기인 7 ~ 9월에 4구간 요금을 3구간 요금으로 인하함으로써 서민들의 전기요금 걱정을 한층 덜어줄 것으로 예상된다.

〈가정용 전기요금 한시적 인하안〉

<table>
<tr><th>누진단계</th><th>현행</th><th>인하된 개선안</th></tr>
<tr><td rowspan="2">1구간 100kWh 이하</td><td>기본요금 410원</td><td rowspan="6">동일</td></tr>
<tr><td>사용요금 60.7원/kWh</td></tr>
<tr><td rowspan="2">2구간 101 ~ 200kWh</td><td>기본요금 910원</td></tr>
<tr><td>사용요금 125.9원/kWh</td></tr>
<tr><td rowspan="2">3구간 201 ~ 300kWh</td><td>기본요금 1,600원</td></tr>
<tr><td>사용요금 187.9원/kWh</td></tr>
<tr><td rowspan="2">4구간 301 ~ 400kWh</td><td>기본요금 3,850원</td><td>기본요금 1,600원</td></tr>
<tr><td>사용요금 280.6원/kWh</td><td>사용요금 187.9원/kWh</td></tr>
</table>

※ 청구금액 : 요금합계(기본요금+전력량요금)+부가가치세(요금합계의 10%)+전력산업기반기금(요금합계의 3.7%)

※ 국고금단수법에 의해 모든 금액의 10원 미만은 절사함

[자료3]

〈전력량계 지침〉

월						단위
8월	3	5	4	3	6	kWh
9월	3	8	6	3	2	kWh
10월	4	1	8	3	4	kWh

※ (당월 사용량)=(당월지침)−(전월지침)

※ 전력량계 지침의 마지막 자리는 소수점 이하이므로 절사함

① 4,650원　　② 4,670원

③ 5,280원　　④ 5,400원

35 다음 평가기준을 바탕으로 평가대상기관 A ~ D 중 최종순위 최상위기관과 최하위기관을 바르게 나열한 것은?

〈공공시설물 내진보강대책 추진실적 평가기준〉

■ **평가요소 및 점수부여**

- $(\text{내진성능평가 지수}) = \dfrac{(\text{내진성능평가 실적 건수})}{(\text{내진보강대상 건수})} \times 100$
- $(\text{내진보강공사 지수}) = \dfrac{(\text{내진보강공사 실적 건수})}{(\text{내진보강대상 건수})} \times 100$
- 산출된 지수 값에 따른 점수는 다음과 같이 부여한다.

구분	지수 값 최상위 1개 기관	지수 값 중위 2개 기관	지수 값 최하위 1개 기관
내진성능평가 점수	5점	3점	1점
내진보강공사 점수	5점	3점	1점

■ **최종순위 결정**

- 내진성능평가 점수와 내진보강공사 점수의 합이 큰 기관에 높은 순위를 부여한다.
- 합산 점수가 동점인 경우에는 내진보강대상 건수가 많은 기관을 높은 순위로 정한다.

〈평가대상기관의 실적 건수〉

(단위 : 건)

구분	A기관	B기관	C기관	D기관
내진성능평가	82	72	72	83
내진보강공사	91	76	81	96
내진보강대상	100	80	90	100

	최상위기관	최하위기관
①	A기관	B기관
②	B기관	C기관
③	C기관	D기관
④	D기관	C기관

36 K부장은 모스크바 현지 영업소로 출장을 갈 계획이다. 4일 오후 2시 회의가 예정되어 있어 모스크바 공항에 적어도 오전 11시 이전에는 도착하고자 한다. 인천에서 모스크바까지는 8시간이 걸리며, 시차는 인천이 모스크바보다 6시간이 더 빠르다고 할 때, K부장은 인천에서 늦어도 몇 시에 출발하는 비행기를 예약해야 하는가?

① 3일 오전 9시
② 3일 오후 7시
③ 4일 오전 9시
④ 4일 오후 7시

37 K구에서는 주택을 소유하고 해당 주택에 거주하는 가구를 대상으로 주택 노후도 평가를 시행하여 그 결과에 따라 주택보수비용을 지원하고 있다. 다음 자료를 바탕으로 K구에 사는 C씨가 지원받을 수 있는 주택보수비용의 최대 액수는?

〈주택보수비용 지원 내용〉

구분	경보수	중보수	대보수
보수항목	도배 혹은 장판	수도시설 혹은 난방시설	지붕 혹은 기둥
주택당 보수비용 지원한도액	350만 원	650만 원	950만 원

〈소득인정액별 주택보수비용 지원율〉

구분	중위소득 25% 미만	중위소득 25% 이상 35% 미만	중위소득 35% 이상 43% 미만
지원율	100%	90%	80%

※ 소득인정액에 따라 위 보수비용 지원한도액의 80 ~ 100%를 차등 지원

〈상황〉

C씨는 현재 거주하고 있는 A주택의 소유자이며, 소득인정액이 중위소득 40%에 해당한다. A주택의 노후도 평가 결과, 지붕의 수선이 필요한 주택비용 지원 대상에 선정되었다.

① 520만 원
② 650만 원
③ 760만 원
④ 855만 원

※ 다음은 비품 가격표이다. 이어지는 질문에 답하시오. **[38~39]**

〈비품 가격표〉

구분	수량	단가(원)
라벨지 50mm(세트)	1	18,000
받침대	1	24,000
블루투스 마우스	1	27,000
AAA건전지(세트)	1	4,000
★특가★ 문서수동세단기(탁상용)	1	36,000

※ 3단 받침대는 2,000원 추가
※ 라벨지 91mm 사이즈 변경 구매 시 세트당 5% 금액 추가
※ 블루투스 마우스 3개 이상 구매 시 건전지 3세트 무료 증정

38 K회사에서 비품 구매를 하려고 한다. 다음 주문서를 토대로 주문할 때, 총 주문 금액은 얼마인가?

〈주문서〉

구분	수량	품명	수량
라벨지 50mm	2세트	받침대	1개
블루투스 마우스	5개	AAA건전지	5세트

① 148,000원
② 183,000원
③ 200,000원
④ 203,000원

39 비품 구매를 담당하는 B사원은 주문 수량을 잘못 기입하여 주문 내역을 수정하였다. 수정 내역을 바탕으로 비품을 주문했을 때, 총 주문 금액은 얼마인가?

〈주문서〉

구분	수량	품명	수량
라벨지 91mm	4세트	문서수동세단기	1개
블루투스 마우스	3개	3단 받침대	2개
AAA건전지	3세트	–	–

① 151,000원
② 244,600원
③ 252,600원
④ 256,600원

40 다음은 어느 회사의 승진대상과 승진 규정이다. 이를 참고할 때, 2025년 4월에 직급이 대리인 사람은?

〈승진 규정〉

- 2024년까지 근속연수가 3년 이상인 자를 대상으로 한다.
- 출산 휴가 및 병가 기간은 근속 연수에서 제외한다.
- 인사평가 점수가 80점 이상인 자를 대상으로 한다.
- 인사평가 점수는 2024년 업무평가 점수에서 벌점을 차감한 점수이다.
- 벌점은 결근 1회당 −10점, 지각 1회당 −5점이다.
- 승진을 비롯한 정기인사는 매년 1월 시행한다.

〈승진후보자 정보〉

구분	근무기간	2024년 업무평가(점)	근태현황(회)		기타
			지각	결근	
A사원	1년 4개월	79	1	−	−
B주임	3년 1개월	86	−	1	출산 휴가 35일
C대리	7년 1개월	89	1	1	병가 10일
D과장	10년 3개월	82	−	−	−

① A ② B

③ C ④ D

3일 차
기출응용 모의고사

〈문항 및 시험시간〉

평가영역	문항 수	시험시간
경영 / 경제 / 행정 / 법 / 토목 / 전기 / 기계 +K-water 수행사업	각 40문항	40분

모바일 OMR 답안채점 / 성적분석 서비스						
경영	경제	행정	법	토목	전기	기계

한국수자원공사 전공

3일 차 기출응용 모의고사

문항 수 : 각 40문항
시험시간 : 40분

※ K-water 수행사업(공통)은 본권 121p에 있습니다.

제1영역 경영

01 다음 중 경영자에 대한 설명으로 옳지 않은 것은?

① 수직적 체계에 따라 최고경영자, 중간경영자 및 하부경영자로 구분된다.
② 조직의 규모가 크더라도 한 명의 경영자가 조직의 모든 경영활동을 수행해야 한다.
③ 조직의 전략·관리 및 운영활동을 주관하며, 조직구성원들과 의사결정을 통해 조직이 나아갈 바를 제시하고 조직의 유지와 발전에 대해 책임을 지는 사람이다.
④ 조직의 변화방향을 설정하는 리더이며, 조직구성원들이 조직의 목표에 부합된 활동을 할 수 있도록 이를 결합시키고 관리하는 관리자이다.

02 민츠버그(Mintzberg)는 조직의 구조가 조직의 전략 수행, 조직 주변의 환경, 조직의 구조 그 자체의 역할에 의해 좌우된다는 조직구성론을 제시하였다. 다음 중 5가지 조직형태에 해당하지 않는 것은?

① 단순구조 조직
② 기계적 관료제 조직
③ 전문적 관료제 조직
④ 매트릭스 조직

03 다음 중 의사결정에 대한 설명으로 옳지 않은 것은?

① 조직에서의 의사결정을 하는 방법으로는 다양한 모형들이 존재한다.
② 조직에서의 의사결정은 대부분 제한된 정보와 여러 견해들이 공유된다.
③ 현재의 체제 내에서 부분적으로 의사결정이 이루어지기보다는 혁신적인 결정이 더 많이 이루어진다.
④ 문제 발견에서 해결안 제시까지 구조화된 행동순서를 나타내고 있는 점진적 의사결정 모형을 가장 많이 사용한다.

04 **다음 중 면접자가 일반적이고 광범위한 질문을 하면 이에 대해 응모자가 생각나는 대로 거리낌 없이 자기를 표현하게 하는 면접방법은?**

① 정형적 면접 ② 비지시적 면접
③ 스트레스 면접 ④ 패널 면접

05 **다음 중 브룸(Vroom)의 기대이론에 대한 설명으로 옳지 않은 것은?**

① 개인의 노력은 성과에 대한 기대에 의해 좌우된다.
② 성과에 대한 신념이 없다면 더 이상 노력하지 않을 것이다.
③ 개인의 동기화 정도는 기대, 수단, 유인가에 따라 결정된다.
④ 다른 사람과 비교했을 때 노력과 그에 대한 보상이 공평해야 한다.

06 **다음 글에서 설명하는 앤소프의 매트릭스 경영전략은?**

• 새로운 제품이나 서비스를 개발하여 고객에게 판매한다. • 가장 적극적인 전략이나 그만큼 높은 리스크가 따른다. • 기존 제품과 관련 있는 제품이나 서비스를 신규출시하거나 전혀 새로운 제품이나 서비스를 신규 출시하는 전략이 있다.

① 시장침투 전략 ② 제품개발 전략
③ 시장개발 전략 ④ 다각화 전략

07 **다음 중 유상증자를 실시한 경우 재무상태표에 미치는 영향으로 옳지 않은 것은?**

① 순자산이 증가한다.
② 주당순이익이 증가한다.
③ 자기자본 이익률이 감소한다.
④ 자본금 및 자본잉여금이 증가한다.

08 **다음 중 체계적 위험과 비체계적 위험에 대한 설명으로 옳은 것은?**

① 투자자는 포트폴리오를 구성할 때 하나의 자산만 편입시켜 위험을 상쇄한다.
② 아무리 분산투자를 하여도 제거할 수 없는 위험을 비체계적 위험이라고 한다.
③ 특정 기업만 가질 수 있는 사건이나 상황의 변동에서 발생되는 위험을 체계적 위험이라고 한다.
④ 2개 이상의 자산으로 포트폴리오를 구성했을 때, 기대수익률은 유지하면서 위험만 줄일 수 있는데 이를 포트폴리오 효과 또는 분산효과라고 한다.

09 **다음 중 자기자본비용에 대한 설명으로 옳은 것은?**

① 새로운 투자안의 선택에 있어서도 투자수익률이 자기자본비용을 넘어서는 안 된다.
② 위험프리미엄을 포함한 자기자본비용 계산 시 보통 자본자산가격결정모형(CAPM)을 이용한다.
③ 자기자본비용은 기업이 조달한 자기자본의 가치를 유지하기 위해 최대한 벌어들여야 하는 수익률이다.
④ 기업이 주식발생을 통해 자금조달을 할 경우 자본이용의 대가로 얼마의 이용 지급료를 산정해야 하는지는 명확하다.

10 **다음 중 공식집단의 특징으로 옳지 않은 것은?**

① 커뮤니케이션 경로도 비교적 뚜렷하게 되어 있다.
② 감정의 논리에 의하여 인간적 요소를 가장 잘 수용한다.
③ 권력, 권한, 책임, 의무 등이 비교적 명확하게 규정되어 있다.
④ 구성원의 직무가 명확하고 집단의 목표나 계층에도 잘 규정되어 있다.

11 **다음 사례에서 리더가 보인 권력의 종류는?**

평소 자신의 팀원들과 돈독한 친분을 유지하며 팀원들로부터 충성심과 존경을 한몸에 받는 A팀장이 얼마 전 진행하던 프로젝트의 최종 마무리 작업을 앞두고 뜻밖의 사고를 당해 병원에 입원하게 되었다. 해당 프로젝트의 마무리가 시급한 시점에 다급히 자신의 팀원들에게 업무를 인계하게 되었고, 팀원들은 모두가 한마음 한뜻이 되어 늦은 시간까지 자발적으로 근무하여 무사히 프로젝트를 마무리할 수 있었다.

① 합법적 권력
② 보상적 권력
③ 강압적 권력
④ 준거적 권력

12 **다음 중 교육훈련 방법에 해당하지 않는 것은?**

① OJT(On-the-Job Training)
② 역할연기법(Role Playing)
③ 델파이법(Delphi Method)
④ 집단구축 기법(Team Building)

13 **다음 중 직무평가방법에 대한 설명으로 옳지 않은 것은?**

① 서열법은 전체적이고 포괄적인 관점에서 각 직무를 상호 비교하여 순위를 결정하는 방법이다.
② 요소비교법은 기준직무가치를 합리적으로 설정해 놓으면 직무 간 평가를 객관적으로 비교하기 용이하다.
③ 직무분류법은 서로 다른 직무를 함께 묶어서 직무를 분류하고, 그 분류된 직무의 난이도와 책임 정도에 따라 등급을 매긴 후 그 등급에 맞는 급료를 정하는 것이다.
④ 직무평가란 직무별 보상수준을 결정하기 위해 직무의 상대적인 가치를 비교・분석하는 일련의 평가 과정으로, 주로 서열법, 직무분류법, 점수법, 요소비교법을 활용한다.

14 **다음 중 마일즈&스노우 전략(Miles&Snow Strategy)의 전략유형에서 방어형에 대한 설명으로 옳은 것은?**

① 기존 제품을 활용하여 기존 시장을 공략하는 전략이다.
② Fast Follower 전략으로, 리스크가 낮다는 장점이 있다.
③ 새로운 기술에 관심도가 높으며, 열린 마인드와 혁신적 마인드가 중요하다.
④ 시장상황에 맞추어 반응하는, 아무런 전략을 취하지 않는 무전략 상태이다.

15 **경영참가제도는 자본참가, 성과참가, 의사결정참가 유형으로 구분된다. 다음 중 '자본참가' 유형의 사례로 옳은 것은?**

① 임직원들에게 저렴한 가격으로 일정 수량의 주식을 매입할 수 있게 권리를 부여한다.
② 위원회제도를 활용하여 근로자의 경영참여와 개선된 생산의 판매가치를 기초로 성과를 배분한다.
③ 부가가치의 증대를 목표로 하여 이를 노사협력체제를 통해 달성하고, 이에 따라 증가된 생산성 향상분을 노사 간에 배분한다.
④ 천재지변의 대응, 생산성 하락, 경영성과 전달 등과 같이 단체교섭에서 결정되지 않은 사항에 대하여 노사가 서로 협력할 수 있도록 한다.

16 다음 중 하이더(Heider)의 균형이론에 대한 설명으로 옳지 않은 것은?

① 각 관계의 주어진 값을 곱하여 +면 균형 상태, −면 불균형 상태로 본다.
② 균형 상태란 자신－상대방－제3자의 세 요소가 내부적으로 일치되어 있는 것처럼 보이는 상태를 말한다.
③ 사람들은 균형 상태가 깨어지면 자신의 태도를 바꾸거나 상대방의 태도를 무시하는 등의 태도를 보인다.
④ 심리적 평형에 대한 이론으로, 일반적으로 사람들은 불균형 상태보다는 안정적인 상태를 선호한다고 가정한다.

17 다음 중 조직 내 갈등에 대한 설명으로 옳지 않은 것은?

① 갈등은 조직 내 문제의 인식과 문제해결 방안을 모색하도록 도와주는 순기능이 있다.
② 행동주의적 관점에서 갈등은 조직의 성과를 향상시키는 데 절대적으로 필요하다고 본다.
③ 갈등의 정도가 너무 높을 경우 조직 내 혼란과 분열이 초래되어 조직의 생산성이 낮아진다.
④ 전통적 견해에서 갈등은 조직과 개인에게 악영향을 미치기 때문에 회피해야 하는 것으로 본다.

18 다음 중 마이클 포터(Michael E. Porter)의 본원적 경쟁전략에 대한 설명으로 옳은 것은?

① 차별화 전략은 특정 산업을 대상으로 한다.
② 해당 사업에서 경쟁우위를 확보하기 위한 전략이다.
③ 집중화 전략에서는 대량생산을 통해 단위 원가를 낮추거나 새로운 생산기술을 개발할 필요가 있다고 본다.
④ 원가우위 전략에서는 연구개발이나 광고를 통하여 기술, 품질, 서비스 등을 개선할 필요가 있다고 본다.

19 다음 중 선입선출법에 대한 설명으로 옳은 것은?

① 인플레이션 때에 이익이 과대계상되지 않는다.
② 먼저 구입한 상품이 먼저 사용되거나 판매된 것으로 가정한다.
③ 가장 최근에 입고한 재고부터 판매 또는 제조에 사용된다고 가정한다.
④ 원가법이나 시가법에 의하여 평가한 가액 중 낮은 쪽의 가액을 재고상품가액으로 계산한다.

20 K기업의 2024년 말 창고에 보관 중인 재고자산실사액은 10,000원이다. 다음 자료를 반영할 경우 2024년 기말재고자산은?

> • 은행에서 자금을 차입하면서 담보로 원가 1,000원의 상품을 제공하였으며, 동 금액은 상기 재고실사금액에 포함되어 있지 않다.
> • 수탁자에게 인도한 위탁상품의 원가는 2,000원이며, 이 중 70%만 최종소비자에게 판매되었다.
> • 도착지인도조건으로 판매하여 기말 현재 운송 중인 상품은 원가가 3,000원이며, 2025년 1월 2일 도착 예정이다.

① 10,600원
② 11,600원
③ 13,600원
④ 14,600원

21 다음 중 재무회계의 한계점에 대한 설명으로 옳지 않은 것은?

① 과거의 정보를 분석하므로 의사결정을 위한 미래정보의 제공이 어렵다.
② 용인된 회계원칙안에도 주관성이 개입될 수 있어 불확실성이 내재되어 있다.
③ 기업 내부정보이용자를 위한 회계시스템이므로 외부정보이용자에게 인정받기 어렵다.
④ 계량적인 자료를 중심으로 정보를 분석하므로 비계량적 요소와 질적 요소를 반영할 수 없다.

22 다음 중 선물환거래에 대한 설명으로 옳지 않은 것은?

① 기업들은 달러화 가치가 하락할 것으로 예상하는 경우 선물환을 매수하게 된다.
② 선물환거래란 미래에 특정외화의 가격을 현재 시점에서 미리 계약하고 이 계획을 약속한 미래시점에 이행하는 금융거래이다.
③ 선물환거래에는 외국환은행을 통해 고객 간에 이루어지는 대고객선물환거래와 외환시장에서 외국은행 사이에 이뤄지는 시장선물환거래가 있다.
④ 만기가 되면 수출업체는 수출대금으로 받은 달러를 금융회사에 미리 정한 환율로 넘겨주고 금융회사는 이를 해외 달러 차입금 상환에 활용하게 된다.

23 본예산은 투자로 인한 수익이 1년 이상에 걸쳐 장기적으로 실현될 투자결정에 대한 일련의 과정을 말한다. 다음 중 투자안의 평가방법에 해당하지 않는 것은?

① 유동성분석법
② 수익성지수법
③ 순현재가치법
④ 내부수익률법

24 **다음 중 자재소요계획(MRP)에 대한 설명으로 옳은 것은?**

① 자재명세서의 부품별 계획 주문 발주시기를 근거로 MRP를 수립한다.
② MRP는 독립수요를 갖는 부품들의 생산수량과 생산시기를 결정하는 방법이다.
③ MRP는 풀 생산방식(Pull System)에 속하며, 시장 수요가 생산을 촉발시키는 시스템이다.
④ 생산 일정계획의 완제품 생산일정(MPS), 자재명세서(BOM), 재고기록철(IR) 정보를 근거로 MRP를 수립한다.

25 **다음 중 빈칸에 들어갈 용어로 옳은 것은?**

______는 기업의 장래 인적자원의 수요를 예측하여, 기업전략의 실현에 필요한 인적자원을 확보하기 위해 실시하는 일련의 활동이다.

① 회계관리 ② 마케팅관리
③ 물류관리 ④ 인적자원관리

26 **다음 중 고전적 경영이론에 대한 설명으로 옳지 않은 것은?**

① 포드의 컨베이어 벨트 시스템은 표준화를 통한 대량생산방식을 설명한다.
② 차별 성과급제, 기능식 직장제도는 테일러의 과학적 관리법을 기본이론으로 한다.
③ 고전적 경영이론은 인간의 행동이 합리적이고 경제적인 동기에 의해 이루어진다고 가정한다.
④ 페이욜은 기업활동을 기술활동, 영업활동, 재무활동, 회계활동 4가지 분야로 구분하였다.

27 **주당 액면금액이 5,000원인 보통주 100주를 주당 8,000원에 현금 발행한 경우 재무제표에 미치는 영향으로 옳지 않은 것은?**

① 자산 증가 ② 자본 증가
③ 수익 불변 ④ 이익잉여금 증가

28 **다음 자료를 이용하여 계산한 매출원가는 얼마인가?(단, 계산의 편의상 1년은 360일이며, 평균 재고자산은 기초와 기말의 평균이다)**

• 기초 재고자산	90,000원
• 기말 재고자산	210,000원
• 재고자산 보유(회전)기간	120일

① 350,000원
② 400,000원
③ 450,000원
④ 500,000원

29 **다음 중 행동기준고과법(BARS)에 대한 설명으로 옳지 않은 것은?**

① 다양하고 구체적인 직무에 적용이 가능하다는 장점이 있다.
② 전통적인 인사평가 방법에 비해 평가의 공정성이 증가하는 장점이 있다.
③ 어떤 행동이 목표달성과 관련이 있는지 인식하여 목표관리의 일환으로 사용이 가능하다.
④ 점수를 통해 등급화하기보다는 개별행위를 빈도를 나눠서 측정하기 때문에 풍부한 정보를 얻을 수 있지만 종업원의 행동변화를 유도하기 어렵다는 단점이 있다.

30 **다음 〈보기〉 중 리더십이론에 대한 설명으로 옳은 것을 모두 고르면?**

보기

ㄱ. 변혁적 리더십을 발휘하는 리더는 부하에게 이상적인 방향을 제시하고 임파워먼트(Empowerment)를 실시한다.
ㄴ. 거래적 리더십을 발휘하는 리더는 비전을 통해 단결, 비전의 전달과 신뢰의 확보를 강조한다.
ㄷ. 카리스마 리더십을 발휘하는 리더는 부하에게 높은 자신감을 보이며 매력적인 비전을 제시하지만 위압적이고 충성심을 요구하는 측면이 있다.
ㄹ. 슈퍼 리더십을 발휘하는 리더는 부하를 강력하게 지도하고 통제하는 데 역점을 둔다.

① ㄱ, ㄷ
② ㄱ, ㄹ
③ ㄴ, ㄷ
④ ㄴ, ㄹ

제2영역 경제

01 다음 중 레온티에프 함수에 대한 설명으로 옳지 않은 것은?

① 일차식의 형태로 표현된다.
② X와 Y는 완전 보완재 관계에 있다.
③ 소비하는 품목의 비율이 일정한 효용함수이다.
④ 변수의 계수에 반비례하여 소비량의 비율이 결정된다.

02 다음 중 IS곡선에 대한 설명으로 옳지 않은 것은?

① 한계저축성향(s)이 클수록 IS곡선은 급경사이다.
② IS곡선 하방의 한 점은 생산물시장이 초과수요 상태임을 나타낸다.
③ 피구(Pigou)효과를 고려하게 되면 IS곡선의 기울기는 보다 가팔라진다.
④ 정부지출과 조세가 동액만큼 증가하더라도 IS곡선은 우측으로 이동한다.

03 다음 중 항상소득가설에 의해 소비에 미치는 영향이 가장 큰 소득의 변화는?

① 직장에서 과장으로 승진해 월급이 올랐다.
② 로또에서 3등으로 당첨돼 당청금을 받았다.
③ 감기로 인한 결근으로 급여가 일시적으로 감소했다.
④ 휴가를 최대한 사용해 미사용 연차휴가수당이 줄었다.

04 다음 〈보기〉 중 고전학파의 관점에 따른 정부지출의 효과에 대한 설명으로 옳지 않은 것을 모두 고르면?

보기

㉠ 정부지출이 증가하면 경제 전체의 총저축이 증가한다.
㉡ 정부지출이 증가하면 대부자금의 공급곡선이 좌측으로 이동한다.
㉢ 정부지출이 증가하면 실질이자율이 상승하여 민간투자가 감소한다.
㉣ 정부지출로 인해 구축효과가 발생하여 민간소비가 증가한다.

① ㉠, ㉡
② ㉠, ㉣
③ ㉡, ㉢
④ ㉡, ㉣

05 다음 〈보기〉 중 디플레이션(Deflation)에 대한 설명으로 옳은 것을 모두 고르면?

> **보기**
> 가. 명목금리가 마이너스(−)로 떨어져 투자수요와 생산 감소를 유발할 수 있다.
> 나. 명목임금의 하방경직성이 있는 경우 실질임금의 하락을 초래한다.
> 다. 기업 명목부채의 실질상환 부담을 증가시킨다.
> 라. 기업의 채무불이행 증가로 금융기관 부실화가 초래될 수 있다.

① 가, 나
② 가, 다
③ 나, 다
④ 다, 라

06 한 국가의 명목 GDP는 1,650조 원이고, 통화량은 2,500조 원이다. 이 국가의 물가수준이 2% 상승하고, 실질 GDP는 3% 증가할 경우에 적정 통화공급 증가율은 얼마인가?(단, 유통속도 변화 $\Delta V=0.0033$이다)

① 3.0%
② 3.5%
③ 4.0%
④ 4.5%

07 다음 중 화폐에 대한 설명으로 옳은 것은?

① 상품화폐의 내재적 가치는 변동하지 않는다.
② 불태환화폐(Flat Money)는 내재적 가치를 갖는 화폐이다.
③ 광의의 통화(M2)는 준화폐(Near Money)를 포함하지 않는다.
④ 가치 저장수단의 역할로 소득과 지출의 발생 시점을 분리시켜 준다.

08 다음 중 독점에 대한 설명으로 옳지 않은 것은?

① 독점기업의 총수입을 극대화하기 위해서는 수요의 가격탄력성이 1인 점에서 생산해야 한다.
② 특허권 보장기간이 길어질수록 기술개발에 대한 유인이 증가하므로 더 많은 기술개발이 이루어질 것이다.
③ 독점기업은 시장지배력을 갖고 있기 때문에 제품 가격과 공급량을 각각 원하는 수준으로 결정할 수 있다.
④ 원자재 가격의 상승은 평균비용과 한계비용을 상승시키므로 독점기업의 생산량이 감소하고 가격은 상승한다.

09 막걸리 시장이 기업 A와 기업 B만 존재하는 과점상태에 있다. 기업 A와 기업 B의 한계수입(MR)과 한계비용(MC)이 다음과 같을 때, 쿠르노(Cournot) 균형에서 기업 A와 기업 B의 생산량은?(단, Q_A는 기업 A의 생산량이고 Q_B는 기업 B의 생산량이다)

- 기업 A : $MR_A=84-2Q_A-Q_B$, $MC_A=28$
- 기업 B : $MR_B=84-Q_A-2Q_B$, $MC_B=20$

	Q_A	Q_B
①	6	44
②	10	36
③	12	26
④	16	24

10 다음 〈보기〉 중 실제 GDP가 잠재 GDP 수준보다 낮은 상태의 경제에 대한 설명으로 옳은 것을 모두 고르면?

보기

가. 디플레이션 갭(불황 갭)이 존재한다.
나. 실제실업률이 자연실업률보다 높다.
다. 노동시장에서 임금의 하락 압력이 발생한다.
라. 인플레이션 압력이 발생한다.
마. 단기총공급곡선이 점차 오른쪽으로 이동하게 된다.

① 가, 나, 다
② 가, 다, 마
③ 나, 라, 마
④ 가, 나, 다, 마

11 다음 중 리카도 대등정리(Ricardian Equivalence Theorem)에 대한 설명으로 옳은 것은?

① 국채 발행이 증가하면 이자율이 하락한다.
② 소비이론 중 절대소득가설에 기초를 두고 있다.
③ 소비자들이 유동성제약에 직면해 있는 경우 이 이론의 설명력이 더 커진다.
④ 국채 발행을 통해 재원이 조달된 조세삭감은 소비에 영향을 미치지 않는다.

12 **솔로우(R. Solow)의 경제성장모형에서 1인당 생산함수는 $y=2k^{0.5}$, 저축률은 30%, 자본의 감가상각률은 25%, 인구증가율은 5%라고 가정한다. 균제상태(Steady State)에서의 1인당 생산량 및 자본량은?(단, y는 1인당 생산량, k는 1인당 자본량이다)**

① $y=1$, $k=1$
② $y=2$, $k=2$
③ $y=3$, $k=3$
④ $y=4$, $k=4$

13 **다음 중 경기가 불황임에도 불구하고 물가가 상승하는 현상은?**

① 애그플레이션
② 하이퍼인플레이션
③ 에코플레이션
④ 스태그플레이션

14 **X재의 가격이 5% 상승할 때 X재의 소비지출액은 전혀 변화하지 않은 반면, Y재의 가격이 10% 상승할 때 Y재의 소비지출액은 10% 증가하였다. 이때, 두 재화에 대한 수요의 가격탄력성은?**

	X재	Y재
①	완전탄력적	단위탄력적
②	단위탄력적	완전탄력적
③	단위탄력적	완전비탄력적
④	완전비탄력적	비탄력적

15 **다음 중 소비함수이론과 투자함수이론에 대한 설명으로 옳지 않은 것은?**

① 국민소득계정상의 투자는 그 나라가 만든 재화 중 기업이 구입한 재화의 가치이다.
② 상대소득가설에서 소비는 이중적 성격에 따라 장기소비성향과 단기소비성향이 다르다.
③ 케인스(Keynes)의 절대소득가설에서 소비는 그 당시 소득의 절대적인 크기에 따라 결정된다.
④ 딕싯(Dixit)의 투자옵션이론은 미래에 대한 불확실성이 커질수록 기업의 투자는 늘어난다고 주장한다.

16 다음 중 인플레이션에 의해 나타날 수 있는 현상으로 옳지 않은 것은?

① 구두창 비용의 발생
② 메뉴비용의 발생
③ 통화가치 하락
④ 총요소생산성의 상승

17 어느 국가의 생산가능인구는 3,160명, 비경제활동인구는 580명, 실업자 수는 1,316명이다. 15세 미만 인구는 500명이라고 가정할 때, 고용률은?

① 39%
② 40%
③ 43%
④ 44%

18 다음 〈조건〉은 X재에 대한 시장수요곡선과 시장공급곡선을 나타낸 자료이다. 이를 이용하여 계산한 생산자잉여의 크기로 옳은 것은?

조건

- 시장수요곡선 $P=340-4X$
- 시장공급곡선 $P=100+4X$

① 6,600
② 3,300
③ 2,200
④ 1,800

19 다음 중 규모의 경제에 대한 설명으로 옳지 않은 것은?

① 규모의 경제는 규모에 대한 수익체증과는 별개의 개념이다.
② 규모의 경제에서의 장기평균비용곡선은 U자 형태로 도출된다.
③ 규모의 경제는 생산량과 비용 간의 관계를 나타내는 개념이다.
④ 생산량이 증가할 때 장기평균비용이 감소하는 경우를 규모의 경제라고 한다.

20 **다음 중 빈칸 ㉠~㉢에 들어갈 내용을 바르게 연결한 것은?**

> 단기에 기업의 평균총비용곡선은 생산량 증가에 따라 평균총비용이 처음에는 하락하다가 나중에 상승하는 U자의 형태를 갖는다. 평균총비용이 처음에 하락하는 이유는 생산량이 증가함에 따라 ___㉠___하기 때문이다. 하지만 나중에 평균총비용이 상승하는 이유는 ___㉡___의 법칙에 따라 ___㉢___하기 때문이다.

	㉠	㉡	㉢
①	평균고정비용이 하락	한계생산 체감	평균가변비용이 증가
②	평균고정비용이 하락	규모수익 체감	평균가변비용이 증가
③	평균가변비용이 하락	한계생산 체감	평균고정비용이 증가
④	평균가변비용이 증가	규모수익 체감	평균고정비용이 감소

21 **다음 중 경제지표를 산출할 때 시점의 상대적 위치에 따라 실제 경제 상황보다 위축되거나 부풀려지는 현상은?**

① 피셔 효과(Fisher Effect)
② 기저 효과(Based Effect)
③ 베블런 효과(Veblen Effect)
④ 부메랑 효과(Boomerang Effect)

22 **다음 중 등량곡선에 대한 설명으로 옳지 않은 것은?(단, 투입량의 증가에 따라 산출량의 증가를 가져오는 표준적인 두 종류의 생산요소를 가정한다)**

① 등량곡선이 원점으로 접근할수록 더 적은 산출량을 의미한다.
② 동일한 등량곡선상에서의 이동은 생산요소 결합비율의 변화를 의미한다.
③ 등량곡선이 원점에 대해 볼록한 이유는 한계기술대체율을 체감하기 때문이다.
④ 기술진보가 이루어진다면 같은 생산량을 갖는 등량곡선은 원점으로부터 멀어진다.

23 **한계소비성향이 0.8이라면 국민소득을 500만큼 증가시키기 위해서는 정부지출을 어느 정도 늘려야 하는가?**

① 100
② 200
③ 300
④ 400

24 다음 〈조건〉은 해외부문이 존재하지 않는 폐쇄경제인 K국의 소비함수와 민간투자, 정부지출에 대한 자료이다. K국의 정부가 정부지출을 현재보다 40만큼 늘린다고 할 때, 옳은 것은?

> **조건**
>
> • 소비함수 $C=100+0.6Y$
> • 민간투자 : 180
> • 정부지출 : 180
>
> ※ C는 소비, Y는 국민소득, 조세율은 0임

① 국민소득은 변하지 않는다.
② 국민소득은 60만큼 커진다.
③ 국민소득은 80만큼 커진다.
④ 국민소득은 100만큼 커진다.

25 A지역의 자동차 공급은 가격에 대해 매우 탄력적인 반면, B지역의 자동차 공급은 가격에 대해 상대적으로 비탄력적이라고 한다. 다음 중 두 지역의 자동차 수요가 동일하게 증가하였을 경우 이에 대한 결과로 옳은 것은?

① A지역의 자동차 가격이 B지역 자동차 가격보다 더 크게 상승한다.
② B지역의 자동차 가격이 A지역 자동차 가격보다 더 크게 상승한다.
③ A지역의 자동차 가격은 상승하지만 B지역 자동차 가격은 상승하지 않는다.
④ B지역의 자동차 가격은 상승하지만 A지역 자동차 가격은 상승하지 않는다.

26 완전경쟁기업 K의 X재 생산의 이윤극대화 생산량이 100단위이고, 현재 생산량 수준에서 평균비용이 24원, 평균고정비용이 10원, 한계비용이 40원일 때, 준지대의 크기는?

① 2,000원 ② 2,300원
③ 2,600원 ④ 2,900원

27 다음 중 리디노미네이션에 대한 설명으로 옳지 않은 것은?

① 제품가격의 단위하락으로 물가상승이 유발될 수 있다.
② 지하경제로 자금이 몰려 음성화가 가속화될 수 있다.
③ 화폐가치는 그대로 두고 화폐단위만 변경시키는 화폐개혁을 의미한다.
④ 화폐단위가 작아지기 때문에 소비가 늘어나 경기부양 효과가 발생한다.

28 **다음 중 한계기업에 대한 설명으로 옳지 않은 것은?**

① 기준금리가 인상될 경우, 한계기업의 수가 더욱 증가할 수 있다.
② 통상적으로 3년 연속 이자보상배율이 1보다 작은 기업을 의미한다.
③ 국내 상장사의 한계기업 비중은 2020년 이후 꾸준히 감소추세에 있다.
④ 재무상태가 부실해 영업이익으로 이자비용조차 감당하지 못하는 기업을 의미한다.

29 **다음 중 정부의 국채매입을 통해 얻을 수 있는 효과로 옳은 것은?**

① 통화량이 늘어나고, 금리는 상승한다.
② 통화량이 줄어들고, 금리는 상승한다.
③ 통화량이 늘어나고, 금리는 하락한다.
④ 통화량이 줄어들고, 금리는 하락한다.

30 **A, B 두 명의 구성원으로 이루어진 경제에서 각자의 후생을 U_A, U_B로 나타내면 사회후생함수는 다음과 같다. 이에 대한 설명으로 옳지 않은 것은?**

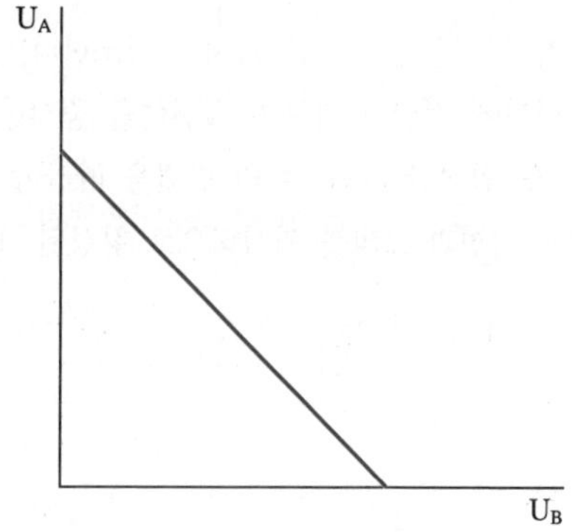

① 사회후생은 소득 분배와 무관하게 결정된다.
② '최대 다수의 최대 행복'이라는 말로 대표된다.
③ 두 사람의 소득을 합한 후 반씩 나누어 가지면 사회후생은 증가한다.
④ 한계효용이 체감한다면 각자의 한계효용이 동일할 때 후생극대화가 달성된다.

제3영역 행정

01 **다음 중 정책집행의 하향식 접근과 상향식 접근에 대한 설명으로 옳지 않은 것은?**

① 하향식 접근은 하나의 정책에만 초점을 맞추므로 여러 정책이 동시에 집행되는 경우를 설명하기 곤란하다.
② 상향식 접근은 집행이 일어나는 현장에 초점을 맞추고 그 현장을 미시적이고 현실적이며 상호작용적인 차원에서 관찰한다.
③ 상향식 접근은 정책문제를 둘러싸고 있는 행위자들의 동기, 전략, 행동, 상호작용 등에 주목하며 일선공무원들의 전문지식과 문제해결능력을 중시한다.
④ 하향식 접근의 대표적인 것은 전방향접근법(forward mapping)이며 이는 집행에서 시작하여 상위계급이나 조직 또는 결정단계로 거슬러 올라가는 방식이다.

02 **다음 중 지방분권과 지방자치 등의 추진을 위해 설치된 대통령 소속 위원회로 현재 운영 중인 것은?**

① 정부혁신지방분권위원회
② 자치분권위원회
③ 지방분권촉진위원회
④ 지방자치발전위원회

03 **다음 중 행태주의와 제도주의에 대한 설명으로 옳은 것은?**

① 행태주의에서는 인간의 자유와 존엄과 같은 가치를 강조한다.
② 행태주의에서는 시대적 상황에 적합한 학문의 실천력을 중시한다.
③ 제도주의에서는 사회과학도 엄격한 자연과학의 방법을 따라야 한다고 본다.
④ 각국에서 채택된 정책의 상이성과 효과를 역사적으로 형성된 제도에서 찾으려는 것은 제도주의 접근의 한 방식이다.

04 **다음 중 근무성적평정제도에서 다면평가제도의 장점으로 옳지 않은 것은?**

① 자기역량 강화
② 직무수행 동기 유발
③ 원활한 커뮤니케이션
④ 미래 행동에 대한 잠재력 측정

05 **다음 중 정책평가의 타당성에 대한 설명으로 옳지 않은 것은?**

① 내적타당성이란 정책평가 시 1차적으로 확보해야 할 타당성이다.

② 타당성은 신뢰성의 필요조건이며, 신뢰성이 높으면 타당성도 높다.

③ 구성타당성이란 평가에 이용된 구성개념과 이를 측정하는 평가 수단 간에 일치하는 정도를 의미한다.

④ 외적타당성이란 특정한 상황에서 얻은 정책평가가 다른 상황에도 그대로 적용될 수 있는 정도를 의미한다.

06 **다음 중 예산결정모형에서 합리모형에 대한 설명으로 옳지 않은 것은?**

① 경제적 합리성에 의한 재정배분을 중시한다.

② 예산담당관이 보수적 성향을 가진 경우, 합리모형의 적용이 어렵다.

③ 계획 예산(PPBS), 영기준 예산(ZBB)이 대표적인 합리모형에 따른 예산제도이다.

④ 예산결정의 목표에 대한 사회적인 합의가 도출되지 않았을 경우에도 적용이 가능하다는 장점이 있다.

07 **다음 중 팀(Team) 조직의 특징으로 옳은 것은?**

① 보조업무 중심의 조직화

② 수직적 조직구조

③ 집중화된 권한

④ 자율적인 분위기

08 **다음 중 우리나라 지방자치단체의 자치권에 대한 설명으로 옳지 않은 것은?**

① 자치사법권이 부여되어 있지 않다.

② 중앙과 지방의 기능배분에 있어서 포괄적 예시형 방식을 적용한다.

③ 중앙정부가 분권화시킨 결과가 지방정부의 자치권 확보라고 할 수 있다.

④ 지방자치단체는 자치재정권이 인정되어 조례를 통해서 독립적인 지방 세목을 설치할 수 있다.

09 **다음 중 행정책임과 행정통제에 대한 설명으로 옳지 않은 것은?**

① 행정통제란 어떤 측면에서는 관료로부터 재량권을 빼앗는 것이다.
② 행정통제의 중심과제는 궁극적으로 민주주의와 관료제 간의 조화 문제로 귀결된다.
③ 행정책임은 행정관료가 도덕적·법률적 규범에 따라 행동해야 하는 국민에 대한 의무이다.
④ 행정통제는 설정된 행정목표와 기준에 따라 성과를 측정하는 데 초점을 맞추면 별도의 시정 노력은 요구되지 않는 특징이 있다.

10 **다음 〈보기〉 중 공무원 징계에 대한 설명으로 옳지 않은 것을 모두 고르면?**

> 보기
>
> ㄱ. 강임은 1계급 아래로 직급을 내리고, 공무원 신분은 보유하나 3개월간 직무에 종사하지 못하며 그 기간 중 보수의 전액을 감하는 것이다.
> ㄴ. 전직시험에서 3회 이상 불합격한 자로, 직무능력이 부족한 자는 직위해제 대상이다.
> ㄷ. 금품수수나 공금횡령 및 유용 등으로 인한 징계의결요구의 소멸시효는 3년이다.
> ㄹ. 징계에 대한 불복 시 소청심사위원회에 소청제기가 가능하나 근무성적평정결과나 승진탈락 등은 소청대상이 아니다.

① ㄱ, ㄴ
② ㄴ, ㄷ
③ ㄷ, ㄹ
④ ㄱ, ㄴ, ㄷ

11 **다음 중 지방자치의 한 계보로서 주민자치에 대한 설명으로 옳지 않은 것은?**

① 지방자치단체는 지방의 자치행정기관으로서 이중적 지위를 갖는다.
② 지방주민의 의사와 책임하에 스스로 그 지역의 공공사무를 처리한다.
③ 지방의 공공사무를 결정하고 처리하는 데는 주민의 참여가 중요하다.
④ 지방사무에 대해 자치단체 고유사무와 중앙정부 위임사무를 구별하지 않는다.

12 **다음 중 예산개혁의 경향이 시대에 따라 변화해온 것을 시기순으로 바르게 나열한 것은?**

① 통제 지향 – 관리 지향 – 기획 지향 – 감축 지향 – 참여 지향
② 통제 지향 – 감축 지향 – 기획 지향 – 관리 지향 – 참여 지향
③ 관리 지향 – 감축 지향 – 통제 지향 – 기획 지향 – 참여 지향
④ 관리 지향 – 기획 지향 – 통제 지향 – 감축 지향 – 참여 지향

13 **다음 지방재정과 관련된 지표 중에서 재정자주도에 대한 설명으로 옳은 것은?**

① 통합재정수지상 자주재원의 비율
② 기준재정수요액 대비 기준재정수입액의 비율
③ 지방정부의 전체 재원에 대한 자주재원의 비율
④ 지방정부 일반회계 세입에서 자주재원과 지방교부세를 합한 일반재원의 비중

14 **다음 중 점증모형에 대한 설명으로 옳지 않은 것은?**

① 정책을 결정할 때 현존의 정책에서 약간만 변화시킨 대안을 고려한다.
② 고려하는 정책대안이 가져올 결과를 모두 분석하지 않고 제한적으로 비교・분석하는 방법을 사용한다.
③ 일단 불완전한 예측을 전제로 하여 정책대안을 실시하고 그때 나타나는 결과가 잘못된 점이 있으면 그 부분만 다시 수정・보완하는 방식을 택하기도 한다.
④ 수단과 목표가 명확히 구분되지 않으므로 흔히 목표 – 수단의 분석이 부적절하거나 제한되는 경우가 많으며, 정책 목표달성을 극대화하는 정책을 최선의 정책으로 평가한다.

15 다음 중 사이어트(R. Cyert)와 마치(J. March)가 주장한 회사모형(Firm Model)에 대한 설명으로 옳지 않은 것은?

① 조직 내 갈등의 완전한 해결은 불가능하며 타협적 준해결에 불과하다.
② 정책결정능력의 한계로 인하여 관심이 가는 문제 중심으로 대안을 탐색한다.
③ 조직의 전체적 목표 달성의 극대화를 위하여 장기적 비전과 전략을 수립·집행한다.
④ 조직은 반복적인 의사결정의 경험을 통하여 결정의 수준이 개선되고 목표달성도가 높아진다.

16 다음 중 탈신공공관리론(Post-NPM)에서 강조하는 행정개혁 전략으로 옳지 않은 것은?

① 분권화와 집권화의 조화
② 민간-공공부문 간 파트너십 강조
③ 규제완화
④ 인사관리의 공공책임성 중시

17 다음 근무성적평정의 오차 중 사람에 대한 경직적 편견이나 고정관념 때문에 발생하는 오차는?

① 상동적 오차
② 연속화의 오차
③ 관대화의 오차
④ 규칙적 오차

18 다음 중 사회적 자본(Social Capital)에 대한 설명으로 옳지 않은 것은?

① 사회 내 신뢰 강화를 통해 거래비용을 감소시킨다.
② 사회적 규범 또는 효과적인 사회적 제재력를 제공한다.
③ 경제적 자본에 비해 형성 과정이 불투명하고 불확실하다.
④ 동조성(Conformity)을 요구하면서 개인의 행동이나 사적 선택을 적극적으로 촉진시킨다.

19 **다음 중 Cook과 Cambell이 분류한 정책타당도에 대한 설명으로 옳지 않은 것은?**

① 내적 타당도는 정책수단과 정책효과 사이의 인과관계를 파악할 수 있게 한다.

② 결론타당도(통계적 타당도)란 정책실시와 영향의 관계에서 정확도를 의미한다.

③ 크리밍(Creaming) 효과, 호손(Hawthorne) 효과는 내적 타당도를 저해하는 요인이다.

④ 외적 타당도는 정책이 다른 상황에서도 실험에서 발견된 효과들이 그대로 나타날 수 있는가이다.

20 **다음 중 예산의 원칙에 대한 설명으로 옳지 않은 것은?**

① 목적세는 통일성 원칙의 예외이다.

② 공개성의 원칙에는 예외가 있다.

③ 사전의결의 원칙에는 예외가 있다.

④ 통일성의 원칙은 회계장부가 하나여야 한다는 원칙이다.

21 **다음 중 예산성과금에 대한 설명으로 옳지 않은 것은?**

① 각 중앙관서의 장은 예산낭비신고센터를 설치 · 운영하여야 한다.

② 각 중앙관서의 장은 직권으로 성과금을 지급하거나 절약된 예산을 다른 사업에 사용할 수 있다.

③ 예산낭비신고, 예산절감과 관련된 제안을 받은 중앙관서의 장 또는 기금관리주체는 그 처리결과를 신고 또는 제안을 한 자에게 통지하여야 한다.

④ 각 중앙관서의 장은 예산의 집행방법 또는 제도의 개선 등으로 인하여 수입이 증대되거나 지출이 절약된 때에는 이에 기여한 자에게 성과금을 지급할 수 있다.

22 **다음 중 정책결정과 관련된 이론에 대한 설명으로 옳지 않은 것은?**

① 쿠바 미사일 사태에 대한 사례 분석인 앨리슨(Allison) 모형은 정부의 정책결정 과정은 합리모형보다는 조직과정모형과 정치모형으로 설명하는 것이 더 바람직하다고 주장한다.

② 드로(Dror)가 주장한 최적모형은 기존의 합리적 결정 방식이 지나치게 수리적 완벽성을 추구해 현실성을 잃었다는 점을 지적하고 합리적 분석뿐만 아니라 결정자의 직관적 판단도 중요한 요소로 간주한다.

③ 에치오니(Etzioni)의 혼합탐사모형에 의하면 결정은 근본적 결정과 세부적 결정으로 나누어질 수 있으며, 합리적 의사결정모형과 점진적 의사결정모형을 보완적으로 사용할 수 있다.

④ 사이먼(Simon)의 만족모형에 의하면 정책담당자들은 경제인과 달리 최선의 합리성을 추구하기보다는 시간과 공간, 재정적 측면에서의 여러 요인을 고려해 만족할 만한 수준에서 정책을 결정하게 된다.

23 **다음 중 주인 – 대리인 이론에 대한 설명으로 옳은 것은?**

① 관료들이 피규제집단의 입장을 옹호하는 소위 관료포획현상은 역선택의 사례이다.

② 주인 – 대리인 이론은 대리인의 책임성을 확보할 수 있는 방안을 주로 내부통제에서 찾고 있다.

③ 정보비대칭을 줄이기 위한 방안으로는 주민참여, 내부고발자 보호제도, 입법예고제도 등이 있다.

④ 공기업의 민영화는 시장의 경쟁요소를 도입함으로써 역선택을 방지하고자 하는 노력의 일환이다.

24 **다음 중 예산의 신축성을 유지하기 위한 장치에 대한 설명으로 옳지 않은 것은?**

① 수입대체경비는 과년도 수입과 지출금을 반납하는 것이다.

② 총괄예산제도는 구체적인 용도를 제한하지 않고 신축적 집행을 인정하는 것이다.

③ 이월제도는 예산을 당해 회계연도에 집행하지 않고 다음 연도에 넘겨 차기 회계연도의 예산으로 사용하는 것이다.

④ 계속비제도는 완공에 수년이 소요되는 대규모 공사·제조·연구개발 사업의 경우에 총액과 연부금을 정해 집행을 인정하는 것이다.

25 **다음 중 '사회적 자본(Social Capital)'이 형성되는 모습으로 옳지 않은 것은?**

① 지역주민들의 소득이 지속적으로 증가하고 있다.
② 지역 구성원들이 삶과 세계에 대한 도덕적·윤리적 규범을 공유하고 있다.
③ 이웃과 동료에 대한 기본적인 믿음이 존재하며 공동체 구성원들이 서로 신뢰한다.
④ 많은 사람들이 알고 지내는 관계를 유지하는 가운데 대화·토론하면서 서로에게 도움을 준다.

26 **다음 중 공공기관의 운영에 관한 법률에서 규정하고 있는 내용으로 옳지 않은 것은?**

① 기획재정부장관과 주무기관의 장은 매년 5월 15일까지 확정된 공기업·준정부기관의 결산서 등을 감사원에 제출하여야 한다.
② 기획재정부장관은 결산서 등에 감사원의 검사 결과를 첨부하여 이를 국무회의에 보고하고, 7월 31일까지 국회에 제출하여야 한다.
③ 공기업·준정부기관은 매년 3월 20일까지 전년도의 경영실적보고서와 기관장이 체결한 계약의 이행에 관한 보고서를 작성하여 기획재정부장관과 주무기관의 장에게 제출하여야 한다.
④ 공기업 및 준정부기관의 기관장은 다음 연도를 포함한 5회계연도 이상의 중장기 경영목표를 설정하고, 이사회의 의결을 거쳐 확정한 후 매년 9월 30일까지 기획재정부장관과 주무기관의 장에게 제출하여야 한다.

27 **다음 〈보기〉 중 행정개혁의 저항을 줄이는 방법으로 옳은 것을 모두 고르면?**

보기

ㄱ. 참여기회 제공	ㄴ. 포괄적 개혁추진
ㄷ. 구성원의 부담 최소화	ㄹ. 외부집단에 의한 개혁추진
ㅁ. 피개혁자 교육 및 홍보	ㅂ. 개혁안의 명료화

① ㄱ, ㄴ, ㄷ, ㅁ
② ㄱ, ㄷ, ㅁ, ㅂ
③ ㄱ, ㄴ, ㄷ, ㅁ, ㅂ
④ ㄱ, ㄷ, ㄹ, ㅁ, ㅂ

28 **다음 중 뉴거버넌스에 대한 설명으로 옳은 것은?**

① 정부의 역할에 있어서 노젓기(Rowing)를 중시한다.

② 입법과정에서의 세력연합과 협상 및 타협을 배제한다.

③ 공공문제의 해결 기제로 네트워크의 활용을 중시한다.

④ 정부 · 시장 · 시민사회의 역할적 분화와 영역 간의 개입금지를 중요시한다.

29 **다음 중 윌슨(Willson)의 규제정치모형에 대한 설명으로 옳지 않은 것은?**

① 정치적 위험과 논란의 여지가 적은 것은 대중 정치(Majoritarian Politics)의 특징이다.

② 이익집단 정치(Interest Group Politics)는 비용과 편익이 모두 다수의 이질적 집단에 국한되는 정치상황이다.

③ 환경오염규제, 위해물품규제 등과 같은 사례는 기업가 정치(Entrepreneurial Politics)의 사례로 볼 수 있다.

④ 수입규제완화 정책과 환경규제완화 정책은 윌슨의 규제정치모형에 따르면 서로 다른 규제정치 영역에 해당한다.

30 **다음 중 조직구조의 변수에 대한 설명으로 옳지 않은 것은?**

① 공식화의 수준이 높을수록 조직구성원들의 재량이 감소한다.

② 집권성이란 조직계층 상하 간의 권한 분배의 정도를 의미한다.

③ 유기적 구조일수록 집권성이 높으며, 기계적 구조일 경우 집권성이 낮다.

④ 공식성이란 직무의 표준화 정도를 의미하며, 문서화된 규칙, 절차, 명령 등이 측정의 지표가 된다.

제4영역 법

01 **다음 중 물건에 대한 설명으로 옳은 것은?(단, 다툼이 있는 경우 판례에 따른다)**

① 천연과실은 수취할 권리의 존속기간일수의 비율로 취득한다.

② 법정과실은 물건의 사용대가로 받는 금전 기타의 물건이다.

③ 분필절차 없이 토지의 특정부분에 대하여 저당권이나 전세권을 설정할 수 없으나 지역권은 설정할 수 있다.

④ 정당한 권원 없이 타인의 토지 위에 경작·재배한 농작물은 명인방법을 갖추지 않으면 토지소유자에 속한다.

02 **다음 중 신의성실의 원칙에 대한 설명으로 옳지 않은 것은?(단, 다툼이 있는 경우 판례에 따른다)**

① 신의성실의 원칙은 법률관계 당사자 간의 약정에 의해 그 적용이 배제될 수 없다.

② 신의성실의 원칙은 권리의 발생, 변경, 소멸의 기능을 갖는다.

③ 신의성실의 원칙은 사법분야뿐만 아니라 공법분야에도 적용되는 법의 일반 원칙이다.

④ 신의성실의 원칙에 반하는 것은 당사자의 주장이 없으면, 법원은 그 위반 여부를 직권으로 판단할 수 없다.

03 **다음 중 행정심판법상 행정심판의 종류가 아닌 것은?**

① 취소심판

② 의무이행심판

③ 부작위위법확인심판

④ 무효등확인심판

04 **다음 중 법률행위의 성립요건에 해당하는 것은?**

① 요물계약에서 물건의 인도
② 대리행위에서 대리권의 존재
③ 당사자의 의사능력과 행위능력
④ 조건부 법률행위에서 조건의 성취

05 **다음 중 소멸시효기간의 기산점에 대한 설명으로 옳은 것은?**

① 선택채권은 선택권을 행사한 때로부터 소멸시효가 진행한다.
② 불확정기한부 권리는 채권자가 기한 도래 사실을 안 때부터 소멸시효가 진행한다.
③ 동시이행항변권이 붙은 채권은 이행기가 도래하더라도 소멸시효가 진행하지 않는다.
④ 이행불능으로 인한 손해배상청구권은 이행불능이 된 때로부터 소멸시효가 진행한다.

06 **다음 중 민법의 법원(法源)에 대한 설명으로 옳지 않은 것은?(단, 다툼이 있는 경우 판례에 따른다)**

① 일단 성립한 관습법이라도 사회 구성원들이 그 관행의 법적 구속력에 대해 확신을 갖지 않게 되면 그 효력이 부정된다.
② 관습법이 헌법에 위반될 때에는 법원(法院)이 그 효력을 부인할 수 있다.
③ 민법 제1조(法源)에서의 '법률'은 국회가 제정한 법률만을 의미한다.
④ 사실인 관습은 그 존재를 당사자가 주장 · 입증하여야 한다.

07 **다음 중 근대민법의 3대 원칙에 해당하는 것은?**

① 계약자유의 원칙
② 소유권 상대의 원칙
③ 신의성실의 원칙
④ 무과실책임의 원칙

08 **다음 중 법률행위의 무효와 취소에 대한 설명으로 옳은 것은?**

① 법률행위의 일부분이 무효인 때에는 원칙적으로 그 나머지 부분은 무효가 되지 않는다.

② 당사자가 무효임을 알고 추인한 때에는 법률행위시에 소급하여 효력이 발생하는 것이 원칙이다.

③ 악의의 제한능력자는 제한능력을 이유로 취소한 행위에 의하여 받은 이익이 현존하지 않더라도 그 이익을 전부 상환하여야 한다.

④ 제한능력자와 계약을 맺은 상대방은 계약 당시에 제한능력자임을 모른 경우에는 추인이 있을 때까지 자신의 의사표시를 철회할 수 있다.

09 **다음 중 물권적 청구권에 대한 설명으로 옳지 않은 것은?(단, 다툼이 있는 경우 판례에 따른다)**

① 소유권에 기한 물권적 청구권은 소멸시효에 걸리지 않는다.

② 부동산에 대한 점유취득시효 완성을 원인으로 하는 소유권이전등기 청구권은 물권적 청구권이다.

③ 소유권을 상실한 전(前)소유자는 제3자의 불법점유에 대하여 소유권에 기한 물권적 청구권을 행사할 수 없다.

④ 임차인이 임차권에 기하여 토지를 점유하고 있는 경우, 임대인인 토지소유자는 임차인에게 물권적 청구권을 행사할 수 없다.

10 **다음 중 민법상 대리에 대한 설명으로 옳은 것은?**

① 대리인은 행위능력자임을 요한다.

② 대리인이 그 권한 내에서 본인을 위한 것임을 표시한 의사표시는 직접 본인에게 하지 않아도 효력이 생긴다.

③ 대리인이 수인인 때에는 각자가 본인을 대리한다. 그러나 법률 또는 수권행위에 다른 정한 바가 있는 때에는 그러하지 아니하다.

④ 대리인은 본인의 허락이 없으면 본인을 위하여 자기와 법률행위를 하거나 동일한 법률행위에 관하여 당사자 쌍방을 대리하지 못하며, 채무의 이행도 할 수 없다.

11 **다음 중 민법상 계약의 해지·해제에 대한 설명으로 옳지 않은 것은?**

① 계약의 해지 또는 해제는 손해배상의 청구에 영향을 미치지 아니한다.
② 채무자의 책임 있는 사유로 이행이 불능하게 된 때에는 채권자는 계약을 해제할 수 있다.
③ 당사자의 일방 또는 쌍방이 수인인 경우에는 계약의 해지나 해제는 그 일인에 대하여도 가능하다.
④ 계약 또는 법률의 규정에 의하여 당사자의 일방이나 쌍방이 해지 또는 해제의 권리가 있는 때에는 그 해지 또는 해제는 상대방에 대한 의사표시로 한다.

12 **다음 중 행정심판에 대한 설명으로 옳지 않은 것은?**

① 취소심판청구에 대한 기각재결이 있는 경우에도 처분청은 당해 처분을 직권으로 취소 또는 변경할 수 있다.
② 처분의 취소 또는 변경을 구하는 취소심판의 경우에 변경의 의미는 소극적 변경뿐만 아니라 적극적 변경까지 포함한다.
③ 행정심판위원회는 피청구인이 처분이행명령 재결에도 불구하고 처분을 하지 아니하는 경우에는 당사자가 신청하면 기간을 정하여 서면으로 이행을 명하고 그 기간에 이행하지 아니하면 직접 처분을 할 수 있다.
④ 행정심판위원회는 사정재결을 함에 있어서 청구인에 대하여 상당한 구제방법을 취하거나 피청구인에게 상당한 구제방법을 취할 것을 명할 수 있으나, 재결주문에 그 처분 등이 위법 또는 부당함을 명시할 필요는 없다.

13 **다음 중 보증채무에 대한 설명으로 옳지 않은 것은?**

① 전자적 형태로 표시한 보증의사는 유효하다.
② 보증인의 부담이 주채무의 목적이나 형태보다 중한 때에는 주채무의 한도로 감축한다.
③ 불확정한 다수의 채무에 대하여 보증하는 경우 보증하는 채무의 최고액을 서면으로 특정하여야 한다.
④ 채무자가 보증인을 세울 의무가 있는 경우, 그 보증인은 행위능력 및 변제자력이 있는 자로 하여야 한다.

14 다음 설명 중 옳지 않은 것은?

① 행위능력이란 완전 · 유효한 법률행위를 단독으로 할 수 있는 능력을 말한다.
② 의사능력자가 행위능력이 없을 수도 있고 권리능력자가 의사능력이 없을 수도 있다.
③ 제한능력자제도는 거래안전의 보호에 그 중점이 있으며 제한능력자의 능력을 보충하기 위해 법정대리인제도가 있다.
④ 법정대리인의 동의가 있으면 단독으로 법률행위를 할 수 있는 자는 미성년자, 피한정후견인, 피성년후견인, 농아자가 있다.

15 다음 중 여러 채무자가 같은 내용의 급부에 관하여 각각 독립해서 전부의 급부를 하여야 할 채무를 부담하고 그 중 한 채무자가 전부의 급부를 하면 모든 채무자의 채무가 소멸하게 되는 다수당사자의 채무관계는?

① 분할채권
② 연대채무
③ 보증채무
④ 양도담보

16 다음 중 민법상 불법행위책임의 성립요건이 아닌 것은?

① 가해행위가 위법성이 있을 것
② 가해자의 행위능력이 있을 것
③ 가해행위로 인한 손해가 발생할 것
④ 고의나 과실로 인한 가해행위일 것

17 다음 중 불법행위로 인한 손해배상책임의 성립요건으로 옳지 않은 것은?

① 위법행위
② 손해의 발생
③ 중대한 과실에 의한 행위일 것
④ 고의 또는 과실에 의한 행위일 것

18 **다음 중 소급효가 인정되지 않는 것은?(단, 다툼이 있는 경우에는 판례에 따른다)**

① 선택채권에서 선택권의 행사

② 착오로 인한 의사표시의 취소

③ 소멸시효 완성으로 인한 채권의 소멸

④ 해제조건부 법률행위에서 해제조건의 성취

19 **다음 중 하자있는 행정행위가 다른 행정행위의 적법요건을 갖춘 경우, 다른 행정행위의 효력발생을 인정하는 것은?**

① 하자의 승계

② 행정행위의 철회

③ 행정행위의 직권취소

④ 하자있는 행정행위의 전환

20 **다음 중 행정행위의 성격에 대한 설명으로 옳지 않은 것은?**

① 민법에 따른 재단법인의 정관변경 허가는 재단법인의 정관변경에 대한 법률상의 효력을 완성시키는 보충행위로서 그 법적 성격은 인가에 해당한다.

② 친일반민족행위자 재산의 국가귀속에 관한 특별법에 따른 친일재산의 국가귀속결정은 당해 재산이 친일재산에 해당한다는 사실을 확인하는 준법률행위적 행정행위에 해당한다.

③ 구 표시·광고의 공정화에 관한 법률 위반을 이유로 한 공정거래위원회의 경고의결은 당해 표시·광고의 위법을 확인하되 구체적인 조치까지는 명하지 않은 것이므로 행정처분에 해당하지 않는다.

④ 도시 및 주거환경정비법에 따른 토지등소유자에 대한 사업시행인가처분은 사업시행계획에 대한 보충행위로서의 성질을 가지는 것이 아니라 정비사업 시행권한을 가지는 행정주체로서의 지위를 부여하는 일종의 설권적 처분의 성격을 가진다.

21 **다음 중 행정심판에 대한 설명으로 옳은 것은?(단, 다툼이 있는 경우 판례에 따른다)**

① '진정'이라는 표현을 사용하면 그것이 실제로 행정심판의 실체를 가지더라도 행정심판으로 다룰 수 없다.

② 이의신청은 그것이 준사법적 절차의 성격을 띠어 실질적으로 행정심판의 성질을 가지더라도 이를 행정심판으로 볼 수 없다.

③ 개별 법률에 이의신청제도를 두면서 행정심판에 대한 명시적인 규정이 없는 경우, 이의신청과는 별도로 행정심판을 제기할 수 없다.

④ 이의신청이 민원 처리에 관한 법률의 민원 이의신청과 같이 별도의 행정심판절차가 존재하고 행정심판과는 성질을 달리하는 경우에는 그 이의신청은 행정심판과는 다른 것으로 본다.

22 **민법상 채권을 몇 년 동안 행사하지 아니하면 소멸시효가 완성하는가?**

① 2년
② 5년
③ 20년
④ 25년

23 **다음 중 행정벌에 대한 설명으로 옳지 않은 것은?(단, 다툼이 있는 경우 판례에 따른다)**

① 행정형벌은 특별절차로 통고처분과 즉결심판이 있다.

② 행정형벌은 형사소송법에 따라 형사재판으로 부과된다.

③ 행정질서벌은 형법총칙이 적용되어 책임주의에 따라 처벌된다.

④ 고의 또는 과실이 없는 질서위반행위는 과태료를 부과하지 아니한다.

24 **다음 중 의사와 표시의 불일치라고 볼 수 없는 경우는?**

① 착오
② 허위표시
③ 진의 아닌 의사표시
④ 강박에 의한 의사표시

25 다음 중 통치행위에 해당하는 사항으로 옳지 않은 것은?(단, 다툼이 있는 경우 판례에 따른다)

① 남북정상회담의 개최
② 대통령의 서훈취소
③ 대통령의 긴급재정·경제명령
④ 대통령의 특별사면

26 다음 중 계약해제에 대한 설명으로 옳은 것은?(단, 다툼이 있는 경우 판례에 따른다)

① 계약이 합의해제된 경우에도 특별한 사정이 없는 한 채무불이행으로 인한 손해배상을 청구할 수 있다.
② 증여의 의사가 서면으로 표시된 경우에도 특별한 사정이 없는 한 각 당사자는 이를 언제든지 해제할 수 있다.
③ 계약을 합의해제한 후 그 합의해제를 무효화시키고 해제된 계약을 부활시키는 약정은 당사자 사이에서도 허용되지 않는다.
④ 해제권자의 고의나 과실로 인하여 계약의 목적물이 현저히 훼손되거나 이를 반환할 수 없게 된 때에는 해제권은 소멸한다.

27 다음 중 청약과 승낙에 대한 설명으로 옳은 것은?

① 청약과 승낙의 의사표시는 특정인에 대해서만 가능하다.
② 청약자는 청약이 상대방에게 도달하기 전에는 임의로 이를 철회할 수 있다.
③ 승낙자가 청약에 변경을 가하지 않고 조건만을 붙여 승낙한 경우에는 계약이 성립된다.
④ 승낙의 기간을 정한 청약은 승낙자가 그 기간 내에 승낙의 통지를 발송하지 아니한 때에는 그 효력을 잃는다.

28 다음 〈보기〉 중 판례에 의할 때 재량행위가 아닌 것은?(단, 다툼이 있는 경우 판례에 따른다)

보기

ㄱ. 산림형질변경허가
ㄴ. 공무원에 대한 징계처분
ㄷ. 음주운전으로 인한 운전면허취소처분
ㄹ. 음식점영업허가

① ㄱ
② ㄴ
③ ㄷ
④ ㄹ

29 사용자 甲이 의사능력이 없는 상태에서 乙과 근로계약을 체결하였다. 다음 중 이에 대한 설명으로 옳은 것은?(단, 다툼이 있는 경우 판례에 따른다)

① 甲은 乙과의 근로계약을 취소할 수 있다.
② 甲이 의사무능력 상태에서 乙과의 근로계약을 추인하더라도 그 계약은 무효이다.
③ 甲과 乙의 근로계약은 추인여부와 상관없이 甲이 의사능력을 회복한 때로부터 유효하다.
④ 甲이 의사무능력을 회복한 후에 추인하면, 다른 약정이 없더라도 그 근로계약은 소급하여 유효하다.

30 甲은 자신의 X건물을 공인노무사 乙에게 임대하였다. 乙이 X건물에서 사무소를 운영하고 있던 중 乙의 사무직원 丙의 과실로 X건물이 화재로 멸실되었다. 이에 대한 설명으로 옳지 않은 것은?(단, 다툼이 있는 경우 판례에 따른다)

① 甲은 乙에게 사용자책임을 주장할 수 있다.
② 甲은 乙에게 채무불이행으로 인한 손해배상을 청구할 수 있다.
③ 甲은 丙에게 채무불이행으로 인한 손해배상을 청구할 수 없다.
④ 甲은 동시에 乙과 丙에 대하여 손해배상 전부의 이행을 청구할 수 없다.

제5영역 토목

01 다음 중 $S=1.8t$, $\tau_{max}=4.5kg_f/cm^2$이고, 폭이 20cm일 때 단면의 높이는?

① 25cm
② 27cm
③ 30cm
④ 35cm

02 다음 중 단면의 성질에 대한 설명으로 옳지 않은 것은?

① 단면 2차 모멘트의 값은 항상 0보다 크다.
② 단면 상승 모멘트의 값은 항상 0보다 크다.
③ 도심축에 관한 단면 1차 모멘트의 값은 항상 0이다.
④ 단면 2차 극모멘트의 값은 항상 극을 원점으로 하는 두 직교 좌표축에 대한 단면 2차 모멘트의 합과 같다.

03 다음 중 탄성계수 $E=2.1\times10^6kg/cm^2$, 푸아송 비 $v=0.25$일 때, 전단탄성계수의 값은?

① $8.4\times10^5kg/cm^2$
② $10.5\times10^5kg/cm^2$
③ $16.8\times10^5kg/cm^2$
④ $21.0\times10^5kg/cm^2$

04 어느 도시의 연 평균 강우량이 2,000mm이다. 이 도시의 1인 1일 계획급수량을 300L로 설정할 때 저수지에 필요한 저수지 용량은?(단, 이 도시의 계획인구는 60,000명이다)

① $18,000m^3$
② $180,000m^3$
③ $225,000m^3$
④ $2,250,000m^3$

05 지름 10cm의 관에 물이 흐를 때 층류가 되려면 관의 평균유속이 몇 cm/s 이하를 유지하여야 하는가?(단, 동점성계수는 $0.012\text{cm}^2/\text{s}$이다)

① 8.4cm/s ② 6.4cm/s
③ 4.4cm/s ④ 2.4cm/s

06 양단힌지로 된 장주의 좌굴하중이 $P_{cr}=10\text{t}$일 때, 조건이 같은 양단고정인 장주의 좌굴하중은?

① 10t ② 20t
③ 30t ④ 40t

07 다음 중 단위유량도 이론의 가정에 대한 설명으로 옳지 않은 것은?

① 초과강우는 전 유역에 걸쳐서 균등하게 분포된다.
② 초과강우는 유효지속기간 동안에 일정한 강도를 가진다.
③ 주어진 지속기간의 초과강우로부터 발생된 직접유출 수문곡선의 기저시간은 일정하다.
④ 동일한 기저시간을 가진 모든 직접유출 수문곡선의 종거들은 각 수문곡선에 의하여 주어진 총 직접유출 수문곡선에 반비례한다.

08 지름이 2m이고, 영향권의 반지름이 1,000m이며, 원지하수의 수위 H가 7m, 집수정의 수위 h_0가 5m인 심정에서의 양수량은 얼마인가?(단, $K=0.0038\text{m/s}$이고 $\ln 10=2.3$이다)

① 약 $0.0415\text{m}^3/\text{s}$ ② 약 $0.0461\text{m}^3/\text{s}$
③ 약 $0.083\text{m}^3/\text{s}$ ④ 약 $0.145\text{m}^3/\text{s}$

09 지름이 30cm, 길이가 1m인 관의 손실수두가 30cm일 때 관 벽면에 작용하는 마찰력 τ_0는 얼마인가?

① 150N/m^2 ② 175N/m^2
③ 200N/m^2 ④ 225N/m^2

10 두 수조가 관길이 $L=50$m, 지름 $D=0.8$m, Manning의 조도계수 $n=0.013$인 원형관으로 연결되어 있다. 이 관을 통하여 유량 $Q=1.2\text{m}^3/\text{s}$의 난류가 흐를 때, 두 수조의 수위차는?(단, 마찰, 단면 급확대 및 급축소 손실만을 고려한다)

① 약 0.98m ② 약 0.85m
③ 약 0.54m ④ 약 0.36m

11 단면적이 50mm^2인 봉강을 인장 시험하여 항복점 하중 1,480kg, 최대 하중 2,080kg을 얻었다. 이때, 인장강도는 얼마인가?

① 35kg/mm^2 ② 36.5kg/mm^2
③ 38.8kg/mm^2 ④ 41.6kg/mm^2

12 다음 중 보의 처짐에 대한 관계로 옳은 것은?

① 보의 처짐은 EI와 비례한다.
② 보의 처짐은 EI와 관련없다.
③ 보의 처짐은 EI와 반비례한다.
④ 보의 처짐은 EI의 제곱에 비례한다.

13 다음 중 강우계의 관측분포가 균일한 평야지역의 작은 유역에 발생한 강우에 적합한 유역 평균 강우량 산정법은?

① Thiessen의 가중법
② Talbot의 강도법
③ 산술평균법
④ 등우선법

14 다음 중 보의 탄성변형에서 내력이 한 일을 그 지점의 반력으로 1차 편미분한 것은 '0'이 된다는 정리는?

① 중첩의 원리
② 맥스웰베티의 상반원리
③ 최소일의 원리
④ 카스틸리아노의 제1정리

15 다음 중 관수로 흐름에서의 난류에 대한 설명으로 옳은 것은?

① 마찰손실계수는 레이놀즈수만 알면 구할 수 있다.
② 관벽 조도가 유속에 주는 영향은 층류일 때보다 작다.
③ 관성력의 점성력에 대한 비율이 층류의 경우보다 크다.
④ 에너지 손실은 주로 난류효과보다 유체의 점성 때문에 발생된다.

16 어떤 도시의 계획급수인구는 350,000명이며 계획 1일 최대 급수량이 80,000m^3일 때 여과속도로 5m/day 할 때 여과지수는?(단, 여과지는 폭 40m, 길이 20m의 장방형이다)

① 10
② 15
③ 20
④ 25

17 **다음 중 관수로의 흐름이 층류인 경우 마찰손실계수(f)에 대한 설명으로 옳은 것은?**

① 조도에만 영향을 받는다.
② 레이놀즈수에만 영향을 받는다.
③ 항상 0.2778로 일정한 값을 갖는다.
④ 조도와 레이놀즈수에 영향을 받는다.

18 **다음 중 배수곡선(Backwater Curve)에 해당하는 수면곡선은?**

① 홍수 시 하천의 수면곡선
② 댐을 월류할 때의 수면곡선
③ 하천 단락부(段落部) 상류의 수면곡선
④ 상류 상태로 흐르는 하천에 댐을 구축했을 때, 저수지의 수면곡선

19 **다음 중 체적탄성계수 K를 탄성계수 E와 푸아송 비 ν로 바르게 표현한 것은?**

① $K=\dfrac{E}{3(1-2\nu)}$　　② $K=\dfrac{E}{2(1-3\nu)}$
③ $K=\dfrac{2E}{3(1-2\nu)}$　　④ $K=\dfrac{3E}{2(1-3\nu)}$

20 **단순보에서 지간 l=400cm, 단면폭 b=6cm, 단면높이 h=12cm가 되는 직사각형 단면의 허용응력도가 100$\mathrm{kg}_f/\mathrm{cm}^2$이면 중앙점에 작용시킬 수 있는 하중은?**

① 144kg_f　　② 100kg_f
③ 98kg_f　　④ 88kg_f

21 **다음 중 흐름의 단면적과 수로경사가 일정할 때 최대유량이 흐르는 조건으로 옳은 것은?**

① 윤변이 최소이거나 동수반경이 최대일 때
② 윤변이 최대이거나 동수반경이 최소일 때
③ 수심이 최소이거나 동수반경이 최대일 때
④ 수심이 최대이거나 수로 폭이 최소일 때

22 **다른 조건이 같을 때 양단고정 기둥의 좌굴하중은 양단힌지 기둥의 좌굴하중의 몇 배인가?**

① 4배　　② 3배
③ 2배　　④ $\frac{1}{2}$배

23 **길이 3m의 I형강(250×125×10, 555kg/m)을 양단힌지의 기둥으로 사용할 때, 오일러(Euler)의 공식에 의한 좌굴하중은?(단, 단면 2차 반지름 $r_y=2.8$cm, $r_x=10.2$cm, 단면적 $A=70.73\text{cm}^2$, $E=2.1\times10^6\text{kg/cm}^2$이다)**

① 94.6t　　② 105.6t
③ 114.6t　　④ 127.6t

24 **다음 중 흐름에 대한 설명으로 옳지 않은 것은?**

① 유관이란 개개의 유체입자가 흐르는 경로를 말한다.
② 흐름이 층류일 때는 뉴턴의 점성 법칙을 적용할 수 있다.
③ 유선이란 각 점에서 속도벡터에 접하는 곡선을 연결한 선이다.
④ 등류란 모든 점에서의 흐름의 특성이 공간에 따라 변하지 않는 흐름이다.

25 다음 중 상하단이 완전히 고정된 긴 기둥의 유효세장비의 일반식은?(단, l은 기둥의 길이이고, r은 단면 회전반경이다)

① $\dfrac{l}{2r}$

② $\dfrac{l}{\sqrt{2}\,r}$

③ $\dfrac{l}{r}$

④ $\dfrac{2l}{r}$

26 다음과 같은 일정한 단면적을 가진 보의 길이가 l인 B지점에 집중하중 P가 작용하여 B점의 처짐 δ가 4δ가 되려면 보의 길이는?

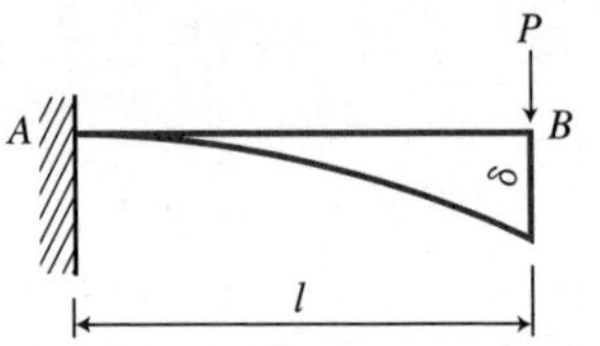

① l의 약 1.2배가 되어야 한다.

② l의 약 1.6배가 되어야 한다.

③ l의 약 2.0배가 되어야 한다.

④ l의 약 2.2배가 되어야 한다.

27 다음과 같은 단순보에서 최대 휨모멘트가 발생하는 위치는?(단, A점을 기준으로 한다)

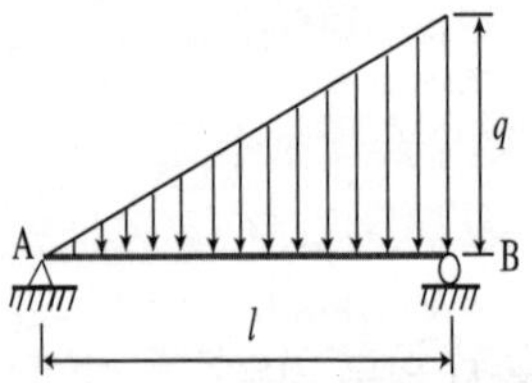

① $\dfrac{2}{3}l$

② $\dfrac{1}{\sqrt{3}}l$

③ $\dfrac{1}{\sqrt{2}}l$

④ $\dfrac{2}{\sqrt{5}}l$

28 **다음 중 에너지 보정계수(α)와 운동량 보정계수(β)에 대한 설명으로 옳지 않은 것은?**

① α, β값은 흐름이 난류일 때보다 층류일 때가 크다.

② α는 속도수두를 보정하기 위한 무차원 상수이다.

③ β는 운동량을 보정하기 위한 무차원 상수이다.

④ 실제유체 흐름에서는 $\beta > \alpha > 1$이다.

29 **직경이 15cm인 원관 속에 비중이 0.87인 기름이 $0.03\text{m}^3/\text{sec}$으로 흐르고 있다. 이 기름의 동점성계수가 $\nu = 1.35 \times 10^{-4}\text{m}^2/\text{sec}$일 때, 이 흐름의 상태는?**

① 상류 ② 사류

③ 난류 ④ 층류

30 **다음 중 전단응력도에 대한 설명으로 옳지 않은 것은?**

① 전단응력도는 전단력의 크기에 비례한다.

② 원형단면에서는 중앙부의 전단응력도가 가장 크다.

③ I형 단면에서는 상·하단의 전단응력도가 가장 크다.

④ 직사각형 단면에서는 중앙부의 전단응력도가 가장 크다.

제6영역 전기

01 정격속도로 회전하는 무부하 분권 발전기의 단자전압이 200V, 계자저항이 50Ω, 계자전류가 4A, 전기자 저항이 3Ω일 때 유기기전력의 크기는?

① 206V
② 208V
③ 210V
④ 212V

02 다음 중 댐의 수문에 대한 설명으로 옳지 않은 것은?

① 스톱로그 : 일시적인 수문의 점검이나 보수 시 이용하는 수문이다.
② 슬루스 게이트 : 원통형 간판 수문을 권상기를 이용하여 개폐하는 수문이다.
③ 스토니 게이트 : 사다리형 롤러를 수문 틀에 부착하여 마찰 저항을 감소시킨 형태의 게이트이다.
④ 테인터 게이트 : 수압이 항상 수문의 중심에 집중하도록 한 부채꼴형의 수문을 권상기를 이용한 체인을 감아 올려 개폐하는 수문이다.

03 면적이 100cm^2이고 간극이 1mm인 평행판 콘덴서 사이에 비유전율이 4인 유전체를 채우고 10kV의 전압을 가할 때, 극판에 저장되는 전하량은?

① $1.87\times10^{-6}C$
② $3.54\times10^{-6}C$
③ $5.23\times10^{-6}C$
④ $1.05\times10^{-4}C$

04 어떤 전위 함수가 $V(x,\ y,\ z)=5x+6y^2$로 주어질 때, 점(2, −1, 3)에서 전계의 세기는?

① 10V/m
② 12V/m
③ 13V/m
④ 15V/m

05 다음과 같은 회로에서 $a-b$ 사이에 걸리는 전압의 크기는?

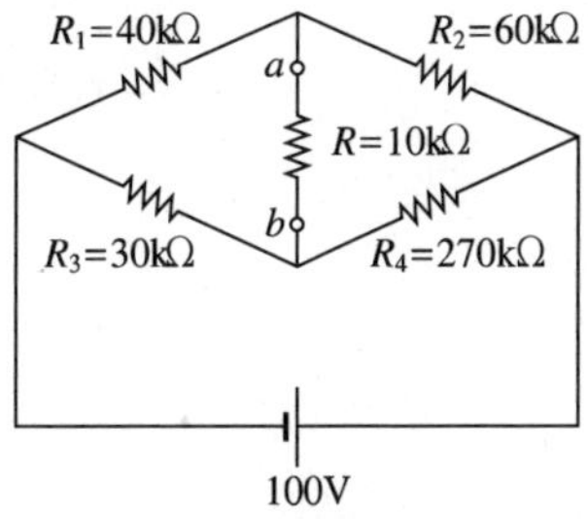

① 0V
② 15V
③ 30V
④ 45V

06 다음 〈보기〉 중 저항 R의 크기에 대한 설명으로 옳은 것을 모두 고르면?

보기

ㄱ. 저항은 고유저항에 비례한다.
ㄴ. 저항은 단면적의 넓이에 비례한다.
ㄷ. 저항은 길이에 비례한다.
ㄹ. 저항의 길이가 n배, 단면적의 넓이가 n배 증가하면 저항의 크기는 n^2배 증가한다.

① ㄱ, ㄷ
② ㄴ, ㄷ
③ ㄱ, ㄷ, ㄹ
④ ㄴ, ㄷ, ㄹ

07 다음 중 발전기의 안정도를 향상시킬 수 있는 방안으로 옳지 않은 것은?

① 제동권선을 설치한다.
② 속응여자방식을 채택한다.
③ 조속기의 감도를 예민하게 한다.
④ 단락비를 크게 하여 동기리액턴스의 크기를 감소시킨다.

08 다음 중 전류에 의한 자계의 세기와 관계가 있는 법칙은 무엇인가?

① 비오－사바르의 법칙　② 렌츠의 법칙
③ 키르히호프의 법칙　④ 옴의 법칙

09 소모 전력이 150kW인 어떤 공장의 부하역률이 60%일 때, 역률을 90%로 개선하기 위해 필요한 전력용 콘덴서의 용량은?

① 약 86.7kVA　② 약 103.9kVA
③ 약 112.1kVA　④ 약 127.3kVA

10 다음 중 동기발전기를 병렬로 운전할 수 있는 조건으로 옳지 않은 것은?

① 기전력의 크기가 같을 것　② 기전력의 위상이 같을 것
③ 기전력의 주파수가 같을 것　④ 발전기의 초당 회전수가 같을 것

11 다음 중 무손실 선로의 분포 정수 회로에서 감쇠정수(α)와 위상정수(β)의 값은?

	α	β
①	0	$\omega\sqrt{LC}$
②	0	$\frac{1}{\sqrt{LC}}$
③	$\sqrt{RG}$	$\omega\sqrt{LC}$
④	$\sqrt{LG}$	$\frac{1}{\sqrt{LC}}$

12 다음은 리플프리(Ripple-Free) 직류에 대한 설명이다. 빈칸에 들어갈 수로 옳은 것은?

> 리플프리 직류란 직류 성분에 대하여 ______%를 넘지 않는 실횻값을 갖는 직류 전압을 말한다. 공칭 전압 120V 리플프리 직류 전원 시스템에서 최고 첨두치 전압은 140V를 넘지 않으며, 리플프리 직류 전원 60V에서 최고 첨두치 전압은 70V를 넘지 않는다.

① 1　② 2
③ 5　④ 10

13 30극, 360rpm의 3상 동기 발전기가 있다. 전 슬롯수 240, 2층권 각 코일의 권수 6, 전기자 권선은 성형으로, 단자 전압 6,600V인 경우 1극의 자속은 얼마인가?(단, 권선 계수는 0.85라 한다)

① 약 0.035Wb　② 약 0.375Wb
③ 약 0.066Wb　④ 약 0.762Wb

14 인덕턴스가 100mH인 코일에 전류가 0.5초 사이에 10A에서 20A로 변할 때, 이 코일에 유도되는 평균기전력과 자속의 변화량은?(단, 코일은 1회 감겨 있다)

	평균기전력[V]	자속의 변화량[Wb]
①	1	0.5
②	1	1
③	2	0.5
④	2	1

15 다음 회로에서 두 점 a, b의 전위차는?

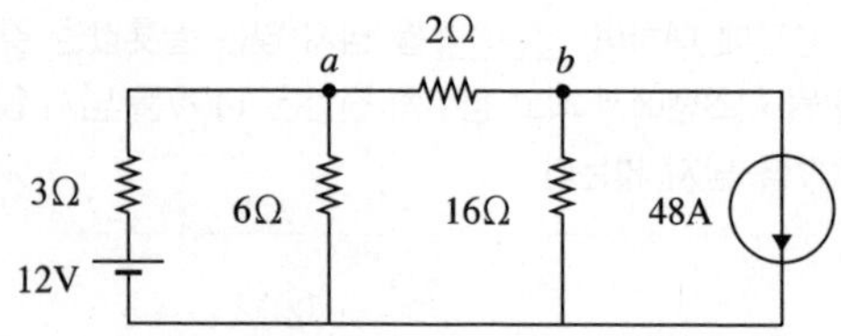

① 33.2V
② 46.2V
③ 68.8V
④ 77.6V

16 다음 중 충전된 대전체를 대지(大地)에 연결하면 대전체는 어떻게 되는가?

① 방전된다.
② 반발한다.
③ 충전이 계속된다.
④ 반발과 흡인을 반복한다.

17 N회 감긴 환상코일의 단면적이 $S\text{m}^2$이고 평균길이가 $l\text{m}$일 때, 이 코일의 권수는 3배로 증가시키고 인덕턴스를 일정하게 유지하기 위한 조건으로 옳은 것은?

① 단면적을 $\frac{1}{9}$배로 좁힌다.

② 비투자율을 $\frac{1}{3}$배로 조정한다.

③ 비투자율을 3배로 조정한다.

④ 전류의 세기를 9배로 늘린다.

18 실횻값 7A, 주파수 fHz, 위상 60°인 전류의 순시값 i를 수식으로 바르게 표현한 것은?

① $7\sqrt{2}\,sin\left(2\pi ft+\frac{\pi}{6}\right)$
② $7sin\left(2\pi ft+\frac{\pi}{6}\right)$
③ $7\sqrt{2}\,sin\left(2\pi ft-\frac{\pi}{3}\right)$
④ $7\sqrt{2}\,sin\left(2\pi ft+\frac{\pi}{3}\right)$

19 함수 $f(t)=2t^4$에 대한 $\mathcal{L}[f(t)]$는?

① $\dfrac{10}{s^5}$
② $\dfrac{48}{s^5}$
③ $\dfrac{8}{s^4}$
④ $\dfrac{24}{s^4}$

20 다음 〈보기〉 중 비유전율에 대한 설명으로 옳은 것은 모두 몇 개인가?

보기

ㄱ. 모든 유전체의 비유전율은 1보다 크다.
ㄴ. 비유전율의 단위는 [C/m]이다.
ㄷ. 어떤 물질의 비유전율은 진공 중의 유전율에 대한 물질의 유전율의 비이다.
ㄹ. 비유전율은 절연물의 종류에 따라 다르다.
ㅁ. 산화티탄 자기의 비유전율이 유리의 비유전율보다 크다.
ㅂ. 진공 중의 비유전율은 0이다.
ㅅ. 진공 중의 유전율은 $\dfrac{1}{36\pi}\times 10^9$[F/m]로 나타낼 수 있다.

① 1개
② 2개
③ 3개
④ 4개

21 다음 〈보기〉 중 가공지선의 설치 목적으로 옳은 것을 모두 고르면?

보기

ㄱ. 직격뢰로부터의 차폐
ㄴ. 선로정수의 평형
ㄷ. 유도뢰로부터의 차폐
ㄹ. 통신선유도장애 경감

① ㄴ, ㄹ
② ㄱ, ㄴ, ㄹ
③ ㄱ, ㄷ, ㄹ
④ ㄱ, ㄴ, ㄷ, ㄹ

22 다음 글의 빈칸 ㉠, ㉡에 들어갈 말을 바르게 짝지은 것은?

> 시스템의 감쇠계수가 크면 위상여유가 크고 감쇠성이 강하여 ___㉠___은 좋으나, ___㉡___은 불량하다.

	㉠	㉡
①	안정도	응답성
②	안정도	이득여유
③	응답성	안정도
④	응답성	이득여유

23 도전율 σ, 투자율 μ인 도체에 주파수가 f인 교류전류가 흐를 때, 표피효과에 대한 설명으로 옳은 것은?

① σ가 클수록, μ, f가 작을수록 표피효과는 커진다.

② μ가 클수록, σ, f가 작을수록 표피효과는 커진다.

③ μ, f가 클수록 σ가 작을수록 표피효과는 커진다.

④ σ, μ, f가 클수록 표피효과는 커진다.

24 저항이 5Ω 인 $R-L$ 직렬회로에 실횻값 200V인 정현파 전원을 연결하였다. 이때 실횻값 10A의 전류가 흐른다면 회로의 역률은?

① 0.25
② 0.4
③ 0.5
④ 0.75

25 어떤 회로에 전압 100V를 인가하였다. 이때 유효전력이 300W이고 무효전력이 400Var라면 회로에 흐르는 전류는?

① 2A
② 3A
③ 4A
④ 5A

26 자기장의 코일이 있다. 권수 $N=2,000$, 저항 $R=12\Omega$으로 전류 $I=10$A를 통했을 때의 자속이 $\Phi=6\times10^{-2}$Wb이다. 이 회로의 시상수는?

① 0.01초
② 0.1초
③ 1초
④ 10초

27 다음 회로의 역률과 유효전력을 바르게 짝지은 것은?

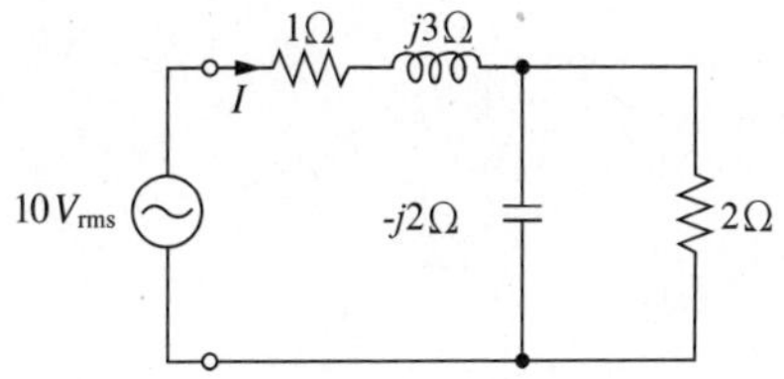

	역률	유효전력[W]
①	0.5	25
②	0.5	50
③	$\frac{\sqrt{2}}{2}$	25
④	$\frac{\sqrt{2}}{2}$	50

28 다음 〈보기〉 중 저항 R, 인덕터 L, 커패시터 C 등의 회로 소자들을 직렬회로로 연결했을 경우에 나타나는 특성에 대한 설명으로 옳은 것을 모두 고르면?

보기

ㄱ. 인덕터 L만으로 연결된 회로에서 유도 리액턴스 $X_L=\omega L\,\Omega$이고, 전류는 전압보다 위상이 90° 앞선다.
ㄴ. 저항 R과 인덕터 L를 직렬로 연결했을 때의 합성임피던스는 $|Z|=\sqrt{R^2+(wL)^2}\,\Omega$이다.
ㄷ. 저항 R과 커패시터 C를 직렬로 연결했을 때의 합성임피던스는 $|Z|=\sqrt{R^2+(wC)^2}\,\Omega$이다.
ㄹ. 저항 R, 인덕터 L, 커패시터 C를 직렬로 연결했을 때의 양호도는 $Q=\frac{1}{R}\sqrt{\frac{L}{C}}$으로 정의한다.

① ㄱ, ㄴ
② ㄴ, ㄹ
③ ㄱ, ㄷ, ㄹ
④ ㄴ, ㄷ, ㄹ

29 **다음 중 유전체의 경계면 조건에 대한 설명으로 옳지 않은 것은?**

① 완전유전체 내에서는 자유전하가 존재하지 않는다.

② 유전율이 서로 다른 두 유전체의 경계면에서 전계의 수평(접선) 성분이 같다.

③ 유전체의 경계면에서 전속밀도의 수직(법선) 성분은 서로 다르고 불연속적이다.

④ 유전체의 표면전하 밀도는 유전체 내의 구속전하의 변위 현상에 의해 발생한다.

30 **다음 〈보기〉 중 RLC 병렬회로의 동작에 대한 설명으로 옳은 것을 모두 고르면?**

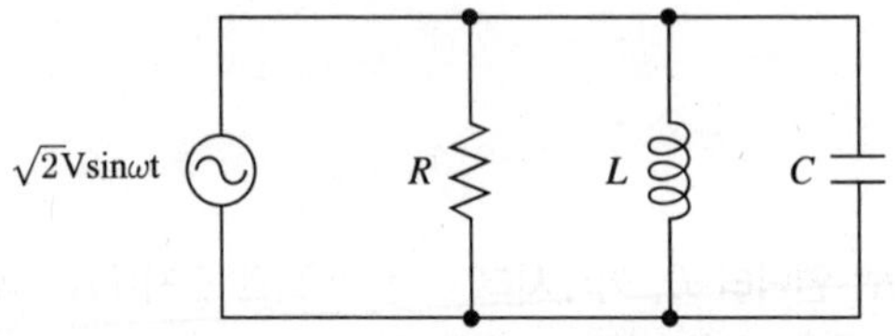

보기

ㄱ. 각 소자 R, L, C의 양단에 걸리는 전압은 전원전압과 같다.

ㄴ. 회로의 어드미턴스 $Y=\frac{1}{R}+j\left(\omega L-\frac{1}{\omega C}\right)$이다.

ㄷ. ω를 변화시켜 공진일 때 전원에서 흘러나오는 모든 전류는 저항 R에만 흐른다.

ㄹ. L에 흐르는 전류와 C에 흐르는 전류는 동상(In Phase)이다.

ㅁ. 모든 에너지는 저항 R에서만 소비된다.

① ㄱ, ㅁ　　② ㄴ, ㄹ

③ ㄱ, ㄷ, ㅁ　　④ ㄴ, ㄷ, ㄹ

제 7 영역 기계

01 다음 중 정적 가열과 정압 가열이 동시에 이루어지는 고속 디젤 엔진의 사이클은?

① 오토 사이클
② 랭킨 사이클
③ 브레이턴 사이클
④ 사바테 사이클

02 허용인장강도 600MPa의 연강봉에 50kN의 축방향 인장하중이 작용할 때 안전율이 7이라면, 강봉의 최소 지름은?

① 약 2.7cm
② 약 3.4cm
③ 약 5.7cm
④ 약 7.3cm

03 다음 중 탄성계수(E), 전탄탄성계수(G), 푸아송 비(ν)의 관계로 옳은 것은?

① $G=\dfrac{E}{(1+2\mu)}$
② $G=\dfrac{3E}{2(1+\mu)}$
③ $G=\dfrac{2E}{(1+\mu)}$
④ $G=\dfrac{E}{2(1+\mu)}$

04 수면에 떠 있는 선체의 저항 측정시험과 풍동실험을 통해 자동차 공기저항 측정시험을 하고자 한다. 이때, 모형과 원형 사이에 서로 역학적 상사를 이루려면 두 시험에서 공통적으로 고려해야 하는 무차원수는?

① 마하수(Ma)
② 레이놀즈수(Re)
③ 오일러수(Eu)
④ 프루드수(Fr)

05 다음 중 유체 경계층(Boundary Layer)에 대한 설명으로 옳은 것은?

① 층류영역과 난류영역의 경계를 이루는 층

② 정상 유동과 비정상 유동의 경계를 이루는 층

③ 점성 유동영역과 비점성 유동영역의 경계를 이루는 층

④ 아음속 유동과 초음속 유동 사이의 변화에 의해 발생하는 층

06 나무토막의 절반이 물에 잠긴 채 떠 있다. 이 나무토막에 작용하는 부력과 중력에 대한 설명으로 옳은 것은?

① 알 수 없다.

② 부력과 중력의 크기가 같다.

③ 부력에 비해 중력의 크기가 더 크다.

④ 중력에 비해 부력의 크기가 더 크다.

07 이상적인 역 카르노 냉동 사이클에서 응축온도가 330K, 증발온도가 270K일 때, 성능계수는 얼마인가?

① 1.8　　② 2.7

③ 3.3　　④ 4.5

08 어떤 기체의 정압비열이 1.075kJ/kg·K이다. 이 기체의 정적비열은?(단, 기체상수는 0.287kJ/kg·K이다)

① 0.9315kJ/kg·K　　② 0.788kJ/kg·K

③ 0.6445kJ/kg·K　　④ 0.501kJ/kg·K

09 다음 중 점성계수가 μ인 유체가 지름이 D인 원형 직관 안에서 Q의 유량으로 흐르고 있다. 길이 L을 지나는 동안 발생한 압력 손실의 크기는?

① $\frac{32\mu QL}{\pi D^4}$　　② $\frac{48\mu QL}{\pi D^4}$

③ $\frac{64\mu QL}{\pi D^4}$　　④ $\frac{128\mu QL}{\pi D^4}$

10 구동풀리의 직경이 250mm, 종동풀리의 직경이 600mm이고, 구동풀리와 종동풀리의 축간 거리가 1,000mm 일 때, 벨트로 두 풀리를 평행걸기로 연결한다면 벨트의 길이는?(단, $\pi=3$이다)

① 약 2,555.6mm　　② 약 2,705.6mm

③ 약 3,305.6mm　　④ 약 3,455.7mm

11 다음 중 가솔린기관과 디젤기관에 대한 설명으로 옳지 않은 것은?

① 디젤기관이 저속성능이 좋고 회전력도 우수하다.
② 가솔린기관은 압축비가 디젤기관보다 일반적으로 크다.
③ 열효율은 디젤기관이 가솔린기관보다 상대적으로 크다.
④ 디젤기관은 혼합기형성에서 공기만 압축한 후 연료를 분사한다.

12 다음 중 자동차의 안정적인 선회를 위해 사용하는 차동 기어 장치에서 찾아볼 수 없는 것은?

① 링기어　　② 베벨기어

③ 스퍼기어　　④ 유성기어

13 다음 중 표준대기압이 아닌 것은?

① 14.7psi　　② 760mmHg
③ 1.033mAq　　④ 1.013bar

14 다음 〈보기〉 중 동점성계수에 대한 설명으로 옳은 것을 모두 고르면?

보기

ㄱ. 유체의 압력을 밀도로 나눈 값이다.
ㄴ. 유체의 점성계수를 밀도로 나눈 값이다.
ㄷ. 단위는 Poise(P)이다.
ㄹ. 단위는 Stoke(St)이다.
ㅁ. 단위는 cm/s^2를 사용한다.

① ㄱ, ㄷ　　② ㄱ, ㅁ
③ ㄴ, ㄷ　　④ ㄴ, ㄹ

15 압력 50kPa, 온도 25℃인 일정량의 이상기체가 있다. 부피를 일정하게 유지하면서 압력이 처음의 1.5배가 되었을 때, 기체의 온도는 몇 ℃가 되는가?

① 약 37.51℃　　② 약 78.18℃
③ 약 122.33℃　　④ 약 174.08℃

16 다음 중 어떤 액체에 물건을 놓았을 때, 발생하는 부력과 비례관계가 아닌 것은?

① 액체의 비중　　② 액체의 밀도
③ 물체의 밀도　　④ 액체의 비중량

17 카르노 사이클로 작동되는 열기관이 400kJ의 열을 300℃에서 공급받아 50℃에서 방출한다면, 이 기관의 일은 약 몇 kJ인가?

① $85.5kJ$
② $123.4kJ$
③ $152.8kJ$
④ $174.5kJ$

18 공기 35kg과 수증기 12kg을 혼합하여 $50m^3$의 탱크 속에 넣었더니 온도가 95℃가 되었다. 외부로부터 3,240kJ량을 가한다면 혼합기체의 온도는 몇 ℃가 되는가?(단, 공기의 비열은 0.718kJ/kg · K이고, 수증기의 비열은 1.398kJ/kg · K이다)

① 98.2℃
② 125.3℃
③ 154.6℃
④ 172.3℃

19 전단 탄성계수가 80GPa인 강봉에 전단응력이 1kPa이 발생했다면 이 부재에 발생한 전단변형률 γ은?

① 12.5×10^{-3}
② 12.5×10^{-6}
③ 12.5×10^{-9}
④ 12.5×10^{-12}

20 다음 중 기어에 대한 설명으로 옳지 않은 것은?

① 한 쌍의 원형기어가 일정한 각속도비로 회전하기 위해서는 접촉점의 공통법선이 일정한 점을 지나야 한다.
② 인벌루트(Involute) 치형에서는 기어 한 쌍의 중심거리가 변하면 일정한 속도비를 유지할 수 없다.
③ 기어물림률(Contact Ratio)은 물림길이를 법선피치(Normal Pitch)로 나눈 값이다.
④ 기어의 모듈(Module)은 피치원의 지름을 잇수로 나눈 값이다.

21 **다음 중 축의 위험속도에 대한 설명으로 옳은 것은?**

① 축의 고유진동수이다.

② 축의 최대인장강도이다.

③ 축에 작용하는 최대굽힘모멘트이다.

④ 축에 작용하는 최대비틀림모멘트이다.

22 **다음 중 레이놀즈수에 대한 설명으로 옳지 않은 것은?**

① 관성력과 점성력의 비를 나타낸다.

② 층류와 난류를 구별하여 주는 척도가 된다.

③ 유동단면의 형상이 변하면 임계 레이놀즈수도 변한다.

④ 층류에서 난류로 변하는 레이놀즈수를 하임계 레이놀즈수라고 한다.

23 **직경이 50cm인 어떤 관에 동점성계수가 $5cm^2/s$인 기름이 층류로 흐를 때, 기름의 유속은?(단, 관마찰계수는 0.04이다)**

① 1.2m/s ② 1.4m/s

③ 1.6m/s ④ 1.8m/s

24 **물체의 자유낙하 거리는 초기 속도, 중력가속도, 시간의 함수라고 알려져 있다. 이 문제를 버킹엄의 π－정리를 사용하여 해석할 때, 무차원 수는 몇 개를 구성할 수 있는가?**

① 1개 ② 2개

③ 3개 ④ 4개

25 다음 〈보기〉 중 플라이휠(Fly Wheel)에 대한 설명으로 옳은 것을 모두 고르면?

> 보기
>
> ㄱ. 회전모멘트를 증대시키기 위해 사용된다.
> ㄴ. 에너지를 비축하기 위해 사용된다.
> ㄷ. 회전 방향을 바꾸기 위해 사용된다.
> ㄹ. 구동력을 일정하게 유지하기 위해 사용된다.
> ㅁ. 속도 변화를 일으키기 위해 사용된다.

① ㄱ, ㄹ
② ㄴ, ㄷ
③ ㄴ, ㄹ
④ ㄷ, ㅁ

26 지름이 30mm이고 길이가 100cm인 연강봉에 인장하중이 50kN이 작용할 때, 탄성에너지의 크기는?(단, 연강봉의 탄성계수는 303.8GPa이다)

① 약 1.59J
② 약 2.91J
③ 약 5.82J
④ 약 8.73J

27 다음 〈보기〉 중 점도 μ와 동점도 ν에 대한 설명으로 옳은 것을 모두 고르면?

> 보기
>
> ㄱ. 공기의 점도는 온도가 증가하면 증가한다.
> ㄴ. 물의 점도는 온도가 증가하면 감소한다.
> ㄷ. 동점도의 단위는 [m^2/s]이다.
> ㄹ. 점도의 단위는 [N/(m · s)]이다.

① ㄱ, ㄴ, ㄷ
② ㄱ, ㄴ, ㄹ
③ ㄱ, ㄷ, ㄹ
④ ㄴ, ㄷ, ㄹ

28 **다음 중 유체의 흐름에 대한 저항이 작고 압력에도 강하여 발전소의 도입관 또는 상수도의 주관 등과 같이 지름이 큰 관이나 밸브를 자주 개폐할 필요가 없는 관에 주로 사용하는 밸브는?**

① 스톱 밸브(Stop Valve)　　② 체크 밸브(Check Valve)
③ 슬루스 밸브(Sluice Valve)　　④ 스로틀 밸브(Throttle Valve)

29 **다음 중 파스칼의 원리에 대한 설명으로 옳은 것은?**

① 밀폐된 용기 내부의 압력은 용기의 체적에 비례한다.
② 밀폐된 이상유체에 가한 압력은 밀도에 따라 다른 크기로 전달된다.
③ 밀폐된 이상유체에 가한 압력은 용기의 벽에 수평 방향으로 작용한다.
④ 밀폐된 이상유체에 가한 압력은 유체의 모든 부분과 용기의 모든 벽에 같은 크기로 작용한다.

30 **다음 오토 사이클의 P－V 선도에서 단열과정에 해당하는 과정은?**

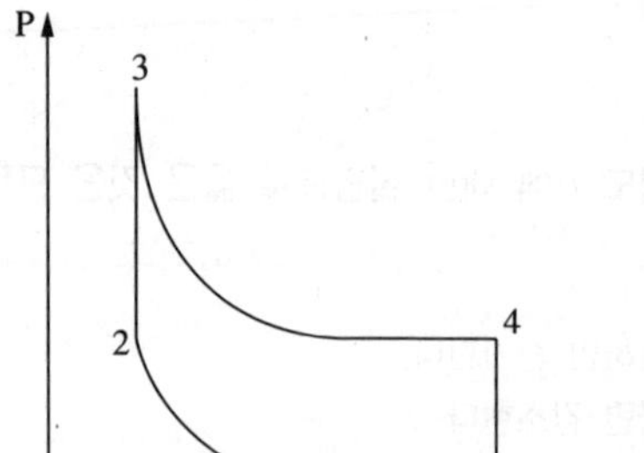

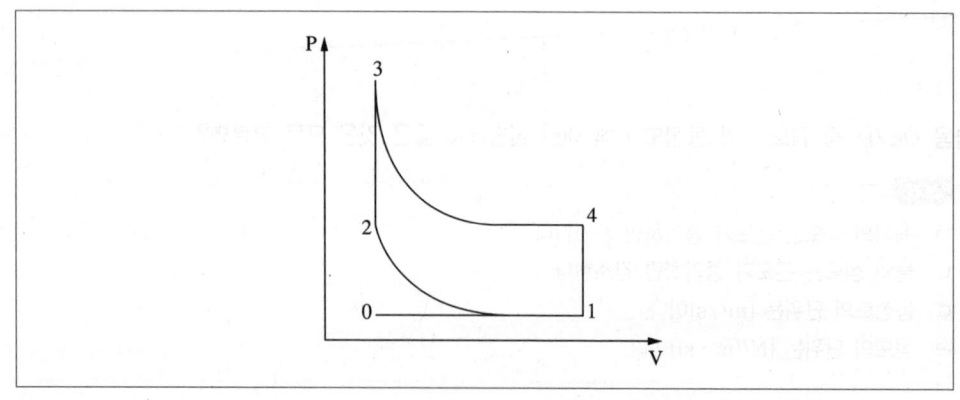

① 0 → 1, 1 → 0　　② 1 → 2, 2 → 3
③ 1 → 2, 3 → 4　　④ 2 → 3, 4 → 1

제8영역 K-water 수행사업(공통)

31 다음은 댐용수 요금에 대한 글이다. 빈칸 ㉠, ㉡에 들어갈 내용으로 옳은 것은?

> • K-water는 ___㉠___의 다목적댐과 낙동강 하굿둑을 관리하고 있으며, 연간 댐용수 공급능력은 총 120억 m^3에 달한다.
> • 댐용수 요금제는 종량요금제 및 전국적으로 동일한 요금단가가 적용되는 요금제로 운영되고 있으며, 요금단가는 $1m^3$당 ___㉡___이다.

	㉠	㉡
①	20개	42.1원
②	20개	52.7원
③	25개	42.1원
④	25개	52.7원

32 다음 필댐의 분류 중 명칭과 특징으로 옳지 않은 것은?

① 균일형 : 댐의 본체의 최대 단면에서 균일재료의 단면이 80% 이상 점유하고 있는 댐이다.
② 존형 : 불투수성부의 최대 폭이 댐 높이보다 큰 댐으로, 심벽재료의 성질이 제체의 단면에 영향을 준다.
③ 중심코어형 : 불투수성부의 최대 폭이 댐 높이보다 작고 또한 불투수성부가 댐 중심선 전체를 통한다.
④ 경사코어형 : 상류 경사면을 흙 이외의 차수재료로 덮은 댐이다.

33 다음 중 댐 운영 시 이상갈수가 발생했을 때, 용수 공급 우선순위가 바르게 나열된 것은?

> ㉠ 공업용수　　㉡ 농업용수
> ㉢ 발전용수　　㉣ 생활용수
> ㉤ 하천유지용수　　㉥ 환경개선용수

① ㉡－㉣－㉠－㉤－㉢－㉥
② ㉡－㉤－㉠－㉥－㉣－㉢
③ ㉣－㉠－㉡－㉤－㉥－㉢
④ ㉣－㉡－㉢－㉠－㉤－㉥

34 다음 중 저수지 수위를 댐 바닥부터 순서대로 바르게 나열한 것은?

① 저수위 – 사수위 – 홍수기 제한수위 – 상시만수위 – 홍수위 – 최고수위
② 사수위 – 저수위 – 홍수기 제한수위 – 상시만수위 – 홍수위 – 최고수위
③ 사수위 – 저수위 – 홍수위 – 상시만수위 – 홍수기 제한수위 – 최고수위
④ 사수위 – 저수위 – 상시만수위 – 홍수기 제한수위 – 홍수위 – 최고수위

35 다음 글에서 설명하고 있는 용어는?

댐 바다에서부터 저수위까지의 용량으로 평시에는 용수목적으로 쓰이지 않는 공간으로 불용용량을 뜻한다.

① 이수용량
② 초과용량
③ 활용용량
④ 비활용용량

36 다음 〈보기〉 중 보의 종류와 그 설명을 바르게 설명한 것을 모두 고르면?

보기
㉠ 취수보 : 하천 수위조절을 통한 용수 취수목적으로 설치
㉡ 분류보 : 하천 홍수조절을 위하여 설치
㉢ 방조보 : 수문이 설치되지 않고 보 본체와 부대시설로 구성
㉣ 유량조절보 : 수문에 의해 수위조절이 가능한 보

① ㉠, ㉡
② ㉠, ㉢
③ ㉡, ㉣
④ ㉢, ㉣

37 다음 〈보기〉 중 댐용수의 요금제도로 옳은 것을 모두 고르면?

보기
㉠ 이부요금제
㉡ 종량요금제
㉢ 동일요금제

① ㉠
② ㉠, ㉡
③ ㉡, ㉢
④ ㉠, ㉡, ㉢

38 **다음 중 물절약전문업(WASCO)에 대한 설명으로 옳지 않은 것은?**

① 물절약전문업자는 시설과 장비, 기술력을 갖추어 환경부장관에게 등록을 한 사람이다.

② 초기 투자비는 물절약전문업자만 부담하므로 물 사용자의 부담이 적다.

③ 사용자의 물 이용시설에 누수저감 또는 절수기를 설치하는 사업이다.

④ 물 사용자의 수도요금이 절감되면 이 비용으로 수익을 얻는다.

39 **다음은 현행 일반수도의 건설 · 운영 및 관리 주체를 정리한 자료이다. 빈칸 ㉠~㉢에 들어갈 내용으로 옳은 것은?**

구분	광역상수도	지방상수도	마을상수도
수도 건설	환경부(국가) 지방자치단체	지방자치단체 (특별시 · 광역시, 시 · 군)	지방자치단체
운영 주체	K-water	지방자치단체 (특별시 · 광역시, 시 · 군)	지방자치단체 마을별 시설관리위원회
사업인가	㉠	㉡	㉢

	㉠	㉡	㉢
①	K-water	환경부장관	K-water
②	K-water	지방자치단체	지방자치단체
③	환경부장관	K-water	시장 · 군수
④	환경부장관	환경부장관	시장 · 군수

40 **다음 중 공공요금 체계에 대한 설명으로 옳지 않은 것은?**

① 사용량에 따라 요금을 부과하는 종량요금제는 정액요금제보다 상대적으로 합리적이다.

② 정액요금제는 사용 형태가 다양한 소비자 간에 불공평하게 요금이 부과된다는 단점이 있다.

③ 공공요금의 요금수준 결정방식에는 단위당 평균비용만큼 요금을 부과하는 총괄원가 보상방식이 적용된다.

④ 공공요금의 결정원리 가운데 하나인 서비스 가치주의는 해당 서비스에 대한 경쟁시장을 가정하여 수요와 공급의 원칙에 따라 요금을 결정하는 것이다.

시대에듀

M E M O

4일 차
기출응용 모의고사

〈문항 및 시험시간〉

평가영역	문항 수	시험시간
경영 / 경제 / 행정 / 법 / 토목 / 전기 / 기계 +K-water 수행사업	각 40문항	40분

모바일 OMR 답안채점 / 성적분석 서비스						
경영	경제	행정	법	토목	전기	기계

한국수자원공사 전공

4일 차 기출응용 모의고사

문항 수 : 각 40문항
시험시간 : 40분

※ K-water 수행사업(공통)은 본권 189p에 있습니다.

제1영역 경영

01 다음 중 경영활동의 유형에 대한 설명으로 옳지 않은 것은?

① 외부경영활동과 내부경영활동으로 구분할 수 있다.
② 외부경영활동에는 조직 내부를 관리하고 운영하는 것도 포함된다.
③ 시장에서 이루어지는 활동으로 총수입을 극대화하고 총비용을 극소화하여 이윤을 창출하는 것은 외부경영활동의 예이다.
④ 내부경영활동은 조직내부에서 인적·물적자원 및 생산기술을 관리하는 것으로, 인사관리·재무관리·생산관리 등이 포함된다.

02 다음 자료를 이용하여 계산한 재고자산평가손익은?(단, 재고자산감모손실은 없음)

• 기초재고	₩9,000
• 당기매입액	₩42,000
• 매출원가	₩45,000
• 기말재고(순실현가능가치)	₩4,000

① 평가손실 ₩2,000
② 평가손실 ₩3,000
③ 평가이익 ₩2,000
④ 평가이익 ₩3,000

03 다음 중 숍 제도에서 기업에 대한 노동조합의 통제력이 강력한 순서대로 나열한 것은?

① 오픈 숍 – 클로즈드 숍 – 유니언 숍
② 클로즈드 숍 – 오픈 숍 – 유니언 숍
③ 유니언 숍 – 오픈 숍 – 클로즈드 숍
④ 클로즈드 숍 – 유니언 숍 – 오픈 숍

04 **다음 중 소비자의 구매의사결정과정을 순서대로 바르게 나열한 것은?**

① 정보탐색 → 문제인식 → 구매 → 대안평가 → 구매 후 행동
② 문제인식 → 정보탐색 → 대안평가 → 구매 → 구매 후 행동
③ 문제인식 → 대안평가 → 구매 → 정보탐색 → 구매 후 행동
④ 정보탐색 → 문제인식 → 대안평가 → 구매 → 구매 후 행동

05 **다음 중 수직적 통합의 이유로 옳은 것은?**

① 대기업이 시장점유율을 높여 가격선도자 역할을 하기 위해
② 중소기업이 생산규모를 확대하고, 판매망을 강화하기 위해
③ 원료부터 제품까지의 기술적 일관성을 위해
④ 대규모 구조조정을 통한 경영혁신을 위해

06 **다음 중 일부 주주에 특별히 많은 의결권을 주어 일부 주주의 지배권을 강화하는 전략은?**

① 황금낙하산
② 포이즌 필
③ 차등의결권
④ 경영진 매수

07 **다음 중 작업 우선순위 결정 규칙에 대한 설명으로 옳지 않은 것은?**

① 최소작업시간(SPT) : 작업시간이 짧은 순서대로 처리한다.
② 최소여유시간(STR) : 납기일까지 남은 시간이 적은 순서대로 처리한다.
③ 최소납기일(EDD) : 납기일이 빠른 순서대로 처리한다.
④ 선입선출(FCFS) : 먼저 도착한 순서대로 처리한다.

08 **다음 자료를 이용하여 계산한 회사의 주식가치는 얼마인가?**

> • (사내유보율)=30%
> • [자기자본이익률(ROE)]=10%
> • (자기자본비용)=20%
> • (당기의 주당순이익)=3,000원

① 12,723원 ② 13,250원
③ 14,500원 ④ 15,670원

09 **다음 중 재무레버리지에 대한 설명으로 옳은 것은?**

① 재무고정비에는 부채뿐만 아니라 보통주배당도 포함된다.
② 재무고정비로 인한 영업이익의 변동률에 따른 주당순자산(BPS)의 변동 폭은 확대되어 나타난다.
③ 재무레버리지란 자산을 획득하기 위해 조달한 자금 중 재무고정비를 수반하는 자기자본이 차지하는 비율이다.
④ 재무레버리지도(DFL; Degree of Financial Leverage)는 영업이익의 변동에 따른 주당이익(EPS)에 미치는 영향을 분석한 것이다.

10 **다음 설명에 해당하는 조직구조로 옳은 것은?**

> • 수평적 분화에 중점을 두고 있다.
> • 각자의 전문분야에서 작업능률을 증대시킬 수 있다.
> • 생산, 회계, 인사, 영업, 총무 등의 기능을 나누고 각 기능을 담당할 부서단위로 조직된 구조이다.

① 기능 조직(Functional Structure)
② 사업부 조직(Divisional Structure)
③ 매트릭스 조직(Matrix Organization)
④ 수평적 조직(Flat Organization)

11 **다음 중 매일 마시는 물보다 다이아몬드의 가격이 비싸다는 사실을 통해 내릴 수 있는 결론으로 옳은 것은?**

① 유용한 재화일수록 희소하다.
② 희소하지 않은 자원도 존재한다.
③ 희소하지 않지만 유용한 재화도 있다.
④ 재화의 가격은 희소성의 영향을 많이 받는다.

12 **다음 중 빈칸 ㉠, ㉡에 들어갈 말을 순서대로 바르게 나열한 것은?**

> 최근 회사채를 매입한 정민이는 회사채 수익률이 하락할 경우 회사채 가격이 ___㉠___ 하므로 ___㉡___ 을 본다.

	㉠	㉡		㉠	㉡
①	상승	이익	②	상승	손실
③	하락	이익	④	하락	손실

13 **다음 중 빈칸에 공통으로 들어갈 벤치마킹 유형으로 옳은 것은?**

> ________은 경쟁회사의 강점과 약점을 파악하여 성공적인 대응전략을 수립하는 방법이다. 이 방법은 특정고객의 요구를 확인하고 상대적인 업무 수준이 평가되기 때문에 업무개선의 우선순위를 정하는 데 도움을 준다. ________은 생산방식과 배달방식 등에 초점을 맞춘다. 그리고 이를 통하여 경쟁회사에 대한 경쟁력을 확보할 수 있다.

① 내부 벤치마킹
② 경쟁기업 벤치마킹
③ 산업 벤치마킹
④ 선두그룹 벤치마킹

14 **다음 중 기업성과를 높이기 위해 정보통신기술을 적극적으로 활용하여 업무과정을 근본적으로 재설계하는 경영기법은?**

① 컨커런트 엔지니어링
② 비즈니스 리엔지니어링
③ 조직 리스트럭처링
④ 다운사이징

15 다음 중 테일러(F. Taylor)의 과학적 관리의 특징으로 옳지 않은 것은?

① 컨베이어 시스템
② 작업지도표 제도
③ 차별적 성과급제
④ 기능식 직장제도

16 다음 중 뢰슬리스버거가 구분한 3가지 측면의 인간행동에 해당하지 않는 것은?

① 비합리적 행동
② 합리적 행동
③ 비논리적 행동
④ 논리적 행동

17 다음 중 기업조직의 자원의 물적 자원에 해당하는 것은?

① 관리자
② 예산편성 과정
③ 연구 및 실험시설
④ 유보이익

18 다음 중 수요의 가격탄력성에 대하여 옳게 말하는 사람을 모두 고르면?

> 동혁 : 대학교 학생식당 음식에 대한 수요가 가격탄력적인 경우에는 가격을 올리면 매출이 증가할 거야.
> 지철 : 캐나다행 비행기표의 수요곡선이 직선이라면, 가격에 상관없이 비행기표 수요의 가격탄력성은 일정할 거야.
> 지현 : 명품 찻잔의 가격이 올라도 수요가 별로 줄지 않는 것은 사치재의 가격탄력성이 작기 때문이라고도 설명할 수 있어.
> 진솔 : 나처럼 용돈에서 아메리카노 사먹는 데 쓰는 돈이 차지하는 비중이 큰 사람의 커피 수요는 아메리카노 값에 탄력적으로 반응할 거야.

① 동혁, 지현
② 지철, 지현
③ 지철, 진솔
④ 지현, 진솔

19 **다음 중 기업의 재무제표 중 일정기간 동안 발생한 기업의 영업활동, 투자활동, 재무활동으로 인한 현금 변동을 표시한 것은?**

① 재무상태표
② 포괄손익계산서
③ 자본변동표
④ 현금흐름표

20 **다음 중 한 사람의 업무담당자가 기능부문과 제품부문의 관리자로부터 동시에 통제를 받도록 이중 권한 구조를 형성하는 조직구조는?**

① 기능별 조직
② 사업부제 조직
③ 매트릭스 조직
④ 프로젝트 조직

21 **다음은 MOT의 중요성에 대한 설명이다. 빈칸에 들어갈 말로 옳은 것은?**

진실의 순간은 서비스 전체에서 어느 한 순간만은 아니며, 고객과 만나는 직·간접의 순간순간들이 진실의 순간이 될 수 있으며, 어느 한 순간만 나빠도 고객을 잃게 되는 ＿＿＿＿＿이 적용된다.

① 덧셈의 법칙
② 뺄셈의 법칙
③ 곱셈의 법칙
④ 나눗셈의 법칙

22 **다음 중 바너드에 대한 설명으로 옳지 않은 것은?**

① 대외적·전체적·동태적인 관점에서 새롭게 접근하였다.
② 바너드는 경영자의 기능에서 기업조직을 비협동체계로 파악하고 있다.
③ 결합된 협동노력에는 개인적인 의사결정과 조직적인 의사결정이 있다.
④ 기업조직은 협동시스템으로서 공헌의욕, 공통목적, 의사소통이 잘 이루어져야 한다.

23 K기업의 기초 재무상태표상 자본은 ₩200,000이다. 올해 ₩30,000을 신규로 차입하였고, 당기순이익이 ₩50,000 발생하였다. 기말 재무상태표상 부채가 ₩90,000이라면, 기말 재무상태표상 자산과 자본을 순서대로 바르게 나열한 것은?

	자산	자본
①	₩270,000	₩200,000
②	₩290,000	₩250,000
③	₩320,000	₩200,000
④	₩340,000	₩250,000

24 다음 중 비공식조직에 대한 설명으로 옳지 않은 것은?

① 자연발생적으로 생겨난 조직으로 대집단의 성질을 띠며, 조직 구성원은 밀접한 관계를 형성한다.
② 비공식적인 가치관, 규범, 기대 및 목표를 가지고 있으며, 조직의 목표달성에 큰 영향을 미친다.
③ 비공식조직의 구성원은 집단접촉의 과정에서 저마다 나름대로의 역할을 담당한다.
④ 비공식조직의 구성원은 감정적 관계 및 개인적 접촉이다.

25 다음 중 현금흐름표에 대한 설명으로 옳지 않은 것은?

① 현행 기업회계기준상 현금흐름표 작성방법으로 간접법만 인정된다.
② 현금흐름표는 일정기간 동안의 현금의 유입과 유출을 알려주는 동적인 재무제표이다.
③ 현금흐름표는 기업의 지급능력, 유동성 및 재무적 탄력성을 평가하는 데 유용한 정보를 제공한다.
④ 재고자산에 대한 회계처리, 대손상각 등의 원가배분의 임의성을 배제할 수 있다는 점에서 현금기준이 순운전자본기준보다 더 유용하다.

26 다음 중 인사고과에 대한 설명으로 옳지 않은 것은?

① 인사고과의 수용성은 종업원이 인사고과 결과가 정당하다고 느끼는 정도이다.
② 인사고과의 타당성은 고과내용이 고과목적을 얼마나 잘 반영하고 있느냐에 대한 것이다.
③ 대비오류(Contrast Error)는 피고과자의 능력을 실제보다 높게 평가하는 경향을 말한다.
④ 후광효과(Halo Effect)는 피고과자의 어느 한 면을 기준으로 다른 것까지 함께 평가하는 경향을 말한다.

27 **다음 중 순현재가치법(NPV법)과 내부수익률법(IRR법)에 대한 설명으로 옳지 않은 것은?**

① NPV법은 가치가산의 원리가 성립한다.
② IRR법은 계속하여 내부수익률로 재투자가 가능함을 가정한다.
③ IRR법은 분석의 결과가 금액의 크기가 아닌 수익률로 나타나므로 투자자들의 이해가능성이 높다.
④ 상호배타적인 두 투자안의 경우, NPV곡선의 교차점 우측에서 NPV법과 IRR법의 의사결정이 불일치한다.

28 **다음 중 경영전략의 수준에 대한 설명으로 옳지 않은 것은?**

① 경영전략은 조직규모에 따라 차이가 있으나 일반적으로 기업차원의 전략, 사업부 단위 전략, 기능별 전략으로 구분한다.
② 성장, 유지, 축소, 철수, 매각, 새로운 사업에의 진출 등에 대한 전략적 의사결정은 기업차원의 전략 영역에 포함된다.
③ 기능별 전략은 사업 단위 간의 시너지 효과를 높이는 데 초점을 둔다.
④ 사업부 전략은 각 사업영역과 제품분야에서 어떻게 경쟁우위를 획득하고 유지해 나갈 것인지를 결정하는 전략을 말한다.

29 **다음 중 회계상의 거래가 아닌 것은?**

① 상품을 구입하고 구입대금 500,000원을 현금지급하였다.
② 사원을 월급 900,000원으로 채용하였다.
③ 폭우로 인해 건물이 파손되었다.
④ 상품을 외상으로 판매하였다.

30 **다음 중 허시와 블랜차드(P. Hersey & K. H. Blanchard)의 상황적 리더십 이론에 대한 설명으로 옳은 것은?**

① 구성원의 성과에 따른 리더의 보상에 초점을 맞춘다.
② 리더가 구성원을 섬기고 봉사함으로써 조직을 이끈다.
③ 리더십 유형은 지시형, 설득형, 거래형, 희생형의 4가지로 구분된다.
④ 리더는 구성원의 성숙도에 맞는 리더십을 행사함으로써 리더십 유효성을 높일 수 있다.

제2영역 경제

01 다음 〈보기〉 중 한 나라의 총수요를 증가시키는 요인을 모두 고르면?

> **보기**
>
> ㄱ. 소득세 인하
> ㄴ. 이자율 하락
> ㄷ. 정부지출의 감소
> ㄹ. 무역상대 국가의 소득 감소

① ㄱ, ㄴ
② ㄱ, ㄷ
③ ㄴ, ㄷ
④ ㄴ, ㄹ

02 다음 중 소비자물가지수에 대한 설명으로 옳지 않은 것은?

① 소비자물가지수는 유일한 물가측정수단이다.
② GDP디플레이터는 가장 포괄적인 물가지수다.
③ GDP디플레이터에 수입품의 가격이 포함되지 않는다.
④ 소비자물가지수(CPI)는 물가 상승률을 과대평가하는 경향도 있다.

03 K국의 2023년 명목 GDP는 100억 원이었고, 2024년 명목 GDP는 150억 원이었다. 기준년도인 2023년 GDP 디플레이터가 100이고, 2024년 GDP 디플레이터는 120인 경우, 2024년의 전년 대비 실질 GDP 증가율은?

① 10%
② 15%
③ 20%
④ 25%

04 다음 〈보기〉 중 변동환율제도하에서 국내 원화의 가치가 상승하는 요인을 모두 고르면?

> **보기**
> ㄱ. 외국인의 국내 부동산 구입 증가
> ㄴ. 국내 기준금리 인상
> ㄷ. 미국의 확대적 재정정책 시행
> ㄹ. 미국의 국채이자율의 상승

① ㄱ, ㄴ ② ㄱ, ㄷ
③ ㄴ, ㄷ ④ ㄴ, ㄹ

05 인천공항에 막 도착한 K씨는 미국에서 사먹던 빅맥 1개의 가격인 5달러를 원화로 환전한 5,500원을 들고 햄버거 가게로 갔다. 여기서 K씨는 미국과 똑같은 빅맥 1개를 구입하고도 1,100원이 남았다. 다음 〈보기〉 중 옳은 것을 모두 고르면?

> **보기**
> ㄱ. 한국의 빅맥 가격을 달러로 환산하면 4달러이다.
> ㄴ. 구매력 평가설에 의하면 원화의 대미 달러 환율은 1,100원이다.
> ㄷ. 빅맥 가격을 기준으로 한 대미 실질환율은 880원이다.
> ㄹ. 빅맥 가격을 기준으로 볼 때, 현재의 명목환율은 원화의 구매력을 과소평가하고 있다.

① ㄱ, ㄴ ② ㄱ, ㄹ
③ ㄴ, ㄷ ④ ㄴ, ㄹ

06 다음 중 애로우(K.J. Arrow)의 불가능성 정리(Impossibility Theorem)에 대한 설명으로 옳지 않은 것은?

① 애로우의 불가능성 정리에 따르면 개인의 선호를 집약하여 사회우선순위를 도출하는 합리적인 법칙이 존재하지 않는다.
② 독립성은 사회상태 X와 Y에 대한 사회우선순위는 개인들의 우선순위에만 기초를 두어야 하며 기수적으로 측정되어야 한다.
③ 완비성이란 모든 대안은 다른 어떤 대안과 비교하여도 더 좋은지 더 나쁜지 혹은 동일한지가 구별될 수 있어야 함을 의미한다.
④ 파레토 원칙에 따르면 X와 Y라는 두 대안 중 집단의 구성원 전부가 X를 Y보다 더 선호한다면 채택된 집단적 의사결정 방식의 결과 역시 X를 Y보다 더 선호하는 결과를 가져와야 한다.

07 **다음 중 수요견인 인플레이션에 대한 설명으로 옳지 않은 것은?**

① 수요견인 인플레이션은 총 수요곡선의 우측이동, 즉 총수요의 증가로 인해 발생하는 인플레이션이다.
② 수요견인 인플레이션에 대하여 통화주의학파의 경우 준칙에 입각한 금융정책 실시를 주장한다.
③ 고전학파의 경우 화폐적 요인인 통화량 증가로 인해 발생한다고 주장한다.
④ 과거 석유파동과 같이 물가상승과 더불어 경기침체가 함께 나타나는 스태그플레이션은 수요견인 인플레이션의 한 예이다.

08 **다음 중 보이지 않는 손(Invisible Hands)의 원리에 대한 설명으로 옳지 않은 것은?**

① 애덤 스미스가 시장의 작동원리에 대해 설명한 표현이다.
② 시장을 통해 자원의 효율적 사용이 가능하다는 주장이다.
③ 자원의 사용에 대해 미리 계획을 세워야 한다는 주장이다.
④ 현실에 존재하는 시장 중에서 완전경쟁시장만이 이 원리에 부합된다고 할 수 있다.

09 **다음 중 케인스의 유동성함정에 대한 설명으로 옳지 않은 것은?**

① 중앙은행이 통화량을 늘려도 이자율이 하락하지 않아 통화정책의 효과가 나타나지 않는 상태이다.
② 정부 지출이 증가해도 이자율이 상승하지 않기 때문에 재정정책의 효과가 극대화된다.
③ 화폐수요가 이자율에 대해 무한탄력적인 상태이다.
④ 물가상승에 대한 압력이 크게 나타난다.

10 **다음 중 노동수요의 임금탄력성에 대한 설명으로 옳지 않은 것은?**

① 노동수요의 임금탄력성은 단기보다 장기에서 더 크다.
② 노동수요의 임금탄력성은 총 생산비 중 노동비용이 차지하는 비중에 의해 영향을 받는다.
③ 노동수요는 노동을 생산요소로 사용하는 최종생산물 수요의 가격탄력성에 영향을 받는다.
④ 노동을 대체할 수 있는 다른 생산요소로의 대체가능성이 클수록 동일한 임금상승에 대하여 고용감소는 작아진다.

11 **다음 중 일반적인 필립스곡선에 나타나는 실업률과 인플레이션의 관계로 옳지 않은 것은?**

① 장기적으로 인플레이션과 실업률 사이에 특별한 관계가 없다.
② 실업률을 낮추기 위하여 확장적인 통화정책을 사용하는 경우 인플레이션이 일어난다.
③ 단기적으로는 인플레이션율과 실업률이 반대방향으로 움직이는 경우가 대부분이다.
④ 인플레이션에 대한 높은 기대 때문에 인플레이션이 나타난 경우에도 실업률은 하락한다.

12 **시간당 임금이 5,000원에서 6,000원으로 인상될 때, 노동수요량은 10,000에서 9,000으로 감소하였다면, 노동수요의 임금탄력성은?(단, 노동수요의 임금탄력성은 절대값이다)**

① 0.1%
② 0.3%
③ 0.5%
④ 1%

13 **미국의 이자율이 사실상 0%이고 우리나라 이자율은 연 10%이다. 현재 원화의 달러당 환율이 1,000원일 때 양국 사이에 자본 이동이 일어나지 않을 것으로 예상되는 1년 후의 환율은?**

① 1,025원
② 1,050원
③ 1,075원
④ 1,100원

14 **다음 중 ㉠과 ㉡이 경제학에서 범한 오류를 순서대로 바르게 나열한 것은?**

> ㉠ 소득이 높은 사람들은 외제차를 많이 구입하므로 외제차를 구입하면 소득이 높을 것이라는 생각
> ㉡ 경기장에서 혼자 일어나면 더 잘 보이지만, 모두 일어나면 더 잘 보이지 않는 현상

	㉠	㉡
①	인과의 오류	구성의 오류
②	인과의 오류	강조의 오류
③	구성의 오류	인과의 오류
④	구성의 오류	강조의 오류

15 재화나 서비스는 소비의 경합성과 배제성 여부에 따라 다음과 같이 4개의 부분으로 구분된다. 빈칸에 들어갈 예시를 바르게 나열한 것은?

구분	배제성	비배제성
경합성	자동차, 아이스크림	(가)
비경합성	(나)	국방, 법률, 공원

	(가)	(나)
①	혼잡한 유료 도로	혼잡한 무료 도로
②	혼잡한 무료 도로	혼잡한 유료 도로
③	혼잡한 무료 도로	혼잡하지 않은 유료 도로
④	혼잡한 유료 도로	혼잡하지 않은 무료 도로

16 다음 중 정부지출 증가의 효과가 가장 크게 나타나게 되는 상황은?

① 한계저축성향이 낮은 경우
② 한계소비성향이 낮은 경우
③ 정부지출의 증가로 물가가 상승한 경우
④ 정부지출의 증가로 이자율이 상승한 경우

17 다음 중 향후 경기국면을 예측하기 위해 우리나라 통계청에서 발표하는 선행종합지수의 구성지표가 아닌 것은?

① 건설수주액　② 기계류내수출하지수
③ 코스피지수　④ 도시가계소비지출

18 다음 〈보기〉 중 실업률을 하락시키는 변화로 옳은 것을 모두 고르면?(단, 취업자 수와 실업자 수는 0보다 크다)

> **보기**
>
> ㄱ. 취업자가 비경제활동인구로 전환된다.
> ㄴ. 실업자가 비경제활동인구로 전환된다.
> ㄷ. 비경제활동인구가 취업자로 전환된다.
> ㄹ. 비경제활동인구가 실업자로 전환된다.

① ㄱ, ㄴ
② ㄱ, ㄷ
③ ㄴ, ㄷ
④ ㄴ, ㄹ

19 근로자 A의 연봉이 올해 1,500만 원에서 1,650만 원으로 150만 원 인상되었다. 이 기간에 인플레이션율이 12%일 때, 근로자 A의 임금변동에 대한 설명으로 옳은 것은?

① 2% 명목임금 증가
② 2% 명목임금 감소
③ 2% 실질임금 증가
④ 2% 실질임금 감소

20 장기에는 모든 생산요소가 가변요소이므로 생산요소 투입량을 증가시킬 수 있다. 생산요소 증가에 따른 생산량 변화를 규모에 대한 수익으로 설명할 경우 다음 〈보기〉 중 옳은 것을 모두 고르면?

> **보기**
>
> 가. 모든 생산요소가 2배 증가하면 생산량이 3배 증가하는 경우를 규모에 대한 수익(수확) 체증(IRS; Increasing Returns to Scale)이라 한다.
> 나. 모든 생산요소가 5배 증가하면 생산량이 5배 증가하는 경우를 규모에 대한 수익 불변(CRS; Constant Returns to Scale)이라 한다.
> 다. 어느 기업에서 공장 A의 생산함수가 규모에 대한 수익 체증을 나타내면, 이 기업이 생산량을 증가시키기 위해서는 동일한 공장 B를 세워 생산하는 것이 바람직하다(단, 공장 A, B의 생산함수는 동일하다고 가정한다).
> 라. 어느 기업이 생산량을 2배 증가시키려고 한다. 이 기업의 생산함수가 규모에 대한 수익 체증을 나타내면, 이 기업은 생산요소를 2배 이상 투입해야 한다.
> 마. 생산함수가 $Q=(L, K)^{0.5}$이면 생산함수는 규모에 대한 수익 체감(DRS; Decreasing Returns to Scale)을 보인다.

① 가, 나
② 다, 라
③ 가, 나, 다
④ 가, 나, 마

21 **다음 중 한계비용이 증가하고 있으며 가격보다 높은 수준에서 생산하고 있는 기업이 이윤을 극대화하는 방법으로 옳은 것은?**

① 조업을 중단한다.
② 산출량을 증가시킨다.
③ 공급량을 감소시킨다.
④ 산출량을 변화시키지 않는다.

22 **기업은 가격차별을 통해 더 많은 이윤을 획득하고자 한다. 다음 중 기업이 가격차별을 할 수 있는 환경이 아닌 것은?**

① 제품의 재판매가 용이하다.
② 소비자들의 특성이 다양하다.
③ 기업의 독점적 시장지배력이 높다.
④ 분리된 시장에서 수요의 가격탄력성이 서로 다르다.

23 **다음 중 과점시장에 대한 설명으로 옳지 않은 것은?**

① 쿠르노(Cournot) 과점시장에서는 기업 수가 많아질수록 시장전체의 산출량은 증가한다.
② 죄수의 딜레마(Prisoner's Dilemma) 모형을 통해 과점기업들이 공동행위를 통한 독점이윤을 누리기 어려운 이유를 잘 설명할 수 있다.
③ 쿠르노(Cournot) 모형에서는 산출량의 추측된 변화가 0이라고 가정한다.
④ 베르트랑(Bertrand) 모형에서는 가격의 추측된 변화가 1이라고 가정한다.

24 **다음 중 생산요소시장에 대한 설명으로 옳지 않은 것은?(단, 생산물시장과 생산요소시장을 완전경쟁시장으로 가정한다)**

① 생산요소들은 함께 투입되므로 한 요소의 공급량의 변화는 다른 요소들의 소득에 영향을 미친다.
② 이윤극대화를 추구하는 기업은 한계생산물가치가 요소가격과 같아지는 점에서 요소고용량을 결정한다.
③ 노동공급곡선이 우상향한다는 것은 임금이 상승하면 여가시간을 늘린다는 의미이다.
④ 노동과 생산요소에 대한 수요는 재화와 서비스의 생산을 위해 요소들을 사용하는 기업에서 나오는 파생수요이다.

25 **기업의 생산함수가 $Y = 200N - N^2$ 이고, 근로자의 여가 1시간당 가치가 40이다. 상품시장과 생산요소시장이 완전경쟁시장이고, 생산물의 가격이 1일 때 균형노동시간은?(단, Y는 생산량, N은 노동시간이다)**

① 25시간
② 75시간
③ 80시간
④ 95시간

26 **다음 중 독점기업이 경제적 효율을 깨뜨리는 이유로 옳은 것은?**

① 과대광고로 상도덕 및 질서를 깨뜨린다.
② 과다이윤의 추구를 위하여 제품을 무한정 생산한다.
③ 자원의 최적배분이 구조적으로 이루어지지 않는다.
④ 한 나라의 경제력을 몇몇 대기업이 장악하려 한다.

27 **담배 수요의 가격탄력성이 0.5이며, 담배의 가격은 4,000원이다. 정부가 담배소비량을 15% 감소시키고자 할 때, 다음 중 담배가격의 적정 인상분은?**

① 3,400원
② 4,000원
③ 5,200원
④ 5,800원

28 해진이는 현재 다니는 회사의 임금 월 200만 원이 만족스럽지 못하여 월 임대료가 100만 원인 자신의 건물에서 호떡집을 개업하기로 하였다. 호떡집의 한 달 수입은 2,000만 원이고 밀가루와 설탕 등 한 달 원료비가 500만 원이라 한다. 그리고 고용된 종업원 2명에게 각 월 180만 원의 인건비가 지출된다고 한다. 이 경우 해진이가 호떡집을 개업하여 얻는 경제적 이윤은?

① 300만 원
② 840만 원
③ 860만 원
④ 940만 원

29 다음 중 국민경제 전체의 물가압력을 측정하는 지수로 사용되며, 통화량 목표설정에 있어서도 기준 물가상승률로 사용되는 것은?

① 소비자물가지수(CPI)
② 생산자물가지수(PPI)
③ 기업경기실사지수(BSI)
④ GDP디플레이터(Deflator)

30 다음 공급곡선상의 A ~ D에 대한 〈보기〉의 설명 중 옳은 것을 모두 고르면?

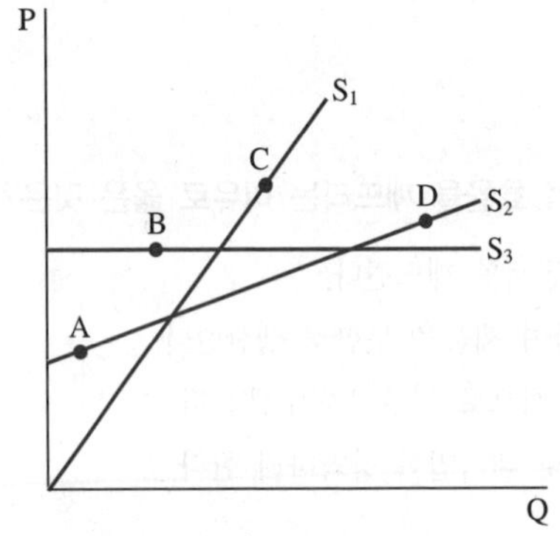

보기

ㄱ. A의 가격탄력성은 1보다 작다.
ㄴ. B의 가격탄력성은 1이다.
ㄷ. C의 가격탄력성은 1보다 크다.
ㄹ. D의 가격탄력성은 A의 가격탄력성보다 작다.
ㅁ. 각 점의 가격탄력성은 C – D – A – B 순으로 커진다.

① ㄱ, ㄴ
② ㄴ, ㄷ
③ ㄷ, ㄹ
④ ㄹ, ㅁ

제3영역 행정

01 **다음은 예산의 원칙에 대한 설명이다. 이에 해당하는 원칙이 바르게 짝지어진 것은?**

> • A : 한 회계연도의 세입과 세출은 모두 예산에 계상하여야 한다.
> • B : 모든 수입은 국고에 편입되고 여기에서부터 지출이 이루어져야 한다.

	A	B
①	예산 단일의 원칙	예산 총계주의 원칙
②	예산 총계주의 원칙	예산 단일의 원칙
③	예산 통일의 원칙	예산 총계주의 원칙
④	예산 총계주의 원칙	예산 통일의 원칙

02 **다음 중 전통적인 관료제 정부와 기업가적 정부에 대한 설명으로 옳은 것은?**

① 행정관리 기제에 있어서 기업가적 정부는 임무 중심 관리를 추구한다.
② 행정의 가치적 측면에서 기업가적 정부는 형평성과 민주성을 추구한다.
③ 행정관리 방식에 있어서 전통적인 관료제 정부는 예측과 예방을 중시한다.
④ 공공서비스를 제공함에 있어서 전통적인 관료제 정부는 민영화 방식의 도입을 추진한다.

03 **다음 중 행정이론에 대한 설명으로 옳지 않은 것은?**

① 신행정학에서는 정부의 적극적인 역할과 적실성 있는 정책의 수립을 강조하였다.
② 신공공서비스론에서는 시민을 주인이 아닌 고객의 관점으로 볼 것을 강조하였다.
③ 뉴거버넌스론에서는 공공참여자의 활발한 의사소통, 수평적 합의, 네트워크 촉매자로서의 정부역할을 강조하였다.
④ 행정관리론(사무관리론 · 조직관리론)에서는 계획과 집행을 분리하고 권한과 책임을 명확히 규정할 것을 강조하였다.

04 **다음 중 행정개혁의 접근방법에 대한 설명으로 옳지 않은 것은?**

① 과정적 접근방법은 행정체제의 과정 또는 일의 흐름을 개선하려는 접근방법이다.

② 사업(산출)중심적 접근방법은 행정활동의 목표를 개선하고 서비스의 양과 질을 개선하려는 접근방법으로 분권화의 확대, 권한 재조정, 명령계통 수정 등에 관심을 갖는다.

③ 행태적 접근방법의 하나인 조직발전(OD; Organizational Development)은 의식적인 개입을 통해서 조직 전체의 임무수행을 효율화하려는 계획적이고 지속적인 개혁활동이다.

④ 문화론적 접근방법은 행정문화를 개혁함으로써 행정체제의 보다 근본적이고 장기적인 개혁을 성취하려는 접근방법이다.

05 **다음 중 계획예산(PPBS)의 동기로 옳지 않은 것은?**

① 경제분석

② 회계책임의 명확화

③ 정보·정책기법의 발전

④ 절약과 능률의 혼합

06 **다음 중 예산의 원칙과 그 예외 사항에 대한 설명으로 옳은 것은?**

① 특정 수입과 특정 지출이 연계되어서는 안 된다는 것은 단일성의 원칙이다.

② 예산은 주어진 목적, 규모 그리고 시간에 따라 집행되어야 한다는 원칙은 예산총계주의이다.

③ 예산구조나 과목은 이해하기 쉽도록 단순해야 한다는 것은 통일성의 원칙이다.

④ 특별회계는 통일성의 원칙과 단일성의 원칙의 예외적인 장치에 해당된다.

07 **다음 정책결정모형 중에서 회사모형에 대한 설명으로 옳지 않은 것은?**

① 연합모형 또는 조직모형이라고 불리기도 한다.

② 회사조직이 서로 다른 목표를 지닌 구성원들의 연합체(Coalition)라고 가정한다.

③ 조직이 환경에 대해 장기적으로 대응하고 환경 변화에 수동적으로 적응한다고 한다.

④ 문제를 여러 하위문제로 분해하고 이들을 하위조직에게 분담시킨다고 가정한다.

08 **다음 글을 읽고 시장실패에 대한 설명으로 옳지 않은 것은?**

> 한 마을에 적당한 크기의 목초지가 있었다. 그 마을에는 열 가구가 오순도순 살고 있었는데, 각각 한 마리의 소를 키우고 있었고 그 목초지는 소 열 마리가 풀을 뜯는 데 적당한 크기였다. 소들은 양질의 우유를 주민들에게 공급하면서 튼튼하게 자랄 수 있었다. 그런데 한 집에서 욕심을 부려 소 한 마리를 더 키우면서 문제가 시작되었다. 다른 집들도 소 한 마리, 또 한 마리 등 욕심을 부리기 시작하면서 목초지는 풀뿌리까지 뽑히게 되었고, 결국 소가 한 마리도 살아갈 수 없는 황폐한 공간으로 바뀌고 말았다.

① 사례에 나타난 시장실패의 주된 요인은 무임승차 문제이다.

② 사례는 공유지의 비극(Tragedy of the Commons)에 대한 설명이다.

③ 시장실패를 해결하기 위한 방법의 하나는 재화의 재산권을 명확히 하는 것이다.

④ 사례에 나타난 재화는 배제불가능성과 함께 소비에서의 경합성을 특징으로 한다.

09 **다음 중 역사적 신제도주의의 특징으로 옳지 않은 것은?**

① 행정기관, 의회, 대통령, 법원 등 유형적인 개별 정치제도가 주된 연구대상이다.

② 제도란 공식적 법규범뿐만 아니라 비공식적 절차, 관례, 관습 등을 포함한다.

③ 제도를 이해하는 데 있어 역사적·사회적 맥락의 중요성을 강조한다.

④ 제도가 형성되면 안정성과 경로의존성을 갖는다고 본다.

10 **다음 중 대표관료제에 대한 설명으로 옳지 않은 것은?**

① 장애인채용목표제는 대표관료제의 일종이다.

② 현대 인사행정의 기본 원칙인 실적주의를 강화시킨다.

③ 국민의 다양한 요구에 대한 정부의 대응성을 향상시킬 수 있다.

④ 정부 관료의 충원에 있어서 다양한 집단을 참여시킴으로써 정부 관료제의 민주화에 기여할 수 있다.

11 다음 〈보기〉에 해당하는 공무원 평정제도를 순서대로 바르게 나열한 것은?

보기

ㄱ. 고위공무원단제도의 도입에 따라 고위공무원으로서 요구되는 역량을 구비했는지 사전에 검증하는 제도적 장치로 도입되었다.
ㄴ. 직무분석을 통해 도출된 성과책임을 바탕으로 성과 목표를 설정 · 관리 · 평가하고, 그 결과를 보수 혹은 처우 등에 적용하는 일련의 과정을 거친다.
ㄷ. 행정서비스에 대한 다방향적 의사전달을 촉진하며 충성심의 방향을 다원화하는 데 기여할 수 있다.
ㄹ. 공무원의 능력, 근무성적 및 태도 등을 평가하여 교육훈련 수요를 파악하고, 승진 및 보수결정 등의 인사관리 자료를 얻는 데 활용한다.

	ㄱ	ㄴ	ㄷ	ㄹ
①	역량평가제	직무성과관리제	다면평가제	근무성적평정제
②	다면평가제	역량평가제	근무성적평정제	직무성과관리제
③	역량평가제	근무성적평정제	다면평가제	직무성과관리제
④	다면평가제	직무성과관리제	역량평가제	근무성적평정제

12 다음 중 로위(Lowi)의 정책분류와 그 특징을 연결한 내용으로 옳지 않은 것은?

① 배분정책 : 재화와 서비스를 사회의 특정 부분에 배분하는 정책으로 수혜자와 비용부담자 간 갈등이 발생한다.
② 규제정책 : 특정 개인이나 집단에 대한 선택의 자유를 제한하는 유형의 정책으로 정책불응자에게는 강제력을 행사한다.
③ 재분배정책 : 고소득층으로부터 저소득층으로의 소득이전을 목적으로 하기 때문에 계급대립적 성격을 지닌다.
④ 구성정책 : 정부기관의 신설과 선거구 조정 등과 같이 정부기구의 구성 및 조정과 관련된 정책이다.

13 다음 〈보기〉 중 조직 유형에 대한 설명으로 옳은 것은 모두 몇 개인가?

보기

ㄱ. 민츠버그(Mintzberg)의 전문적 관료제는 낮은 공식화와 집권화를 특성으로 한다.
ㄴ. 콕스(Cox. Jr)의 다문화적 조직은 다른 문화적 입장을 가진 사람들을 포용하지만 집단 간 갈등수준은 상당히 높다.
ㄷ. 애드호크라시는 복잡성, 공식성, 집권성이 낮은 조직구조형태를 띠고 있다.
ㄹ. 정보화 사회에서는 삼엽조직이나 공동화 조직이 확대되고 기획 및 조정기능의 위임과 위탁을 통해 업무가 간소화되기도 한다.
ㅁ. 사업구조는 부서 내 기능 간 조정은 용이하나 부서 간 조정이 곤란하여 사업영역 간 갈등이 발생한다.

① 1개
② 2개
③ 3개
④ 4개

14 다음 중 기획재정부에서 국가재정규모를 파악할 때 사용하는 '중앙정부 총지출'의 산출방식으로 옳은 것은?

① (일반회계)+(특별회계)+(기금)
② (일반회계)+(특별회계)+(기금)−(내부거래)
③ (경상지출)+(자본지출)+(융자지출)
④ (경상지출)+(자본지출)+(융자지출)−(융자회수)

15 다음 중 우리나라의 중앙정부와 지방자치단체 간의 관계에 대한 설명으로 옳지 않은 것은?

① 보충성의 원칙에 따라 중앙정부가 처리하기 곤란한 사무는 지방자치단체가 보충적으로 처리해야 한다.
② 자치권은 법적 실체 간의 권한배분관계에서 배태된 개념으로 중앙정부가 분권화시킨 결과이다.
③ 적절한 재원 조치 없는 사무의 지방이양은 자치권을 오히려 제약하는 문제를 야기한다.
④ 사무처리에 필요한 법규를 자율적으로 제정할 수 있는 자치입법권에 대해 제약적인 규정을 두고 있다.

16 **다음 중 예산결정에 있어서 공공선택론적 관점에 대한 설명으로 옳은 것은?**

① 본질적 문제해결보다는 보수적 방식을 통해 예산의 정치적 합리성이 제고될 수 있다.

② 니스카넨(W. Niskanen)에 의하면 예산결정에 있어 관료의 최적수준은 정치인의 최적수준보다 낮다.

③ 정치인과 관료들은 개인효용함수에 따라 권력이나 예산규모의 극대화를 추구한다.

④ 재원배분 형태는 장기 균형과 역사적 상황에 따른 단기의 급격한 변화를 반복한다.

17 **다음 중 행정에 대한 개념으로 옳지 않은 것은?**

① 행정과 경영은 비교적 유사한 활동이라고 할 수 있으나 그 목적하는 바가 다르다.

② 넓은 의미의 행정은 고도의 합리성을 지닌 협동적 인간 노력의 한 형태로서 정부조직을 포함하는 대규모 조직에서 보편적으로 나타난다.

③ 최근 행정의 개념에는 공공문제의 해결을 위해 정부 외의 공·사조직 간의 연결 네트워크, 즉 거버넌스를 강조하는 경향이 있다.

④ 행정은 정치과정과는 분리된 정부의 활동으로 공공서비스의 생산 및 공급, 분배에 관련된 모든 활동을 의미한다.

18 **다음 중 정책결정의 주요모형에 대한 설명으로 옳지 않은 것은?**

① 잘못된 정책에 대한 악순환이 일어날 소지가 많은 모형은 점증모형이다.

② 사이어트와 마치가 주장한 회사모형은 느슨하게 연결된 조직의 결정을 다루는 연합모형으로 갈등의 준해결, 불확실성의 회피, 문제 중심의 탐색, 조직의 학습을 특징으로 한다.

③ 엘리슨의 관료정치모형은 현실적인 결정이 결정과정에 참여하는 관료들의 흥정, 타협, 연합, 대결에 의해 이루어진다고 보았다.

④ 마치, 코헨, 올센 등이 연구한 쓰레기통모형에서는 문제, 정치, 정책의 흐름이 독자적으로 흘러다니다가 어떤 계기로 모일 때 결정이 이루어진다고 한다.

19 **다음 중 정책의제 설정에 대한 설명으로 옳지 않은 것은?**

① 정책의제 설정은 외부주도형, 동원형, 내부접근형 등의 유형이 있다.
② 정책의제는 어떤 사회문제가 사회적으로 이슈화되어 정부의 정책적 고려의 대상이 되어야 할 단계에 이른 문제를 의미한다.
③ 공중의제는 일반공중이 실제로 정책대응을 위한 구체적인 논의의 대상으로 표명하고 있는 사회문제를 말한다.
④ 정책의제 설정은 다양한 사회문제 중 특정한 문제가 정부의 정책에 의해 해결되기 위해 하나의 의제로 채택되는 과정이다.

20 **다음 중 신공공관리론과 뉴거버넌스론에 대한 설명으로 옳은 것은?**

① 신공공관리론에서 관료의 역할은 조정자이며, 뉴거버넌스론에서 관료의 역할은 공공기업가이다.
② 신공공관리론에서는 부문 간 협력에, 뉴거버넌스론에서는 부문 간 경쟁에 역점을 둔다.
③ 신공공관리론과 뉴거버넌스론에서는 산출(Output)보다는 투입(Input)에 대한 통제를 강조한다.
④ 신공공관리론과 뉴거버넌스론에서는 정부의 역할로서 노젓기(Rowing)보다는 방향잡기(Steering)를 강조한다.

21 **다음 중 추가경정예산에 대한 설명으로 옳지 않은 것은?**

① 과거에 추가경정예산이 편성되지 않은 연도도 있었다.
② 예산 팽창의 원인이 될 수 있으므로, 국가재정법에서 그 편성사유를 제한하고 있다.
③ 예산이 성립된 후에 생긴 사유로 이미 성립된 예산에 변경을 가할 필요가 있을 때 정부가 편성하는 예산이다.
④ 본예산과 별개로 성립되므로 당해 회계연도의 결산에는 포함되지 않는다.

22 **다음 중 리더십에 대한 설명으로 옳은 것은?**

① 변혁적(Transformational) 리더십 : 무엇인가 가치 있는 것을 교환함으로써 추종자에게 영향력을 행사하는 리더십이다.

② 거래적(Transactional) 리더십 : 리더가 부하로 하여금 형식적 관례와 사고를 다시 생각하게 함으로써 새로운 관념을 촉발시키는 리더십이다.

③ 카리스마적(Charismatic) 리더십 : 리더가 특출한 성격과 능력으로 추종자들의 강한 헌신과 리더와의 일체화를 이끌어내는 리더십이다.

④ 서번트(Servant) 리더십 : 과업을 구조화하고 과업요건을 명확히 하는 리더십이다.

23 **다음 중 공직의 분류에 대한 설명으로 옳지 않은 것은?**

① 계급제는 사람을 중심으로, 직위분류제는 직무를 중심으로 공직을 분류하는 인사제도이다.

② 직위분류제에 비해 계급제는 인적 자원의 탄력적 활용이라는 측면에서 유리한 제도이다.

③ 직위분류제에 비해 계급제는 폭넓은 안목을 지닌 일반행정가를 양성하는 데 유리한 제도이다.

④ 계급제에 비해 직위분류제는 공무원의 신분을 강하게 보장하는 경향이 있는 제도이다.

24 **다음 중 경제적 비용편익분석(Benefit Cost Analysis)에 대한 설명으로 옳지 않은 것은?**

① 비용과 편익을 가치의 공통단위인 화폐로 측정한다.

② 장기적인 안목에서 사업의 바람직한 정도를 평가할 수 있는 방법이다.

③ 비용편익비(B/C ratio)로 여러 분야의 프로그램들을 비교할 수 있다.

④ 형평성과 대응성을 정확하게 대변할 수 있는 수치를 제공한다.

25 **다음 알몬드와 포웰(Almond & Powell)의 정책 분류 중 조세 · 병역 · 노역이 해당하는 정책은?**

① 추출정책 ② 규제정책
③ 분배정책 ④ 상징정책

26 **다음 중 행정의 가치에 대한 설명으로 옳지 않은 것은?**

① 능률성(Efficiency)은 일반적으로 '투입에 대한 산출의 비율'로 정의된다.
② 대응성(Responsiveness)은 행정이 시민의 이익을 반영하고, 그에 반응하는 행정을 수행해야 한다는 것을 뜻한다.
③ 가외성의 특성 중 중첩성(Overlapping)은 동일한 기능을 여러 기관들이 독자적인 상태에서 수행하는 것을 뜻한다.
④ 사이먼(Simon)은 합리성을 목표와 행위를 연결하는 기술적 · 과정적 개념으로 이해하고, 내용적 합리성(Substantive Rationality)과 절차적 합리성(Procedural Rationality)으로 구분하였다.

27 **다음 중 신공공관리론에 대한 설명으로 옳지 않은 것은?**

① 정부개혁의 주요 방향은 규칙중심의 조직관리이다.
② 공공부문의 경영화와 시장화를 추구한다.
③ 민영화로 인해 행정의 책임성이나 공공성 문제가 제기될 수 있다.
④ 가격매커니즘과 경쟁원리를 활용한 공공서비스 생산, 고객지향적 공공서비스 제공 등을 중시한다.

28 **다음 중 우리나라 공무원의 행동규범과 징계에 대한 내용으로 옳은 것은?**

① 정직과 감봉은 1개월 이상 3개월 이하의 기간으로 정하고 보수의 3분의 1을 감한다.
② 헌법 제33조는 공무원과 민간 노동자의 구분 없이 노동자의 단결, 단체교섭, 단체행동의 자유를 법률의 범위 내에서 보장하도록 규정하고 있다.
③ 소청은 그의 의사에 반해 불리한 처분을 받은 공무원이 부당한 사항에 대해 제기할 수 있으며, 소청심사 기간 동안에는 후임자를 결정하지 못한다.
④ 공무원법은 충성이라는 용어를 사용하여 규정하는 바는 없지만 충성을 강력히 요구하고 있으며, 충성조사는 안보와 관계 깊은 직위만을 대상으로 한다.

29 **세금은 거둬들이는 주체에 따라 국세와 지방세로 나뉜다. 다음 중 우리나라 세금 항목에서 지방세로만 짝지어진 것은?**

① 취득세, 교육세, 등록세
② 취득세, 재산세, 도시계획세
③ 법인세, 주민세, 부가가치세
④ 등록세, 주세, 농어촌특별세

30 **길버트(Gilbert)는 행정통제를 통제자의 위치와 제도화 여부에 따라 다음과 같이 네 가지 유형으로 구분하였다. 각 유형에 해당되는 우리나라의 행정통제 방법으로 옳지 않은 것은?**

통제자의 위치 / 제도화 여부	외부	내부
공식적	(가)	(나)
비공식적	(다)	(라)

① (가) : 청와대에 의한 통제
② (나) : 감사원에 의한 통제
③ (다) : 이익집단 및 언론에 의한 통제
④ (라) : 직업윤리에 의한 통제

제4영역 법

01 **다음 중 민법상 용익물권에 속하는 것이 아닌 것은?**

① 저당권 ② 지상권
③ 지역권 ④ 전세권

02 **다음 중 민법상 주소에 대한 설명으로 옳은 것을 〈보기〉에서 모두 고르면?**

보기

㉠ 주소는 정주의 의사를 요건으로 한다.
㉡ 주소는 부재와 실종의 표준이 된다.
㉢ 법인의 주소는 그 주된 사무소의 소재지에 있는 것으로 한다.
㉣ 거래안전을 위해 주소는 동시에 두 곳 이상 둘 수 없다.

① ㉠, ㉡ ② ㉠, ㉢
③ ㉡, ㉢ ④ ㉡, ㉣

03 **다음 중 미성년자가 법정대리인의 동의 없이 유효한 법률행위를 할 수 있는 경우가 아닌 것은?**

① 혼인과 같은 신분행위
② 권리만을 얻거나 의무만을 면하는 행위
③ 범위를 정하여 처분을 허락한 재산의 처분
④ 영업이 허락된 미성년자가 그 영업에 관하여 하는 행위

04 **다음 중 법정대리인의 동의 없이 소송을 제기할 수 있는 능력은?**

① 행위능력 ② 권리능력
③ 소송능력 ④ 당사자능력

05 **다음 중 행정의 실효성 확보수단에 대한 판례의 입장으로 옳지 않은 것은?**

① 이행강제금 납부의 최초 독촉은 징수처분으로서 항고소송의 대상이 되는 행정처분이다.

② 동일한 행위를 대상으로 하여 형벌을 부과하면서 아울러 행정질서벌인 과태료를 부과하는 것은 이중처벌에 해당한다고 할 수 없다.

③ 하나의 납세고지서에 의하여 본세와 가산세를 함께 부과할 때에는 납세고지서에 본세와 가산세 각각의 세액과 산출근거 등을 구분하여 기재해야 한다.

④ 이행강제금은 부작위의무나 비대체적 작위의무에 대한 강제집행수단이기 때문에 대체적 작위의무의 위반에 대하여는 부과할 수 없다.

06 **다음 중 행정법의 법원으로서 신뢰보호원칙에 대한 설명으로 옳은 것은?(단, 다툼이 있는 경우 판례에 따른다)**

① 신뢰의 대상인 행정청의 선행조치는 문서에 의한 형식적 행위이어야 한다.

② '공익을 해할 우려가 있는 경우가 아니어야 함'은 신뢰보호원칙의 성립요건이지만, '제3자의 정당한 이익을 해할 우려가 있는 경우가 아니어야 함'은 신뢰보호원칙의 성립요건이 아니다.

③ 신뢰보호원칙의 성립요건인 공적인 견해의 표명은 행정조직법상 권한을 가진 처분청에 의해 행해져야 하며, 처분청이 아닌 다른 기관에 의해 행해진 경우에는 신뢰보호의 대상이 될 수 없다.

④ 헌법재판소의 위헌결정은 행정청이 개인에 대하여 신뢰의 대상이 되는 공적인 견해를 표명한 것이라고 할 수 없으므로 그 결정에 관련한 개인의 행위에 대하여는 신뢰보호의 원칙이 적용되지 아니한다.

07 **통정허위표시의 무효는 선의의 제삼자에게 대항할 수 없는데, 이 경우 제삼자에 해당하지 않는 자는?(단, 다툼이 있는 경우 판례에 따른다)**

① 채권의 가장양도에서의 채무자

② 가장소비대차에 기한 대여금채권의 양수인

③ 가장의 저당권설정등기에 기한 저당권 실행에 의해 부동산을 매수한 자

④ 채무자(파산자)가 가장채권을 보유하고 있다가 파산선고 된 경우의 파산관재인

08 **다음 중 행정심판과 행정소송의 관계에 대한 설명으로 옳지 않은 것은?(단, 다툼이 있는 경우 판례에 따른다)**

① 필요적 행정심판전치주의가 적용되는 경우 그 요건을 구비하였는지 여부는 법원의 직권조사사항이다.
② 기간경과 등의 부적법한 심판제기가 있었고, 행정심판위원회가 각하하지 않고 기각재결을 한 경우는 심판전치의 요건이 구비된 것으로 볼 수 있다.
③ 행정소송법 이외의 법률에 당해 처분에 대한 행정심판의 재결을 거치지 아니하면 취소소송을 제기할 수 없다는 규정이 있는 경우에도, 처분의 집행 또는 절차의 속행으로 생길 중대한 손해를 예방하여야 할 긴급한 필요가 있는 때에는 행정심판의 재결을 거치지 아니하고 취소소송을 제기할 수 있다.
④ 행정소송법 이외의 법률에 당해 처분에 대한 행정심판의 재결을 거치지 아니하면 취소소송을 제기할 수 없다는 규정이 있는 경우에도, 서로 내용상 관련되는 처분 또는 같은 목적을 위하여 단계적으로 진행되는 처분 중 어느 하나가 이미 행정심판의 재결을 거친 때에는 행정심판을 제기함이 없이 취소소송을 제기할 수 있다.

09 **다음 중 권한의 위임에 대한 설명으로 옳지 않은 것은?(단, 다툼이 있는 경우 판례에 따른다)**

① 기관위임사무를 재위임할 때에는 조례가 아니라 규칙으로 하여야 한다.
② 위임의 개별 근거규정이 없는 경우 정부조직법 제6조 제1항, 행정권한의 위임위탁에 관한 규정 제3조, 제4조 등의 일반규정만을 근거로 권한의 위임을 할 수 있다.
③ 내부의 위임전결규정에 위반하여 처분이 이루어진 경우 그 처분은 권한배분질서에 위반된 권한행사에 의해 이루어진 것이어서 권한없는 자에 의하여 행하여진 무효의 처분이다.
④ 권한의 위임이 있는 경우뿐만 아니라, 내부위임이나 대리권을 수여받은 경우에 불과하여 원행정청의 명의나 대리관계를 밝히지 아니하고는 그의 명의로 처분 등을 할 권한이 없는 행정청이 그의 명의로 한 처분에 대하여도 처분명의자인 행정청이 피고가 되어야 한다.

10 **다음 중 기한의 이익을 가지지 않는 자는?**

① 무상임치의 임치인
② 이자부 소비대차
③ 사용대차의 대주
④ 무이자 소비대차의 차주

11 다음 중 제한능력자의 상대방 보호를 위한 제도가 아닌 것은?

① 후견인
② 법정추인
③ 상대방의 최고권
④ 취소권의 단기소멸시효

12 다음 중 하자담보책임에 대한 설명으로 옳지 않은 것은?(단, 다툼이 있는 경우 판례에 따른다)

① 매매의 목적물이 당사자가 예정하거나 보증한 성질을 결여한 경우에는 목적물의 하자에 해당한다.
② 매매목적물의 하자로 인한 계약해제권은 매수인이 그 사실을 안 날로부터 6월 내에 행사하여야 한다.
③ 매도인의 하자담보책임에 대한 매수인의 권리행사기간은 재판상 청구를 위한 출소기간이다.
④ 건축을 목적으로 매매된 토지가 매매계약 당시 건축허가를 받을 수 없는 법률적 장애로 건축이 불가능하게 되었다면, 매매목적물의 하자에 해당한다.

13 다음 〈보기〉에서 행정절차에 대한 설명으로 옳은 것을 모두 고르면?(단, 다툼이 있는 경우 판례에 따른다)

보기

ㄱ. 신청에 대한 거부처분이 '당사자의 권익을 제한하는 처분'에 해당하지 않는 경우, 이 처분은 사전통지대상이 된다고 할 수 없다.
ㄴ. 행정절차법상의 처분의 방식을 위반하여 행해진 행정청의 처분은 하자가 중대하지만 명백하지는 않아 원칙적으로 취소의 대상이 된다.
ㄷ. 행정청이 침해적 행정처분을 하기 전에 청문을 실시해야 하는 경우 청문을 결여한 처분은 위법한 처분으로서 취소사유에 해당한다.
ㄹ. 행정청은 처분에 오기, 오산이 있을 때에는 직권으로 또는 신청에 따라 정정하고 그 사실을 당사자에게 통지하면 된다.

① ㄱ, ㄴ, ㄷ
② ㄱ, ㄴ, ㄹ
③ ㄱ, ㄷ, ㄹ
④ ㄴ, ㄷ, ㄹ

14 **다음 중 법원에 소를 제기하는 방법으로만 행사할 수 있는 권리는?**

① 상계권
② 계약해제권
③ 예약완결권
④ 채권자취소권

15 **다음 중 행정행위의 특징으로 볼 수 없는 것은?**

① 행정처분에 대한 내용적인 구속력인 기판력
② 법에 따라 적합하게 이루어져야 하는 법적합성
③ 일정기간이 지나면 그 효력을 다투지 못하는 불가쟁성
④ 당연무효를 제외하고는 일단 유효함을 인정받는 공정력

16 **다음 중 국제사회에서 법의 대인적 효력에 대한 입장으로 옳은 것은?**

① 속지주의를 원칙적으로 채택하고 속인주의를 보충적으로 적용한다.
② 속인주의를 원칙적으로 채택하고 속지주의를 보충적으로 적용한다.
③ 보호주의를 원칙적으로 채택하고 피해자주의를 보충적으로 적용한다.
④ 피해자주의를 원칙적으로 채택하고 보호주의를 보충적으로 적용한다.

17 **다음 중 계약의 성립에 대한 설명으로 옳지 않은 것은?**

① 승낙자가 청약에 대해 그 일부만을 승낙할 경우 그 청약을 거절하고 새로운 청약을 한 것으로 본다.
② 청약자는 연착된 승낙을 새로운 청약으로 보아 그에 대하여 승낙함으로써 계약을 성립시킬 수 있다.
③ 승낙기간을 정한 계약의 청약은 청약자가 그 기간 내에 승낙의 통지를 받지 못한 때에는 그 효력을 잃는다.
④ 격지자간의 계약은 승낙의 통지가 상대방에게 도달한 때에 성립한다.

18 다음 중 법률행위의 효력발생 요건이 아닌 것은?

① 법률행위의 목적이 확정・가능・적법・사회적 타당성이 있을 것
② 당사자가 의사능력・행위능력을 가지고 있을 것
③ 의사표시에 있어 의사와 표시가 일치할 것
④ 당사자가 존재할 것

19 다음 중 제한능력자에 대한 설명으로 옳지 않은 것은?

① 피성년후견인이 성년후견인의 동의를 얻어 단독으로 체결한 토지매매계약은 취소할 수 없다.
② 가정법원은 성년후견개시의 심판을 할 때 본인의 의사를 고려하여야 한다.
③ 피한정후견인은 동의를 필요로 하는 행위가 아닌 이상 확정적으로 유효한 법률행위를 할 수 있다.
④ 가정법원은 한정후견개시의 심판을 할 때 본인의 의사를 고려하여야 한다.

20 다음 중 민법상 불법행위로 인한 손해배상에 대한 설명으로 옳은 것은?

① 태아는 불법행위에 대한 손해배상청구에 있어서는 이미 출생한 것으로 본다.
② 미성년자가 타인에게 손해를 가한 경우에 그 행위의 책임을 변식할 지능이 없는 경우에도 배상책임이 있다.
③ 고의 또는 과실로 심신상실을 초래하였더라도 심신상실의 상태에서 행해진 것이라면, 배상책임이 인정되지 않는다.
④ 피해자가 수인의 공동불법행위로 인하여 손해를 입은 경우 가해자 각자의 기여도에 대해서만 그 손해의 배상을 청구할 수 있다.

21 다음 중 취소소송에서의 기속력에 대한 설명으로 옳은 것은?(단, 다툼이 있는 경우 판례에 따른다)

① 기속력은 취소소송의 인용판결은 물론 기각판결에 대하여서도 인정된다.
② 처분청이 재처분을 하였더라도 기속력에 위반되는 경우에는 간접강제의 대상이 된다.
③ 제3자효 행정처분에서 절차의 하자를 이유로 원고가 취소확정판결을 받은 경우 당해 처분청은 원처분과 동일한 처분을 할 수 없다.
④ 원고의 신청을 거부하는 처분에 대해 취소판결이 확정되면 기속력의 결과에 따라 행정청은 원고의 신청을 인용하는 처분을 하여야 한다.

22 다음 중 임대차에 대한 설명으로 옳지 않은 것은?

① 일시사용을 위한 임대차가 명백한 경우, 임차인에게 부속물매수청구권이 인정되지 않는다.

② 임차물에 대하여 권리를 주장하는 자가 있고 임대인이 그 사실을 모르고 있는 경우, 임차인은 지체 없이 임대인에게 이를 통지하여야 한다.

③ 토지임대차의 기간의 약정이 없는 경우, 원칙적으로 각 당사자는 언제든지 임대차계약의 해지를 통고할 수 있다.

④ 다른 약정이 없는 한, 임대인의 행위가 임대물의 보존에 필요한 행위라도 임차인은 이를 거절할 수 있다.

23 다음 중 행정계획에 대한 판례의 입장으로 옳지 않은 것은?

① 공유수면 점용허가를 필요로 하는 채광계획인가신청에 대하여, 공유수면 관리청이 공유수면 점용을 허용하지 않기로 결정한 경우, 채광계획 인가관청은 이를 사유로 채광계획 인가신청을 반려할 수 없다.

② 건설부장관이 구 주택건설촉진법에 따라 관계기관의 장과의 협의를 거쳐 사업계획승인을 한 이상 허가·인가·결정·승인 등이 있는 것으로 볼 것이고, 그 절차와 별도로 구 도시계획법 소정의 중앙도시계획위원회의 의결이나 주민의 의견청취 등 절차를 거칠 필요는 없다.

③ 구 도시계획법 제12조 소정의 고시된 도시계획결정은 특정 개인의 권리 내지 법률상의 이익을 개별적이고 구체적으로 규제하는 효과를 가져 오게 하는 행정청의 처분이라 할 것이고, 이는 행정소송의 대상이 된다.

④ 환지계획은 환지예정지 지정이나 환지처분의 근거가 될 뿐, 고유한 법률효과를 수반하는 것이 아니어서 항고소송의 대상이 되는 처분에 해당한다고 할 수가 없다.

24 다음 중 도급에 대한 설명으로 옳지 않은 것은?(단, 다툼이 있는 경우 판례에 따른다)

① 도급인이 파산선고를 받은 때에는 수급인 또는 파산관재인은 계약을 해제할 수 있다.

② 부동산 공사의 수급인은 자기의 보수채권을 담보하기 위하여 그 부동산을 목적으로 한 저당권의 설정을 청구할 수 있다.

③ 수급인이 자기의 노력과 재료를 들여 건물을 완성한 경우에 특별한 사정이 없는 한 완성된 건물은 수급인의 소유에 속한다.

④ 완성된 목적물 또는 완성 전의 성취된 부분의 하자가 중요하지 않고 그 보수에 과다한 비용을 요할 때에는 하자의 보수를 청구할 수 없다.

25 **다음 중 현행법상 권리와 의무에 대한 설명으로 옳은 것은?**

① 실효의 원칙은 권리남용금지의 원칙으로부터 파생된 것이다.

② 평등권, 자유권, 참정권 등은 국가적 공권이다.

③ 유체물은 물론이고 전기, 기타 관리할 수 있는 자연력도 사권의 객체가 될 수 있다.

④ 금전급부의무는 소극적 의무이고, 경업피지의무는 적극적 의무이다.

26 **다음 〈보기〉 중 행정소송의 제소기간에 대한 설명으로 옳지 않은 것을 모두 고르면?(단, 다툼이 있는 경우 판례에 따른다)**

보기

ㄱ. 당사자소송은 취소소송의 제소기간이 적용되지 않으나, 법령에 제소기간이 정해져 있는 경우에 그 기간은 불변기간이다.

ㄴ. 행정심판 등 전심절차를 거친 경우에도 부작위위법확인소송은 부작위상태가 계속되는 한 그 위법의 확인을 구할 이익이 있으므로 제소기간의 제한을 받지 않는다.

ㄷ. 행정소송법 제20조(제소기간) 제2항의 규정상 소정의 "정당한 사유"란 민사소송법 제173조(소송행위의 추후보완)의 "당사자가 책임질 수 없는 사유"나 행정심판법 제27조(심판청구의 기간) 제2항의 "불가항력적인 사유"보다는 넓은 개념이다.

① ㄱ

② ㄴ

③ ㄱ, ㄴ

④ ㄴ, ㄷ

27 **다음 중 전세권에 대한 설명으로 옳은 것은?**

① 전세권은 물권이므로 전세권 설정행위로서 그 양도를 금지할 수 없다.

② 전세권자는 필요비상환청구는 할 수 있지만 유익비상환청구는 할 수 없다.

③ 전세권자의 과실로 목적물의 일부가 멸실되더라도 전세권자는 손해배상책임을 지지 않는다.

④ 토지전세권의 존속기간의 약정이 없는 경우, 각 당사자는 언제든지 상대방에 대하여 전세권의 소멸을 통고할 수 있다.

28 **행정작용 중 원칙적으로 비권력적 사실행위에 해당하는 것은?**

① 행정지도 ② 행정처분
③ 공법상 계약 ④ 행정상 즉시강제

29 **다음 〈보기〉 중 행정행위의 부관의 가능성과 한계에 대한 설명으로 옳은 것을 모두 고르면?(단, 다툼이 있는 경우 판례에 따른다)**

보기

ㄱ. 판례는 사정변경으로 인하여 당초의 부담을 부가한 목적을 달성할 수 없게 된 경우 목적달성에 필요한 범위 내에서 예외적으로 사후부관의 가능성을 인정한다.
ㄴ. 개발제한구역 내에서의 예외적인 개발행위의 허가에는 관계 법령에 명시적인 금지 규정이 없는 한 행정목적을 달성하기 위하여 조건이나 기한, 부담 등의 부관을 붙일 수 있다.
ㄷ. 도로점용허가의 점용기간은 행정행위의 본질적인 요소에 해당한다고 볼 것이어서 부관인 점용 기간에 위법사유가 있다면 이로써 도로점용허가처분 전부가 위법하게 된다.
ㄹ. 부관인 부담의 이행행위인 법률행위는 공법상의 법률행위의 성격을 갖기 때문에 부담이 무효이거나 취소가 되면, 그 이행행위인 기부채납이나 금전납부는 법률상 원인 없이 이루어진 것으로 부당이득이 된다.

① ㄱ, ㄴ, ㄷ ② ㄱ, ㄴ, ㄹ
③ ㄱ, ㄷ, ㄹ ④ ㄴ, ㄷ, ㄹ

30 **다음 중 행정법상 의무의 위반이나 불이행에 대한 금전적 제재수단에 대한 설명으로 옳지 않은 것은?**

① 전형적 과징금은 원칙적으로 행정법상의 의무를 위반한 자에 대하여 당해 위반행위로 얻게 된 경제적 이익을 박탈하기 위한 목적으로 부과하는 금전적인 제재이다.
② 전형적 과징금의 경우 실정법에서 통상 '위반행위의 내용·정도, 위반행위의 기간·횟수 이외에 위반행위로 인해 취득한 이익의 규모 등'을 고려요소로 규정하기 때문에 법령위반으로 취득한 이익이 없는 경우에는 부과할 수 없다.
③ 변형된 과징금은 인·허가사업에 관한 법률상의 의무위반이 있음에도 불구하고 공익상 필요하여 그 인·허가사업을 취소·정지시키지 않고 사업을 계속하되, 이에 갈음하여 사업을 계속함으로써 얻은 이익을 박탈하는 행정제재금이다.
④ 국세의 가산금은 체납된 국세의 3/100이며, 납부기한이 지난날부터 매 1개월이 지날 때마다 체납된 국세의 12/1,000의 중가산금을 가산금에 가산하여 징수한다.

제5영역 토목

01 다음 중 흐르는 유체 속에 잠겨있는 물체에 작용하는 항력과 관계가 없는 것은?

① 유체의 밀도　② 물체의 크기
③ 물체의 형상　④ 물체의 밀도

02 어떤 유입폐수의 BOD농도가 250mg/L이다. 폭기조의 부피는 4,000m^3, 유입폐수의 수량이 0.30m^3/s, 폭기조 내 휘발성 부유물의 농도가 5,000mg/L일 때 이 폐수의 F/M비는?

① 0.052　② 0.149
③ 0.237　④ 0.324

03 지표면상 A, B 간의 거리가 7.1km라고 하면 B점에서 A점을 시준할 때, 필요한 측표(표척)의 최소 높이로 옳은 것은?(단, 지구의 반지름은 6,370km이고, 대기의 굴절에 의한 요인은 무시한다)

① 1m　② 2m
③ 3m　④ 4m

04 **다음 중 하천에서 2점법으로 평균유속을 구할 때, 관측하여야 할 두 지점의 위치는?**

① 수면으로부터 수심의 $\frac{1}{5}$, $\frac{3}{5}$ 지점

② 수면으로부터 수심의 $\frac{1}{5}$, $\frac{4}{5}$ 지점

③ 수면으로부터 수심의 $\frac{2}{5}$, $\frac{3}{5}$ 지점

④ 수면으로부터 수심의 $\frac{2}{5}$, $\frac{4}{5}$ 지점

05 **다음 중 삼각측량을 위한 삼각망 중에서 유심다각망에 대한 설명으로 옳지 않은 것은?**

① 농지측량에 많이 사용된다.

② 방대한 지역의 측량에 적합하다.

③ 삼각망 중에서 정확도가 가장 높다.

④ 동일측점 수에 비하여 포함면적이 가장 넓다.

06 **다음 중 지하수의 투수계수에 영향을 주는 인자로 거리가 먼 것은?**

① 토양의 평균입경 ② 지하수의 단위중량

③ 지하수의 점성계수 ④ 토양의 단위중량

07 수준점 A ~ C에서 P점까지 수준측량을 한 결과가 다음과 같다. 관측거리에 대한 경중률을 고려한 P점의 표고는?

측량 경로	거리(km)	P점의 표고(m)
A → P	2	124.583
B → P	3	124.295
C → P	1	124.792

① 약 124.417m
② 약 124.529m
③ 약 124.645m
④ 약 124.704m

08 다음 중 촬영고도 3,000m에서 초점거리 153mm의 카메라를 사용하여 고도 600m의 평지를 촬영할 때, 사진축척은?

① $\frac{1}{14,865}$
② $\frac{1}{15,686}$
③ $\frac{1}{16,766}$
④ $\frac{1}{17,568}$

09 다음 중 관로 길이 100m, 안지름 30cm의 주철관에 0.1m^3/s의 유량을 송수할 때, 손실수두는?(단, $v = C\sqrt{RI}$, $C = 63\text{m}^{\frac{1}{2}}$/s이다)

① 0.54m
② 0.67m
③ 0.74m
④ 0.88m

10 다음 그림과 같은 다면적 $1cm^2$, 길이 1m인 철근 AB부재가 있다. 이 철근이 최대 $\delta = 1.0cm$ 늘어날 때 이 철금의 허용하중 P[kN]는?[단, 철근의 탄성계수(E)는 $2.1 \times 10^4 kN/cm^2$로 한다]

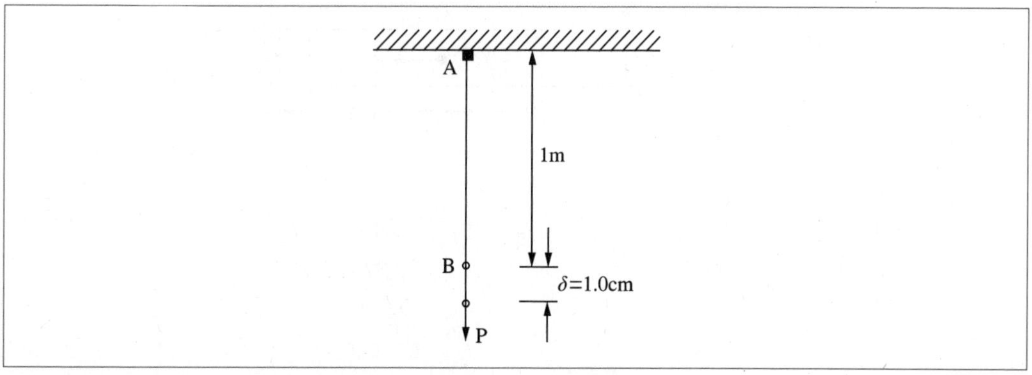

① 160kN
② 180kN
③ 210kN
④ 240kN

11 다음 그림과 같은 보에서 지점 B의 반력이 4P일 때 하중 3P의 재하위치 x는?

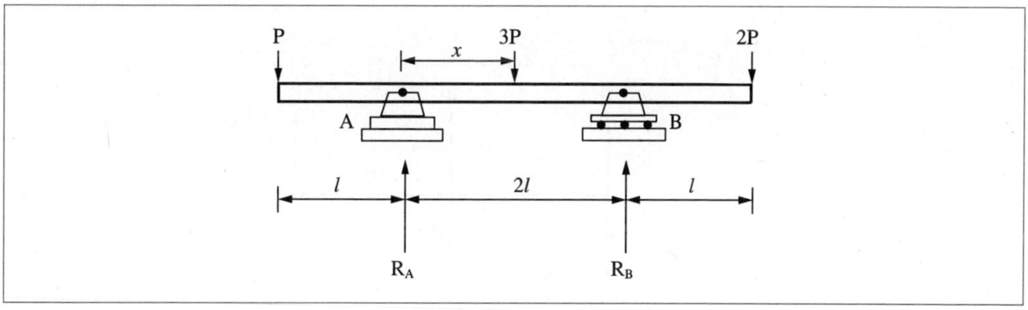

① $x = l$
② $x = \frac{3}{2}l$
③ $x = 2l$
④ $x = \frac{2}{3}l$

12 축강성이 EA인 다음 강철봉의 C점에서의 수평변위는?(단, EA는 일정하다)

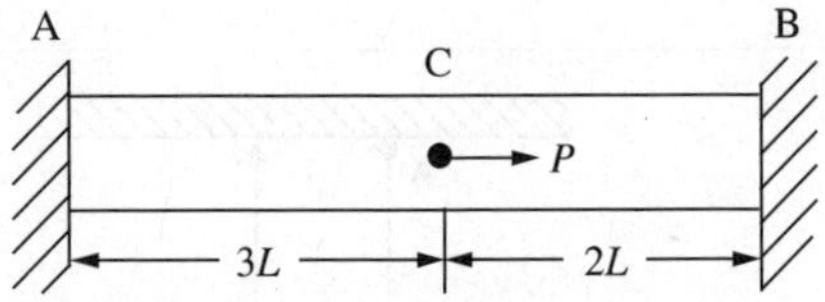

① $\dfrac{4PL}{5EA}$ ② $\dfrac{PL}{EA}$

③ $\dfrac{6PL}{5EA}$ ④ $\dfrac{7PL}{5EA}$

13 다음은 '우력'에 대한 글이다. 빈칸 ㉠~㉢에 들어갈 단어를 바르게 연결한 것은?

> 어떤 물체에 크기가 ___㉠___ 방향이 ___㉡___ 2개의 힘이 작용할 때, 작용선이 일치하면 합력이 0이 되고, 작용선이 일치하지 않고 나란하면 합력은 0이 되지만 힘의 효과가 물체에 ___㉢___을 일으킨다. 이와 같이 크기가 ___㉠___ 방향이 ___㉡___ 한 쌍의 힘을 우력이라 한다.

	㉠	㉡	㉢
①	같고	반대인	회전운동
②	다르고	반대인	회전운동
③	다르고	같은	평행운동
④	같고	같은	평행운동

14 다음 그림과 같이 방향이 반대인 힘 P와 3P가 L간격으로 평행하게 작용하고 있다. 두 힘의 합력의 작용위치 X는?

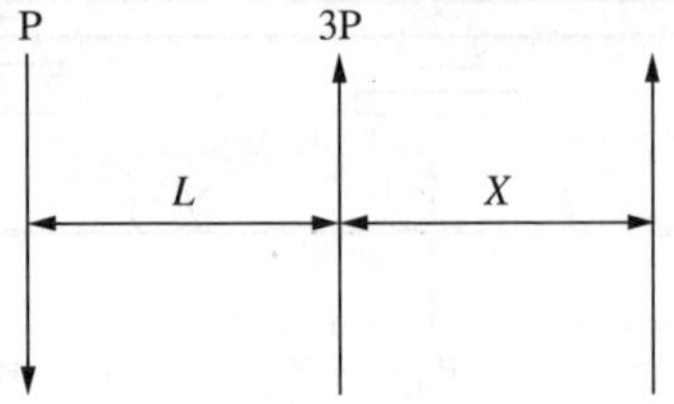

① $\frac{1}{3}L$ ② $\frac{1}{2}L$

③ $\frac{2}{3}L$ ④ L

15 다음 그림과 같이 철근 콘크리트로 만든 사각형 기둥의 단면 중심축에 $P=120\text{t}f$의 압축 하중이 작용하고 있다. 콘크리트와 철근의 단면적이 각각 900cm^2와 27cm^2일 때, 콘크리트의 응력(σ_c)과 철근의 응력(σ_s)은?[단, 철근과 콘크리트의 탄성계수비(Es/Ec)는 9이고, 소수점 첫째 자리에서 반올림한다]

	σ_c[kgf/cm^2]	σ_s[kgf/cm^2]
①	105	925
②	105	945
③	125	925
④	125	945

16 다음 중 단면적이 같은 정사각형과 원의 단면계수비로 옳은 것은?(단, 정사각형 단면의 일변은 h이고, 원형 단면의 지름은 D이다)

① 1 : 3.58
② 1 : 0.85
③ 1 : 1.18
④ 1 : 0.46

17 A점이 회전(Hinge), B점이 이동(Roller) 지지이고 부재의 길이가 L인 단순보에서, A점에서 중앙 C점(L/2)까지 작용하는 하중이 등분표하중일 때, 부재 길이 L 내에서 전단력이 제로(0)인 점은 A점에서 중앙 쪽으로 얼마만큼 떨어진 곳에 위치하고 있는가?

① $\frac{1}{8}L$
② $\frac{1}{16}L$
③ $\frac{3}{8}L$
④ $\frac{3}{16}L$

18 다음 그림과 같은 내민보에서 C점에 대한 전단력의 영향선에서 D점에 대한 종거는?

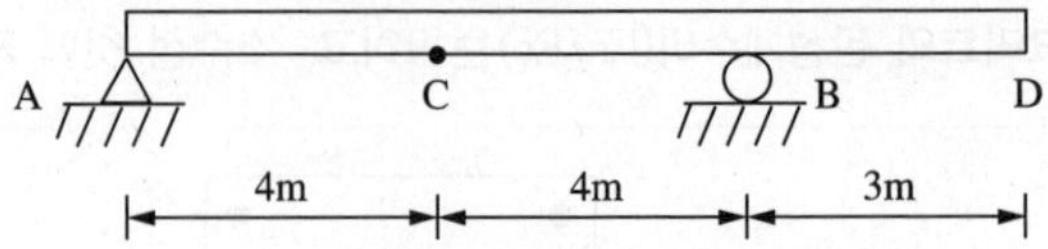

① −0.156　　② −0.264
③ −0.375　　④ −0.462

19 다음 중 지름 5cm, 길이 200cm의 강봉을 15mm만큼 늘어나게 하려면 얼마의 힘이 필요한가?(단, $E=2.1\times10^5$kgf/cm^{2}이다)

① 303t　　② 305t
③ 307t　　④ 309t

20 레벨을 이용하여 표고가 53.85m인 A점에 세운 표척을 시준하여 1.34m를 얻었다. 표고 50m의 등고선을 측정하려 할 때, 시준해야 할 표척의 높이는?

① 3.51m　　② 4.11m
③ 5.19m　　④ 6.25m

21 다음 중 하천측량을 실시하는 주된 목적에 대한 설명으로 옳은 것은?

① 하천 개수공사나 공작물의 설계, 시공에 필요한 자료를 얻기 위하여 실시한다.
② 유속 등을 관측하여 하천의 성질을 알기 위하여 실시한다.
③ 하천의 수위, 기울기, 단면을 알기 위하여 실시한다.
④ 평면도, 종단면도를 작성하기 위하여 실시한다.

22 **다음 삼각망의 종류 중 유심삼각망에 대한 설명으로 옳은 것은?**

① 광대한 지역의 측량에 적합하며, 정확도가 비교적 높은 편이다.

② 거리에 비하여 측점수가 가장 적으므로 측량이 간단하며, 조건식의 수가 적어 정확도가 낮다.

③ 가장 높은 정확도를 얻을 수 있으나 조정이 복잡하고, 포함된 면적이 작으며, 특히 기선을 확대할 때, 주로 사용한다.

④ 삼각망 가운데 가장 간단한 형태이며, 측량의 정확도를 얻기 위한 조건이 부족하므로 특수한 경우 외에는 사용하지 않는다.

23 **다음 중 완속여과와 급속여과를 비교한 내용으로 옳지 않은 것은?**

① 원수가 고농도의 현탁물일 때는 급속여과가 유리하다.

② 여과속도가 다르므로 용지 면적의 차이가 크다.

③ 여과의 손실수두는 급속여과보다 완속여과가 크다.

④ 완속여과는 약품처리 등이 필요하지 않으나, 급속여과는 필요하다.

24 **어떤 횡단면의 도상면적이 $40.5cm^2$ 이었다. 가로 축척이 1 : 20, 세로 축척이 1 : 60이었다면, 실제면적은?**

① $3.375m^2$	② $4.86m^2$
③ $5.24m^2$	④ $33.75m^2$

25 다음 중 측정된 강우량 자료가 기상학적 원인 이외에 다른 영향을 받았는지의 여부를 판단하는 일관성(Consistency)에 대한 검사방법은?

① 순간단위 유량도법 ② 합성단위 유량도법
③ 이중 누가우량 분석법 ④ 선행강수 지수법

26 다음 중 전단을 받는 휨부재의 단면 설계에서 기초로 하는 식은?

- V_u : 계수 전단력
- V_n : 공칭 전단강도
- V_c : 콘크리트가 부담하는 전단강도
- V_s : 철근이 부담하는 전단강도

① $V_u \leq \phi V_c$
② $V_u \leq \phi V_n$
③ $V_u \geq \phi V_c$
④ $V_u \leq \phi V_s$

27 다음 중 사진측량의 특수 3점에 대한 설명으로 옳은 것은?

① 사진상에서 등각점을 구하는 것이 가장 쉽다.
② 기복변위는 주점에서 0이며, 연직점에서 최대이다.
③ 사진의 경사각이 0°인 경우에는 특수 3점이 일치한다.
④ 카메라 경사에 의한 사선방향의 변위는 등각점에서 최대이다.

28 슬래브와 보가 일체로 타설된 비대칭 T형보(반T형보)의 유효폭은 얼마인가?(단, 플랜지 두께는 100mm, 복부 폭은 300mm, 인접보와의 내측거리는 1,600mm, 보의 경간은 6.0m이다)

① 800mm
② 900mm
③ 1,000mm
④ 1,100mm

29 펌프는 흡입실양정 및 토출량을 고려하여 전양정에 따라 선정하여야 한다. 전양정이 5m이하일 때 표준이며 비교회전도(N_s)가 1,100~2,000 정도인 펌프형식은?

① 축류펌프
② 사류펌프
③ 터빈펌프
④ 원심력펌프

30 다음 중 Darcy의 법칙에 대한 설명으로 옳지 않은 것은?

① 레이놀즈수가 클수록 안심하고 적용할 수 있다.
② 투수계수는 물의 점성계수에 따라서도 변화한다.
③ Darcy의 법칙은 지하수의 흐름에 대한 공식이다.
④ 평균유속이 동수경사와 비례관계를 가지고 있는 흐름에 적용될 수 있다.

01 매질 1의 $\mu_1 = 500$, 매질 2의 $\mu_2 = 250$일 때, 다음 중 매질 2에서 경계면에 대하여 60°의 각도로 자계가 입사한 경우 매질 1에서 법선과 자계의 각도로 가장 가까운 값은?

① 40°
② 50°
③ 60°
④ 70°

02 R = 90Ω, L = 32mH, C = 5μF의 직렬회로에 전원전압 $v(t) = 750\cos(5{,}000 - 30°)$V를 인가했을 때, 다음 중 회로의 리액턴스[Ω]는?

① 40Ω
② 90Ω
③ 120Ω
④ 160Ω

03 4μF 및 6μF의 콘덴서를 직렬로 접속하고 100V의 전압을 가하였을 때, 합성 정전 용량은?

① 2.4μF
② 3.8μF
③ 1.8μF
④ 5μF

04 내구의 반지름이 am, 외구의 반지름이 bm인 동심 구형 콘덴서에서 내구의 반지름과 외구의 반지름을 각각 $2a$m, $2b$m로 증가시키면 구형 콘덴서의 정전용량은 몇 배로 되는가?

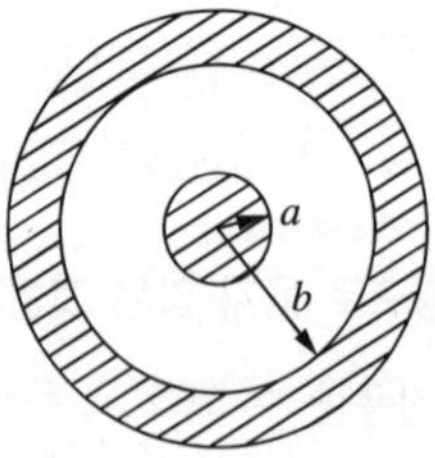

① 1배
② 2배
③ 4배
④ 8배

05 다음 중 유역 변경식 수력발전소의 특징으로 옳지 않은 것은?

① 유입된 물은 유입 경로와 다른 경로로 흘러나간다.

② 강릉 수력발전소는 유역 변경식을 적용한 발전소이다.

③ 인공적으로 수로를 만든 후 큰 낙차를 얻어 발전시키는 방식이다.

④ 유량이 적고 하천의 기울기가 큰 자연낙차를 이용한 발전 방식이다.

06 점 A에 정지해 있던 질량 1kg, 전하량 1C의 물체가 점 A보다 전위가 2V 낮은 점 B로 전위차에 의해서 가속되었을 때, 이 물체가 점 B에 도달하는 순간의 속도는?

① 1m/s

② 2m/s

③ 3m/s

④ 4m/s

07 직선 전류가 흐르는 무한히 긴 도체에서 80cm 떨어진 점의 자기장의 세기가 20AT/m일 때, 도체에 흐른 전류는 몇 A인가?

① 4πA

② 8πA

③ 16πA

④ 32πA

08 3상 전원의 수전단에서 전압 3,300V, 1,000A 뒤진 역률 0.8의 전력을 받고 있을 때 동기 조상기로 역률을 개선하여 1로 하고자 한다. 필요한 동기 조상기의 용량은?

① 315kVA

② 1,525kVA

③ 3,150kVA

④ 3,429kVA

09 권수 300회의 코일에 6A의 전류가 흘러서 0.05Wb의 자속이 코일을 지날 때, 이 코일의 자체 인덕턴스는 몇 H인가?

① 0.25H
② 0.35H
③ 2.5H
④ 3.5H

10 다음 중 5분 동안에 600C의 전기량이 이동했을 때 전류의 크기는 얼마인가?

① 2A
② 5A
③ 10A
④ 15A

11 다음 중 비사인파를 많은 사인파의 합성으로 표시하는 전개식은?

① 푸리에(Fourier)
② 헤르츠(Hertz)
③ 노튼(Norton)
④ 패러데이(Faraday)

12 다음 〈보기〉 중 특이함수(스위칭 함수)에 대한 설명으로 옳은 것을 모두 고르면?

보기

ㄱ. 특이함수는 그 함수가 불연속이거나 그 도함수가 불연속인 함수이다.
ㄴ. 단위계단함수 $u(t)$는 t가 음수일 때 -1, t가 양수일 때 1의 값을 갖는다.
ㄷ. 단위임펄스함수 $\delta(t)$는 $t=0$ 외에는 모두 0이다.
ㄹ. 단위램프함수 $r(t)$는 t의 값에 상관없이 단위 기울기를 갖는다.

① ㄱ, ㄴ
② ㄱ, ㄷ
③ ㄴ, ㄷ
④ ㄷ, ㄹ

13 다음 중 전기자 저항이 각각 $R_A=0.1\Omega$, $R_B=0.2\Omega$ 인 100V, 10kW의 두 분권 발전기 유기 기전력을 같게 병렬 운전하여 정격 전압으로 135A의 부하 전류를 공급할 때 각기의 분담 전류는?

① $I_A=90$A, $I_B=45$A
② $I_A=100$A, $I_B=35$A
③ $I_A=80$A, $I_B=55$A
④ $I_A=110$A, $I_B=25$A

14 300Ω 과 100Ω 의 저항성 임피던스를 다음 그림과 같이 회로에 연결하고 대칭 3상 전압 $V_L=200\sqrt{3}$V를 인가하였을 때, 회로에 흐르는 전류 I는?

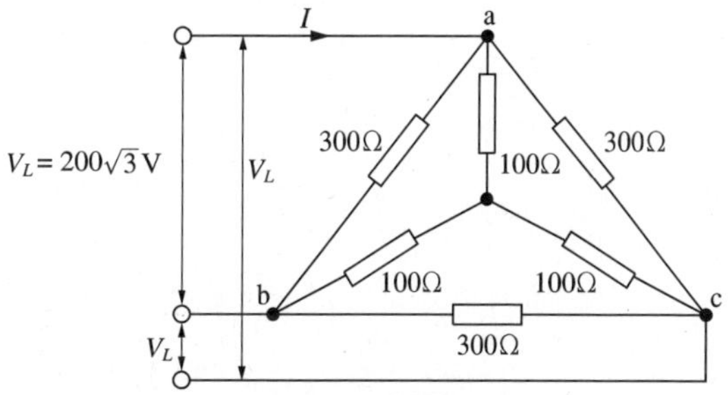

① 1A
② 2A
③ 3A
④ 4A

15 다음 중 서지전압에 대한 회로 보호용으로 쓰이는 제어소자는?

① 발광 다이오드
② 연산 증폭기
③ 바리스터
④ 터널 다이오드

16 **다음 중 옥내 배선에서 전선 접속에 대한 사항으로 옳지 않은 것은?**

① 접속 부위의 전기 저항을 증가시킨다.

② 전선의 강도를 20% 이상 감소시키지 않는다.

③ 접속 슬리브를 사용하여 접속한다.

④ 전선 접속기를 사용하여 접속한다.

17 **2,000/100V, 10kVA 변압기의 1차 환산 등가 임피던스가 $6.2+j7\Omega$ 이라면, 다음 중 임피던스 강하는 몇 %인가?(단, 소수점 셋째 자리에서 반올림한다)**

① 2.34%　　② 2.44%

③ 7.24%　　④ 7.44%

18 **다음 중 변압기에서 자속과 비례하는 것은?**

① 권수　　② 주파수

③ 전압　　④ 전류

19 **다음 중 제3종 접지공사를 시설하는 주된 목적으로 옳은 것은?**

① 기기의 효율을 좋게 한다.

② 기기의 절연을 좋게 한다.

③ 기기의 누전에 의한 감전을 방지한다.

④ 기기의 누전에 의한 역률을 좋게 한다.

20 **다음 중 10Ω 의 전구에 $v=141\sin\omega t$[V]의 교류 전압을 가했을 때 흐르는 전류의 실효값은?**

① 약 15A
② 약 12A
③ 약 10A
④ 약 8A

21 **다음 중 녹아웃 펀치(Knockout Punch)와 같은 용도의 공구는 무엇인가?**

① 리머(Reamer)
② 벤더(Bender)
③ 클리퍼(Clipper)
④ 홀소(Hole Saw)

22 **다음 그림과 같은 회로에서 점 A와 점 B 사이의 전위차는?**

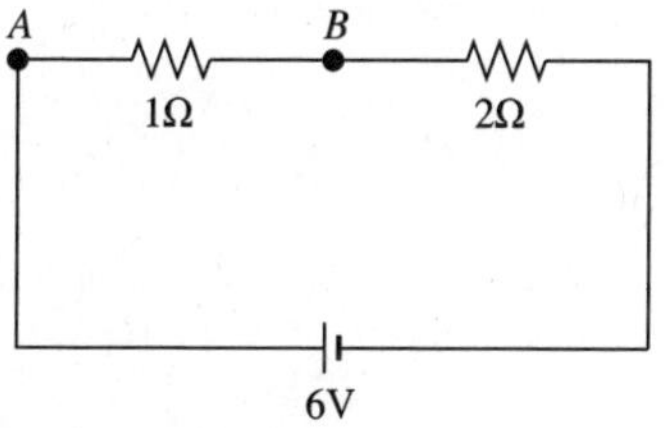

① 1V
② 2V
③ 4V
④ 6V

23 **다음 중 전원 100V에 $R_1=5\Omega$ 과 $R_2=15\Omega$ 의 두 전열선을 직렬로 접속한 경우에 대한 설명으로 옳은 것은?**

① R_1에는 R_2보다 3배의 전류가 흐른다.
② R_2는 R_1보다 3배의 열을 발생시킨다.
③ R_1과 R_2에 걸리는 전압은 같다.
④ R_1은 R_2보다 3배의 전력을 소비한다.

24 포화하고 있지 않은 직류 발전기의 회전수가 $\frac{1}{2}$로 감소되었을 때, 기전력을 전과 같은 값으로 하려면 여자를 속도 변화 전에 비해 몇 배로 해야 하는가?

① $\frac{1}{2}$배
② 1배
③ 2배
④ 3배

25 다음 중 분전반 및 배전반을 설치하는 장소로 옳은 것은?

① 전기회로를 쉽게 조작할 수 있는 장소
② 개폐기를 쉽게 개폐할 수 없는 장소
③ 은폐된 장소
④ 이동이 심한 장소

26 다음 중 단상 유도 전동기의 정회전 슬립이 s일 때, 역회전 슬립은?

① $1-s$
② $1+s$
③ $2-s$
④ $2+s$

27 다음 중 변압기의 철심에서 실제 철의 단면적과 철심의 유효면적과의 비는 무엇인가?

① 권수비
② 변류비
③ 변동률
④ 점적률

28 다음 회로와 같이 평형 3상 RL부하에 커패시터 C를 설치하여 역률을 100%로 개선할 때, 커패시터의 리액턴스는?(단, 선간전압은 200V, 한 상의 부하는 $12+j9\,\Omega$이다)

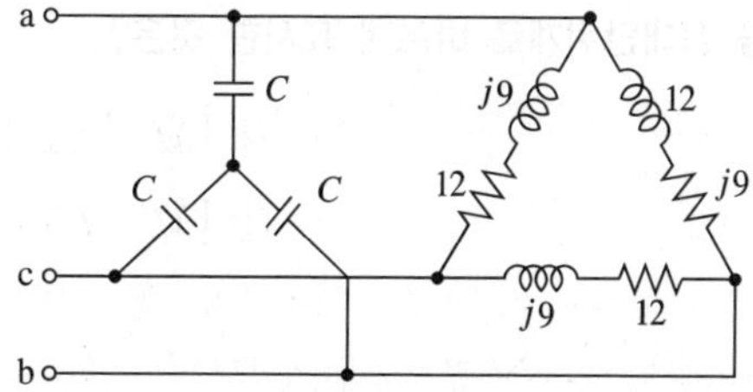

① $\frac{20}{4}\,\Omega$　② $\frac{20}{3}\,\Omega$
③ $\frac{25}{4}\,\Omega$　④ $\frac{25}{3}\,\Omega$

29 다음 중 도선에 전류를 흐르게 하면 열이 발생하는데 그 열이 전류의 제곱 및 흐른 시간에 비례한다는 법칙은?

① 줄(Joule)의 법칙　② 옴(Ohm)의 법칙
③ 패러데이(Faraday)의 법칙　④ 비오－사바르(Biot－Savart)의 법칙

30 RLC 직렬회로에 공급되는 교류전압의 주파수가 $f=\frac{1}{2\pi\sqrt{LC}}$[Hz]일 때, 〈보기〉의 설명 중 옳은 것을 모두 고르면?

보기
ㄱ. L 또는 C 양단에 가장 큰 전압이 걸리게 된다.
ㄴ. 회로의 임피던스는 가장 작은 값을 가지게 된다.
ㄷ. 회로에 흐른 전류는 공급전압보다 위상이 뒤진다.
ㄹ. L에 걸리는 전압과 C에 걸리는 전압의 위상은 서로 같다.

① ㄱ, ㄴ　② ㄴ, ㄷ
③ ㄱ, ㄷ, ㄹ　④ ㄴ, ㄷ, ㄹ

01 다음 중 압축률의 차원을 절대단위계로 바르게 표시한 것은?

① $[M^{-2}LT^2]$
② $[M^{-1}LT^2]$
③ $[MLT^2]$
④ $[M^{-2}LT]$

02 다음 중 유체를 매개로 하여 동력을 전달하는 장치로, 유체를 가득 채운 케이싱 내부에 임펠러(Impeller)를 서로 마주보게 세워두고 회전력을 전달하는 장치는?

① 축압기
② 체크 밸브
③ 유체 커플링
④ 유압 실린더

03 다음 중 항온 열처리에 대한 설명을 〈보기〉의 항온 열처리 방법과 바르게 연결한 것은?

(가) Ms점과 Mf점 사이에서 항온처리하며, 마텐자이트와 베이나이트의 혼합조직을 얻는다.
(나) 특정 온도로 유지 후 공기 중에서 냉각, 베이나이트 조직을 얻는다.
(다) 과랭 오스테나이트에서 소성 가공을 한 후 마텐자이트화한다.

보기
㉠ 오스템퍼링
㉡ 오스포밍
㉢ 마템퍼링

① (가) – ㉠, (나) – ㉡, (다) – ㉢
② (가) – ㉡, (나) – ㉠, (다) – ㉢
③ (가) – ㉡, (나) – ㉢, (다) – ㉠
④ (가) – ㉢, (나) – ㉠, (다) – ㉡

04 **다음 중 몇 개의 숫돌을 공작물에 대고 압력을 가하면서 회전운동과 왕복운동을 시켜 보링 또는 연삭 다듬질한 원통 내면의 미세한 돌기를 없애고, 극히 아름다운 표면으로 다듬질하는 가공법은?**

① 배럴(Barrel) 가공
② 호닝(Honing)
③ 슈퍼 피니싱(Super Finishing)
④ 숏 피닝(Shot Peening)

05 **다음 중 응력집중현상에 대한 설명으로 옳지 않은 것은?**

① 필릿의 반지름을 크게 하여 응력집중현상을 감소시킨다.
② 노치, 구멍, 홈 및 단 부위에 응력집중현상이 발생된다.
③ 응력집중 정도를 알아보기 위한 응력집중계수는 재료의 크기와 재질에 영향을 크게 받는다.
④ 단면부분을 열처리하거나 표면거칠기를 향상시켜서 응력집중현상을 감소시킨다.

06 **다음 중 금속이 고온에서 장시간 외력을 받으면 서서히 변형이 증가하는 현상은?**

① 전성 ② 크리프
③ 가단성 ④ 연성

07 **다음 중 열처리에 대한 설명으로 옳지 않은 것은?**

① 완전 풀림처리(Full Annealing)에서 얻어진 조직은 조대 펄라이트(Pearlite)이다.
② 노멀라이징(Normalizing)은 강의 풀림처리에서 일어날 수 있는 과도한 연화를 피할 수 있도록 공기 중에서 냉각하는 것을 의미한다.
③ 오스템퍼링(Austempering)은 오스테나이트(Austenite)에서 베이나이트(Bainite)로 완전히 등온변태가 일어날 때까지 특정온도로 유지한 후 공기 중에서 냉각한다.
④ 스페로다이징(Spherodizing)은 미세한 펄라이트 구조를 얻기 위해 공석온도 이상으로 가열한 후 서랭하는 공정이다.

08 다음 중 아래 경도 시험의 종류와 〈보기〉의 경도 시험의 명칭을 바르게 연결한 것은?

(가) 원뿔형 다이아몬드 및 강구를 누르는 방법
(나) 낙하시킨 추의 반발높이를 이용
(다) 구형 누르개를 일정한 시험하중으로 압입

보기

㉠ 쇼어 경도(H_S)
㉡ 브리넬 경도(H_B)
㉢ 로크웰 경도(H_R)

① (가) – ㉠, (나) – ㉡, (다) – ㉢
② (가) – ㉡, (나) – ㉠, (다) – ㉢
③ (가) – ㉡, (나) – ㉢, (다) – ㉠
④ (가) – ㉢, (나) – ㉠, (다) – ㉡

09 다음 중 가스터빈에 대한 설명으로 옳지 않은 것은?

① 압축, 연소, 팽창, 냉각의 4과정으로 작동되는 외연기관이다.
② 실제 가스터빈은 개방사이클이다.
③ 증기터빈에 비해 중량당의 동력이 크다.
④ 공기는 산소를 공급하고 냉각제의 역할을 한다.

10 다음 중 회주철을 기호로 GC300과 같이 표시할 때 300이 의미하는 것은?

① 최저 항복강도　② 최저 인장강도
③ 최저 굽힘강도　④ 최저 전단강도

11 다음 그림과 같은 수평면에 놓인 50kg 무게의 상자에 힘 $P=400$N으로 5초 동안 잡아당긴 경우, 운동하게 되는 상자의 속도와 가장 가까운 값은?(단, 상자와 바닥면 간의 마찰계수는 0.3이다)

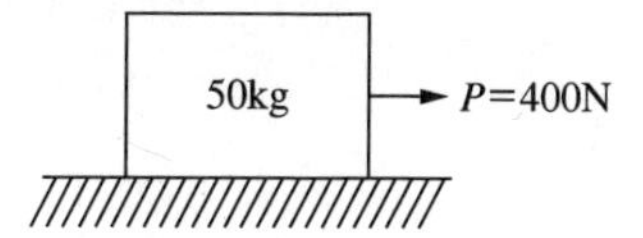

① 10m/s
② 25m/s
③ 40m/s
④ 50m/s

12 다음 중 디젤기관의 특징에 대한 설명으로 옳은 것은?

① 공기와 연료를 혼합하여 동시에 공급한다.
② 전기점화방식을 사용하여 연료를 착화한다.
③ 소음과 진동이 작아 조용한 운전이 가능하다.
④ 연료장치로 연료분사펌프와 노즐을 사용한다.

13 다음 중 사각나사의 축방향하중이 Q, 마찰각이 p, 리드각이 α일 때 사각나사가 저절로 풀리는 조건은?

① $Q\tan(p+\alpha)>0$
② $Q\tan(p+\alpha)<0$
③ $Q\tan(p-\alpha)<0$
④ $Q\tan(p-\alpha)>0$

14 **다음 중 기계재료의 구비조건으로 옳지 않은 것은?**

① 고온에서 경도가 낮을 것
② 내마모성이 클 것
③ 재료 공급이 용이할 것
④ 열처리가 쉬울 것

15 **다음 글에 대한 설명과 관련 있는 현상은?**

> **〈사출성형품의 불량원인과 대책〉**
>
> 금형의 파팅 라인(Parting Line)이나 이젝터 핀(Ejector Pin) 등의 틈에서 흘러 나와 고화 또는 경화된 얇은 조각 모양의 수지가 생기는 것을 말하는 것으로 이를 방지하기 위해서는 금형 자체의 밀착성을 좋게 하도록 체결력을 높여야 한다.

① 플로마크(Flow Mark) 현상
② 싱크마크(Sink Mark) 현상
③ 웰드마크(Weld Mark) 현상
④ 플래시(Flash) 현상

16 **다음 중 선재의 지름이나 판재의 두께를 측정하는 게이지는?**

① 와이어 게이지
② 나사 피치 게이지
③ 반지름 게이지
④ 센터 게이지

17 **다음 중 압력이 101kPa이고, 온도가 27℃일 때, 크기가 5m×5m×5m인 방에 있는 공기의 질량은?(단, 공기의 기체상수는 0.287kJ/kg·K이다)**

① 약 118.6kg
② 약 128.6kg
③ 약 136.6kg
④ 약 146.6kg

18 지름이 70mm인 소방노즐에서 물제트가 50m/s의 속도로 건물 벽에 수직으로 충돌하고 있다. 벽이 받는 힘은 약 몇 N인가?(단, 물의 밀도는 1,000kg/m^3이다)

① 155N
② 174N
③ 192N
④ 210N

19 M은 질량, L은 길이, T는 시간이라고 할 때, 다음 중 점성계수의 차원은?

① $ML^{-1}T^{-2}$
② $ML^{-1}T^{-1}$
③ MLT^{-1}
④ $M^{-1}L^{-1}T^{-2}$

20 다음 중 유량제어 밸브를 실린더의 출구 쪽에 설치해서 유출되는 유량을 제어하여 피스톤 속도를 제어하는 회로는?

① 미터 아웃 회로
② 블리드 오프 회로
③ 미터 인 회로
④ 카운터 밸런스 회로

21 길이가 L이고 스프링상수가 k인 균일한 스프링이 있다. 이 스프링 길이의 $\frac{2}{3}$를 잘라내고 남은 길이가 $\frac{1}{3}$인 스프링의 스프링상수는 얼마인가?(단, 스프링에는 길이 방향하중만 작용한다)

① $\frac{k}{3}$
② $\frac{2k}{3}$
③ $\frac{3k}{2}$
④ $3k$

22 다음은 마이크로미터의 측정 눈금을 나타낸 것이다. 측정값으로 옳은 것은?

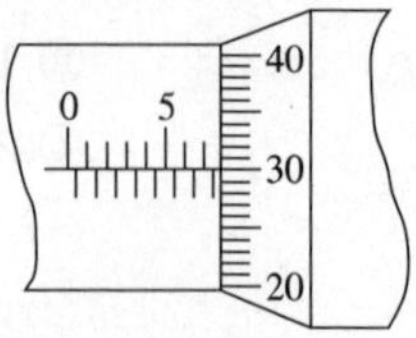

① 1.35mm
② 1.85mm
③ 7.35mm
④ 7.80mm

23 다음 중 강(Steel)의 탄소 함유량이 증가함에 따라 나타나는 특성으로 옳지 않은 것은?

① 인장강도가 증가한다.
② 항복점이 증가한다.
③ 경도가 증가한다.
④ 충격치가 증가한다.

24 다음 중 유압회로에서 회로 내 압력이 설정치 이상이 되면 그 압력에 의하여 밸브를 전개하여 압력을 일정하게 유지시키는 역할을 하는 밸브는?

① 시퀀스 밸브
② 유량 제어 밸브
③ 릴리프 밸브
④ 감압 밸브

25 **다음 중 디젤기관의 독립식 분사펌프에서 연료가 공급되는 순서가 바르게 나열된 것은?**

① 연료탱크 → 공급펌프 → 연료여과기 → 분사노즐 → 분사펌프 → 연료여과기
② 연료탱크 → 연료여과기 → 분사펌프 → 공급펌프 → 분사노즐 → 연료여과기
③ 연료탱크 → 분사펌프 → 공급펌프 → 연료여과기 → 분사노즐 → 연료여과기
④ 연료탱크 → 연료여과기 → 공급펌프 → 연료여과기 → 분사펌프 → 분사노즐

26 **스프링상수가 같은 2개의 코일스프링을 각각 직렬과 병렬로 연결하였다. 다음 중 직렬로 연결한 시스템의 상당(등가) 스프링상수는 병렬로 연결한 시스템의 상당(등가) 스프링상수의 몇 배인가?**

① $\frac{1}{4}$배　　② $\frac{1}{2}$배
③ 2배　　④ 4배

27 **다음 중 결합에 사용되는 기계요소끼리 바르게 나열한 것은?**

① 관통 볼트, 묻힘 키, 플랜지 너트, 분할 핀
② 삼각나사, 유체 커플링, 롤러 체인, 플랜지
③ 드럼 브레이크, 공기스프링, 웜 기어, 스플라인
④ 스터드 볼트, 테이퍼 핀, 전자 클러치, 원추 마찰차

28 **다음 중 큰 회전력을 전달할 수 있는 기계요소 순서대로 바르게 나열한 것은?**

① 안장키 > 경사키 > 스플라인 > 평키
② 스플라인 > 경사키 > 평키 > 안장키
③ 안장키 > 평키 > 경사키 > 스플라인
④ 스플라인 > 평키 > 경사키 > 안장키

29 **단면적이 $0.36m^2$이고 한쪽 벽이 고정되지 않은 실린더를 가열하여 벽이 40cm 이동하였다. 내부 압력이 50kPa으로 일정하고 내부에너지의 변화량이 13.5kJ일 때, 실린더가 얻은 열량은?**

① 13.5kJ
② 16.1kJ
③ 18.5kJ
④ 20.7kJ

30 **다음 중 체인을 이용하여 동력을 전달하는 방식에 대한 설명으로 옳지 않은 것은?**

① 진동과 소음의 발생 가능성이 크고 고속회전에 적당하지 않다.
② 초기 장력이 필요하며 베어링의 마찰손실이 발생한다.
③ 미끄럼이 없는 일정한 속도비를 얻을 수 있다.
④ 여러 개의 축을 동시에 구동할 수 있다.

31 **다음 중 우리나라 최초의 상수도는?**

① 뚝도정수장
② 단양정수장
③ 고성정수장
④ 봉화정수장

32 **다음 중 소수력(Small Hydro Power)에 대한 설명으로 옳은 것은?**

① 소수력이란 소규모의 수력발전으로 5,000kW 이하의 경우를 의미한다.
② 소수력발전은 건설기간이 비교적 짧은 대신 환경훼손이 대수력에 비해 크다는 단점이 있다.
③ 소수력발전은 대수력에 비해 첨두부하에 대한 기여도가 적지만 초기 투자 부담이 작다는 장점이 있다.
④ 소수력은 기존시설물의 이용 여부에 따라 일반 하천을 이용한 소수력과 기존시설물을 이용한 소수력으로 구분된다.

33 **다음은 댐건설법에서 규정하는 댐 주변지역지원사업에 관한 계획을 수립하는 지역의 범위에 대한 설명이다. 빈칸 ㉠, ㉡에 들어갈 내용으로 옳은 것은?**

> 댐건설 및 주변지역지원 등에 관한 법률(약칭 : 댐건설법)에 따른 댐주변지역의 범위는 다음 ㉮~㉯의 지역으로 한다.
> ㉮ 댐의 계획홍수위선(계획홍수위선이 없는 경우에는 상시 만수위선)으로부터 ___㉠___ 이내의 지역
> ㉯ 댐의 발전소로부터 반경 ___㉡___ 이내의 지역

	㉠	㉡
①	2km	2km
②	2km	5km
③	5km	2km
④	5km	5km

34 **다음 중 한국수자원공사의 미션으로 옳은 것은?**

① 건강한 물, 가정의 행복
② 신뢰받는 물, 나아가는 국민
③ 물이 여는 미래, 물로 나누는 행복
④ 맑아지는 물, 도약하는 대한민국

35 **다음 중 환경영향평가에 대한 설명으로 옳은 것은?**

① 입지의 타당성을 검토하는 단계는 전략환경영향평가이다.
② 전략환경영향평가는 사업의 평가 단계에서 이루어지는 평가이다.
③ 환경영향평가 및 소규모 환경영향평가는 사업의 종료 단계에서 이루어진다.
④ 인구, 산업은 평가분야 중 생활환경 분야에 해당한다.

36 **다음 중 조력발전에 대한 설명으로 옳지 않은 것은?**

① 조력발전 중 복류식은 창조식과 낙조식으로 분류된다.
② 조력발전은 한쪽으로만 발전하는 단류식과 양쪽으로 발전하는 복류식이 있다.
③ 창조식 조력발전은 밀물이 되었을 때, 높아진 바다와 호수의 수위차를 이용하여 바닷물을 유입시켜 전기를 생산하는 시스템이다.
④ 낙조식 발전은 밀물 때 호수를 채운 후, 썰물 때 호수와 외해의 수위차를 이용하여 전기를 생산하는 시스템이다.

37 **다음 중 우리나라 최초의 상업발전 댐은?**

① 섬진강댐	② 낙동강댐
③ 소양강댐	④ 한탄강댐

38 **다음 중 한국수자원공사 수변사업의 미래방향에 대한 설명으로 옳지 않은 것은?**

① 수변사업은 스마트시티로의 전환이 가속화될 것이다.
② 미래에는 친환경성과 더불어 다양하고 복잡화된 수요가 수변공간에 요구될 것이다.
③ 수변공간에 4차 산업, 탄소중립 등을 융합시켜 차별화된 창의적 공간으로 조성해야 한다.
④ 사회・경제・문화적 환경이 분리된 수변공간의 잠재적 가치를 인정하는 인식의 전환이 필요하다.

39 **다음 글은 표준정수처리공정과 관련된 내용이다. 빈칸 A ~ C에 들어갈 단어를 바르게 연결한 것은?**

- 원수의 탁질 중에서 입경이 10^{-2}mm 이상인 것은 보통 침전이나 여과로 제거가 가능하다. 하지만 입경이 __A__mm(1μm) 이하인 물질은 대부분이 음전하를 띠기 때문에 자기들끼리 반발하여 자연적인 방법으로는 침전하기 어렵고, 여과로도 제거되지 않는다.
- __B__(이)란 물속의 현탁물질이나 유기물, 미생물 등의 미립자를 응집제로 응집시킨 큰 덩어리를 말한다.
- __C__・응집공정의 처리과정은 응집제를 첨가해서 탁질을 __B__(으)로 생성시키는 단계와 생성된 __B__을/를 크게 성장시키는 단계로 구분할 수 있다. 이 두 단계의 기능을 분리하여 전 단계를 __C__, 다음 단계를 응집이라 한다.

	A	B	C
①	10^{-4}	플록	혼화
②	10^{-4}	혼화	플록
③	10^{-3}	플록	혼화
④	10^{-3}	혼화	플록

40 **다음 중 한국수자원공사의 지방상수도 현대화사업에 대한 내용으로 옳지 않은 것은?**

① 노후 상수관망 정비사업의 대상은 유수율 70% 미만 급수구역이 포함된 시・군이다.
② 환경부 정책에 따라 총사업비는 지방비 3.1조 원으로 운영된다.
③ 현재 133개 사업이 추진 중이며 이 중 한국수자원공사는 75개 사업을 수행 중이다.
④ 노후 정수장 정비사업은 경과 연수가 20년 이상이면서 정수처리 기능이 저하된 시설이다.

시대에듀

M E M O

답안채점 • 성적분석 서비스

모바일 OMR

도서 내 모의고사 우측 상단에 위치한 QR코드 찍기	→ 로그인 하기	→ '시작하기' 클릭	→ '응시하기' 클릭	→ 나의 답안을 모바일 OMR 카드에 입력	→ '성적분석 & 채점결과' 클릭	→ 현재 내 실력 확인하기

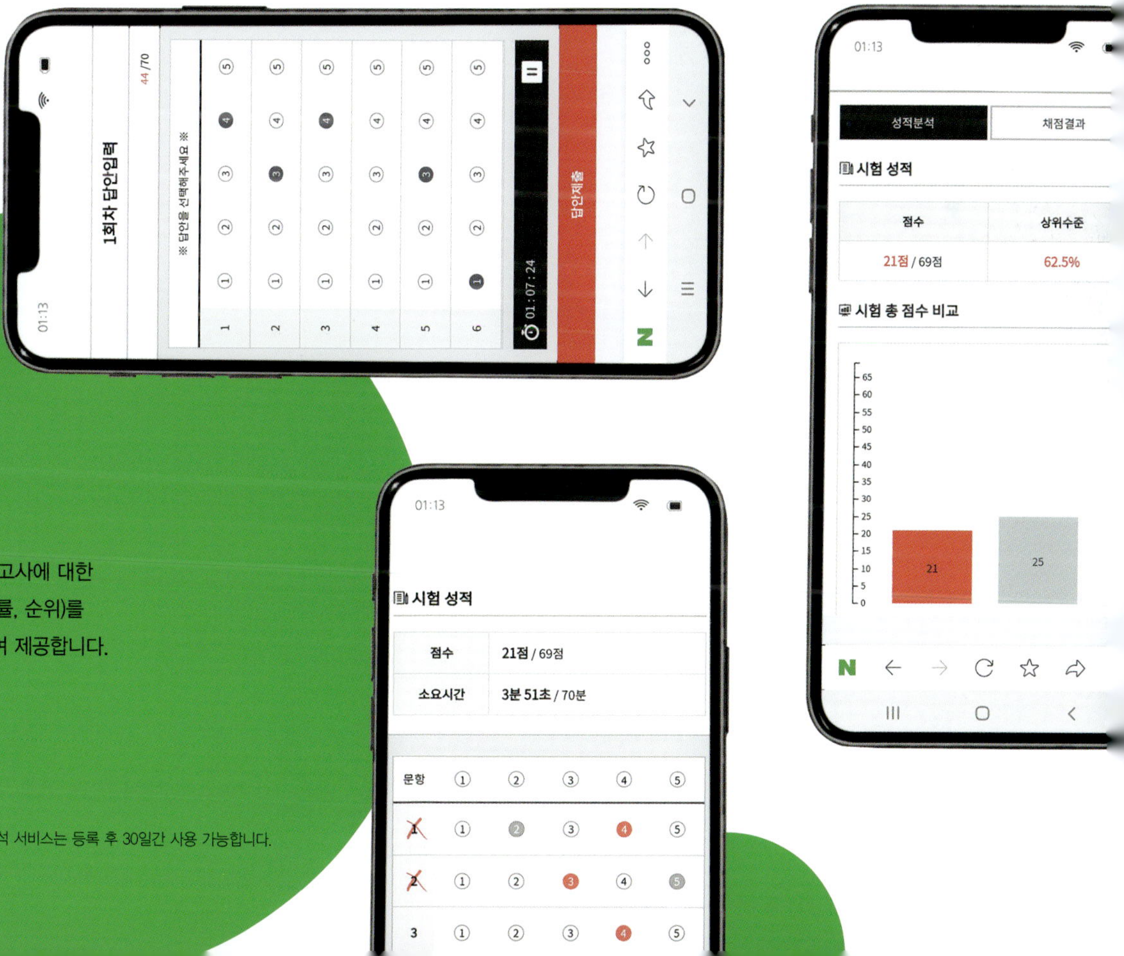

도서에 수록된 모의고사에 대한
객관적인 결과(정답률, 순위)를
종합적으로 분석하여 제공합니다.

※OMR 답안채점 / 성적분석 서비스는 등록 후 30일간 사용 가능합니다.

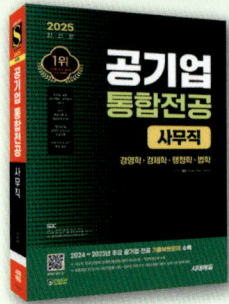

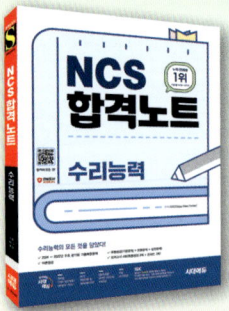

2026
전면개정판

사이다 기출응용
모의고사 시리즈

사이다

사일 동안
이것만 풀면
다 합격!

누적 판매량
1위
기업별 NCS 시리즈

한국수자원공사
NCS + 전공
4회분 | 정답 및 해설

모바일 OMR
답안채점 / 성적분석
서비스

NCS
핵심이론 및
대표유형 PDF

[합격시대]
온라인 모의고사
무료쿠폰

무료
NCS
특강

SDC SDC는 시대에듀 데이터 센터의 약자로 약 30만 개의 NCS · 적성 문제 데이터를 바탕으로 최신 출제경향을 반영하여 문제를 출제합니다.

편저 | SDC(Sidae Data Center)

시대에듀

기출응용 모의고사

정답 및 해설

1일 차 기출응용 모의고사 정답 및 해설

01	02	03	04	05	06	07	08	09	10
①	④	④	④	④	②	④	④	②	④
11	12	13	14	15	16	17	18	19	20
②	②	③	④	②	④	②	②	③	④
21	22	23	24	25	26	27	28	29	30
④	①	②	④	④	④	②	①	④	③
31	32	33	34	35	36	37	38	39	40
③	①	③	②	③	④	②	③	③	④

01

정답 ①

제시된 단어는 유의 관계이다.

'직권'은 직무상의 권한. 또는 공무원이나 법인 따위의 기관이 그 지위나 자격으로 행할 수 있는 사무나 그런 사무의 범위를 뜻하고, '권한'은 어떤 사람이나 기관의 권리나 권력이 미치는 범위를 뜻한다.

- 백중 : 재주나 실력, 기술 따위가 서로 비슷하여 낫고 못함이 없음. 또는 그런 형세
- 호각 : 서로 우열을 가릴 수 없을 정도로 역량이 비슷한 것

02

정답 ④

A씨의 아내는 A씨가 자신의 이야기에 공감해주길 바랐지만, A씨는 아내의 이야기를 들어주기보다는 해결책을 찾아 아내의 문제에 대해 조언하려고만 하였다. 따라서 아내는 마음을 털어놓고 남편에게 위로받고 싶었지만, A씨의 조언하려는 태도 때문에 더 이상 대화가 이어질 수 없었다.

오답분석

① 짐작하기 : 상대방의 말을 듣고 받아들이기보다 자신의 생각에 들어맞는 단서들을 찾아 자신의 생각을 확인하는 것이다.
② 걸러내기 : 상대의 말을 듣기는 하지만 상대방의 메시지를 온전하게 듣는 것이 아닌 경우이다.
③ 판단하기 : 상대방에 대한 부정적인 판단 때문에, 또는 상대방을 비판하기 위하여 상대방의 말을 듣지 않는 것이다.

03

정답 ④

제시문은 정신과 물질의 관계에 대한 이원론과 동일론 그리고 기능론과 이원론 입장에서 바라보는 사고 실험에 대해 설명하고 있다. 따라서 (다) 현대에 이원론보다 각광받는 동일론이 가진 문제점 – (나) 동일론의 문제점을 해결할 수 있는 기능론 – (라) 기능론을 비판하는 이원론의 입장에서 설명하는 감각질과 관련한 사고 실험 – (가) 감각질이 뒤집혀도 겉으로 드러난 행동과 말이 똑같은 이유 순으로 나열하는 것이 적절하다.

04

정답 ④

제시문에서 정부는 지방상수도 현대화 사업을 추진함으로써 누수율은 낮추고 유수율은 높여 국민의 물 걱정을 해소하겠다고 언급하고 있다.

오답분석

① 강원 횡성군, 충남 부여군・서천군・태안군, 충북 단양군, 전북 장수군, 전남 신안군, 경북 의성군, 경남 함양군과 현대화 사업 수탁・협약을 체결했다.
② 지방상수도 현대화 사업은 상수도 재정 상태가 열악한 지자체의 노후 상수관망을 정비하고 노후 정수장을 개량하는 사업이다.
③ 22개 지자체가 선제적으로 지방상수도 현대화 사업을 2017년부터 본격 추진하였다.

05

정답 ④

㉣(토지공공임대제)은 ㉢(토지가치공유제)의 하위 제도로, 처분권은 공공이 갖지만 사용권을 가진 민간에게 한시적으로 처분권을 맡기는 것 뿐이다.

06

정답 ②

'갑돌'의 성품이 탁월하다고 볼 수 있는 것은 그의 성품이 곧고 자신감이 충만하며, 다수의 옳지 않은 행동에 대하여 비판의 목소리를 낼 것이며 그렇게 하는 데에 별 어려움을 느끼지 않을 것이기 때문이다. 또한, 세 번째 문단에 따르면 탁월한 성품은 올바른 훈련을 통해 올바른 일을 바르고 즐겁게 그리고 어려워하지 않으며 처리할 수 있는 능력을 뜻한다. 따라서 아리스토텔레스의 입장에서는 엄청난 의지를 발휘하고 자신과의 힘든 싸움을 해야 했던 '병식'보다는 잘못된 일에 별 어려움 없이 비판의 목소리를 내는 '갑돌'의 성품을 탁월하다고 여길 것이다.

07
정답 ④

제시문은 생성형 AI 기술이 창작, 의료 등 다양한 분야에서 가져온 긍정적인 변화와 함께 허위 정보 확산, 딥페이크 문제, 직업 대체 가능성 등 여러 사회적 문제를 언급하고 있다. 그러나 이러한 문제점에도 불구하고 생성형 AI가 가진 잠재력과 이를 책임감 있게 활용해야 할 필요성을 강조하며 글을 마무리하고 있으므로 글의 주제는 '생성형 AI의 가능성과 이를 책임감 있는 활용의 중요성'이다.

08
정답 ④

제10조 제2항에 따르면 구성원 과반수 찬성으로 의결할 수 있다. 따라서 위원장을 포함하여 10인으로 리스크 관리 위원회가 구성된 상황을 가정하고 있으므로, 의결을 위해서는 최소한 그 과반수인 6명의 찬성이 필요하다.

오답분석

① 제6조 제2항에 따르면 기획지원본부장이 아닌 기획관리본부장이 위원장을 맡는다.
② 제7조 제3항에 따르면 위원의 참석이 불가능한 경우, 상급자가 아닌 직제규정상 직무대리자가 대리 참석할 수 있다.
③ 제7조 제2항에 따르면 원칙상 회의 소집 정보를 회의 개최 3일 전까지 사전 통지하여야 하나, 단서조항에 따르면 긴급을 요하는 경우에는 그러하지 아니한다고 되어 있다.

09
정답 ②

마지막 문단에 따르면 놀이공원이나 휴대전화 요금제 등을 미루어 생각해 볼 때, 이부가격제는 이윤 추구를 최대화하려는 기업의 가격 제도이다.

10
정답 ④

ㄱ. 두 번째 문단에 따르면 A테크놀로지는 대기업인 S전자와는 별도로 수입자에게 직접 공급하는 수출계약을 체결하였으므로 적절하지 않은 설명이다.
ㄴ. 다섯 번째 문단에 따르면 세계 네트워크 시장은 중국과 유럽이 주도하고 있다고 나와 있으므로 적절하지 않은 설명이다.
ㄹ. 다섯 번째 문단에 따르면 최근에는 발주처가 자금조달을 수주기업에 요구하고 있기 때문에 기술력뿐만 아니라 금융 경쟁력 확보가 필수라고 하였으므로 적절하지 않은 설명이다.

오답분석

ㄷ. 두 번째 문단에 따르면 수출증대에 따른 생산증가는 기존 일자리에 대한 고용안정성 증가와 신규 일자리 창출에도 기여할 수 있다는 내용이 있으므로 적절한 설명이다.

11
정답 ②

2040년의 고령화율이 2010년 대비 2배 이상 증가하는 나라는 ㉠ 한국(3.0배), ㉣ 브라질(2.5배), ㉤ 인도(2.0배)이다. 비교적 간단한 수치이므로 눈대중으로 빠르게 풀 수 있어야 한다.

㉠ 한국 : $\frac{33.0}{11.0}=3.0$배

㉡ 미국 : $\frac{21.2}{13.1}\fallingdotseq 1.6$배

㉢ 일본 : $\frac{34.5}{23.0}=1.5$배

㉣ 브라질 : $\frac{17.6}{7.0}\fallingdotseq 2.5$배

㉤ 인도 : $\frac{10.2}{5.1}=2.0$배

12
정답 ②

각 계열의 산출 공식을 대입하여 A~E의 적성고사 점수를 산정하면 다음과 같다.

- A : (18개×4점)+(17개×3점)+(5개×3점)+230점=368점
- B : (17개×3점)+(13개×4점)+(8개×3점)+230점=357점
- C : (12개×4점)+(14개×3점)+(6개×3점)+230점=338점
- D : (17개×4점)+(11개×3점)+(3개×3점)+230점=340점
- E : (19개×3점)+(18개×4점)+(6개×3점)+230점=377점

따라서 A~E의 평균 점수는 (368+357+338+340+377)÷5=356점이다.

13
정답 ③

반장과 부반장을 서로 다른 팀에 배치하는 경우는 2가지이다. 2명을 제외한 인원을 2명, 4명으로 나누는 경우는 먼저 6명 중 2명을 뽑는 방법과 같으므로 ${}_6C_2=\frac{6\times5}{2}=15$가지이다.

따라서 래프팅을 두 팀으로 나눠 타는 경우의 수는 2×15=30가지이다.

14
정답 ④

ㄱ. 운행연수가 4년 이하인 차량 중 부적합률이 가장 높은 차종은 화물차가 아닌 특수차이다.
ㄷ. 자료에서 4년 이하와 15년 이상을 제외하고는 모두 2년 단위로 항목이 구분되어 있다. 따라서 1년 단위로 운행연수를 구분할 수는 없으므로 운행연수에 따른 부적합률은 판단할 수 없다. 예를 들어 승합차 중 운행연수가 7~8년에 해당하는 차량의 경우, 운행연수가 7년인 차량과 8년인 차량의 수가 동일하다고 가정하자. 7년인 차량의 부적합률이 12.9%, 8년인 차량의 부적합률이 12.5%인 경우 운행연수가 7~8년인 차량의 부적합률은 자료와 같이 12.7%이지만, 운행연수가 7년으로 더 낮은 차량의 부적합률이 8년인 차량보다 더 높게 된다. 따라서 제시된 자료만 참고하여 명확히 알 수 없으므로 옳지 않은 설명이다.

ㄹ. 운행연수가 13 ~ 14년인 차량 중 화물차의 부적합률 대비 특수차의 부적합률의 비율은 $\frac{16.2}{23.5}\times 100 \fallingdotseq 69\%$이므로 옳지 않은 설명이다.

오답분석

ㄴ. 운행연수가 11 ~ 12년인 승용차의 부적합률은 16.4%, 5 ~ 6년인 승용차의 부적합률은 7.2%이다. 11 ~ 12년인 승용차의 부적합률은 5 ~ 6년인 승용차의 부적합률의 $\frac{16.4}{7.2} \fallingdotseq 2.28$배이므로 옳은 설명이다.

15

정답 ②

㉠ 특수차의 경우 운행연수가 5 ~ 6년인 차량의 부적합률이 7 ~ 8년, 9 ~ 10년인 차량의 부적합률보다 높다. 또한 화물차의 경우에도 운행연수가 9 ~ 10년인 차량의 부적합률과 11 ~ 12년인 차량의 부적합률이 동일하다.

㉢ 모든 운행연수를 합한 화물차의 부적합률은 18.2%로 가장 높으며, 모든 운행연수를 합한 승용차의 부적합률은 13.8%로 가장 낮다. 따라서 4.4%p의 차이를 보인다.

오답분석

㉡ 자료를 보면 가장 우측 맨 아래 항목이 15.2%로 15% 이상임을 알 수 있다.

㉣ 특수차의 경우 15년 이상인 차량의 부적합률은 18.7%로, 4년 이하인 차량의 부적합률 8.3%의 $\frac{18.7}{8.3} \fallingdotseq 2.25$이므로 2.5배 미만이다.

16

정답 ④

ㄴ. 보험금 지급 부문에서 지원된 금융구조조정자금 중 저축은행이 지원받은 금액의 비중은 $\frac{72,892억}{303,125억}\times 100 \fallingdotseq 24.0\%$로 20%를 초과한다.

ㄷ. 제2금융에서 지원받은 금융구조조정자금 중 보험금 지급 부문으로 지원받은 금액이 차지하는 비중은 $\frac{182,718억}{217,080억}\times 100 \fallingdotseq 84.2\%$로, 80% 이상이다.

ㄹ. 부실자산 매입 부문에서 지원된 금융구조조정자금 중 은행이 지급받은 금액의 비중은 $\frac{81,064억}{105,798억}\times 100 \fallingdotseq 76.6\%$로, 보험사가 지급받은 금액의 비중의 20배인 $\frac{3,495억}{105,798억}\times 100\times 20 \fallingdotseq 66.1\%$ 이상이므로 옳은 설명이다.

오답분석

ㄱ. 출자 부문에서 은행이 지원받은 금융구조조정자금은 222,039억 원으로, 증권사가 지원받은 금융구조조정자금의 3배인 99,769억×3=299,307억 원보다 적다.

17

정답 ②

- 흰 공이 나오고 앞면이 3번 나올 확률 : $\frac{3}{5}\times\left(\frac{1}{2}\right)^3=\frac{3}{40}$
- 검은 공이 나오고 앞면이 3번 나올 확률 : $\frac{2}{5}\times 4\times\left(\frac{1}{2}\right)^4$

$=\frac{1}{10}$

$\therefore \frac{3}{40}+\frac{1}{10}=\frac{7}{40}$

따라서 앞면이 3번 나올 확률은 $\frac{7}{40}$이다.

18

정답 ②

- 2023년 대구 지역의 인구 : 982천 명
- 2024년 대구 지역의 인구 : 994천 명

따라서 전년 대비 2024년 대구 지역의 인구 증가율은 $\frac{994-982}{982}\times 100 \fallingdotseq 1.2$이므로 약 1.2% 증가하였다.

19

정답 ③

A원두의 100g당 원가를 a원, B커피의 100g당 원가를 b원이라고 하면 다음과 같은 식이 성립한다.

$1.5(a+2b)=3,000$ … ㉠

$1.5(2a+b)=2,850$ … ㉡

㉠과 ㉡을 연립하면 $a+b=1,300$이므로, $a=600$, $b=700$이다.
따라서 B원두의 100g 당 원가는 700원이다.

20

정답 ④

김포공항을 사용하는 A300 항공기의 정류료 납부의 경우, 국제선은 809천 원, 국내선은 135천 원을 납부하여야 한다.

따라서 $\frac{809}{135} \fallingdotseq 5.99$배이므로 옳지 않은 설명이다.

오답분석

① 자료를 보면 착륙료와 정류료 모두 무게가 무거운 기종일수록 더 높은 금액을 납부하여야 한다는 것을 알 수 있다.
② 김해공항을 사용하는 항공기들은 국제선과 국내선 모두 기종과 상관없이 모두 동일하게 52천 원의 조명료를 납부한다.
③ 광주공항을 사용하는 시드니행 B747 항공기는 광주공항에 대하여 공항사용료로 착륙료 2,510천 원, 조명료 43천 원, 정류로 364천 원을 납부하여야 한다. 총 291만 7천 원이기 때문에 옳은 설명이다.

21

정답 ④

• A씨가 인천공항에 도착한 현지 날짜 및 시각

독일 시각 11월 2일 19시 30분
소요 시간 +12시간 20분
시차 +8시간
=11월 3일 15시 50분

인천공항에 도착한 시각은 한국 시각으로 11월 3일 15시 50분이고, A씨는 3시간 40분 뒤에 일본으로 가는 비행기를 타야 한다. 비행 출발 시각 1시간 전에는 공항에 도착해야 하므로, 참여 가능한 환승투어 코스는 소요 시간이 2시간 이내인 엔터테인먼트, 인천시티, 해안관광이다. 따라서 A씨의 인천공항 도착 시각과 환승투어 코스가 바르게 짝지어진 것은 ④이다.

22

정답 ①

연차별 예산범위를 만족시키면서 6년 내에 모든 지부의 전산시스템을 교체할 수 있는 가능한 경우는 다음의 한 가지뿐이다.

구분	1년 차	2년 차	3년 차	4년 차	5년 차	6년 차
수도권	○	○	○	○		
전남권		○	○			
충북권	○					
경남권				○	○	○
경북권					○	○
사용할 예산 (억 원)	26+5 =31	26+10 =36	26+10 =36	26+17 =43	17+9 =26	17+9 =26
사용가능 예산(억 원)	32	40	38	44	28	26

ㄱ. 위 표에 따르면, 6년 내에 모든 지부의 전산시스템 교체를 위해서 수도권 지부는 1년 차에 시작하여야 하므로 옳은 설명이다.

ㄴ. 전남권 교체작업은 수도권의 교체 기간을 벗어나 다른 시기에 이루어질 수 없다.

오답분석

ㄷ. 충북권의 교체작업을 6년 차에 시작한다면 경북권을 6년 차에 교체할 수 없게 되고, 다른 기간에 경북권의 교체를 실시한다면 예산범위를 초과하는 연차가 생긴다. 따라서 6년 내에 교체가 불가능하다.

ㄹ. 위 표에 따르면, 충북권은 경남권이 아니라 수도권과 동시에 진행되므로 옳지 않은 설명이다.

23

정답 ②

연차별 예산범위를 만족시키면서 6년 내에 모든 지부의 전산시스템을 교체할 수 있는 가능한 경우는 다음의 한 가지뿐이다.

구분	1년 차	2년 차	3년 차	4년 차	5년 차	6년 차
수도권			○	○	○	○
전남권				○	○	
충북권			○			
경남권	○	○	○			
경북권	○	○				
사용할 예산 (억 원)	17+9 =26	17+9 =26	26+5 +17=48	26+10 =36	26+10 =36	26
사용가능 예산(억 원)	28	26	50	39	36	30

수도권 교체를 1년 차 혹은 2년 차에 시작하면 기한 내에 경남권을 실시할 수 없다. 그러므로 수도권 교체를 3년 차에 시작하고, 예산을 고려하여 경남권을 1년 차에 시작하도록 배치한다. 그러면 2년 차에 남은 잔여 예산은 9억 원이므로 2년 차에 경북권을 배치할 수 있다. 3년 차에는 경남권과 수도권이 겹치는데, 둘의 필요 예산만 합하여도 43억 원이 된다. 따라서 잔여 예산은 7억 원이므로 경북권을 배치할 수 없으며, 1년 차와 2년 차에 경북권 교체를 실시한다. 그러면 6년 차 중 잔여 예산을 고려하였을 때 전남권을 배치할 수 있는 기간은 4년 차와 5년 차뿐이고, 충북권의 전산시스템 교체가 시행될 수 있는 연차는 3년 차뿐이다.

24

정답 ④

먼저 제시된 조건에 따라 선택할 수 없는 관광코스를 제외할 수 있다.

• 4일 이상 관광하되 5일을 초과하면 안 되므로, 기간이 4일 미만인 B코스를 제외한다.
• 비용이 30만 원을 초과하고, 참여인원이 30명 초과인 C코스를 제외한다.

한편, D코스를 I카드로 결제할 때의 비용은 10% 할인을 적용받아 332,000×0.9=298,800원으로 30만 원 미만이다.

따라서 A코스와 D코스 중 경유지가 더 많은 D코스를 선택하는 것이 적절하다.

25

정답 ④

조건에 따라 각 프로그램의 점수와 선정 여부를 나타내면 다음과 같다.

(단위 : 점)

운영 분야	프로그램명	가중치 반영 인기 점수	가중치 반영 필요성 점수	수요도 점수	비고
운동	강변 자전거 타기	12	5	–	탈락
진로	나만의 책 쓰기	10	7+2	19	
여가	자수 교실	8	2	–	탈락
운동	필라 테스	14	6	20	선정
교양	독서 토론	12	4+2	18	
여가	볼링 모임	16	3	19	선정

수요도 점수는 '나만의 책 쓰기'와 '볼링 모임'이 19점으로 같지만, 인기 점수가 더 높은 '볼링 모임'이 선정된다. 따라서 하반기 동안 운영될 프로그램은 '필라테스'와 '볼링 모임'이다.

26

정답 ④

소득평가액은 실제소득에서 가구특성별 지출비용을 뺀 것이다.

27

정답 ②

두 번째 조건에 따라 D－C－E 순서로 뛰어내리고, 네 번째 조건에 따라 D－B－C－E 순서로 뛰어내린다. 첫 번째, 세 번째 조건을 만족하는 경우를 나타내면 다음과 같다.

구분	1	2	3	4	5	6
경우 1	D	B	C	E	A	F
경우 2	D	B	C	F	A	E
경우 3	D	B	F	C	A	E
경우 4	D	F	B	C	A	E
경우 5	F	D	B	C	E	A

따라서 B는 언제나 C보다 빨리 뛰어내린다.

28

정답 ①

부산이 네 번째 여행지였을 때 가능한 경우는 다음과 같다.

첫 번째	두 번째	세 번째	네 번째	다섯 번째	여섯 번째
전주	강릉	춘천	부산	안동	대구

따라서 전주는 민호의 첫 번째 여행지이다.

29

정답 ④

(순수익)=(수익)－(지출) 식을 이용하여 각 행사의 순수익을 구하면 다음과 같다.

월	행사	순수익	월	행사	순수익
1월	K시 신년 음악회	5천만 원 －1억 원 =－5천만 원	6월	K호수 축제	1억 2천만 원 －7천만 원 =5천만 원
2월	K시 연극문화 축제	2억 원 －5천만 원 =1억 5천만 원	8월	어린이 물놀이 축제	1천 5백만 원 －3천만 원 =－1천 5백만 원
3월	봄맞이 K시 플리마켓	3천만 원 －1천만 원 =2천만 원	9월	코스모스 축제	3천만 원 －5백만 원 =2천 5백만 원
4월	불꽃분수 축제	1천만 원 －8천만 원 =－7천만 원	10월	한가위 윷놀이 한마당	1천만 원 －3백만 원 =7백만 원
5월	가족의 달 한마당	7천만 원 －2천만 원 =5천만 원	12월	크리스 마스 조명축제	3억 원 －4억 원 =－1억 원

따라서 크리스마스 조명축제가 1억 원으로 가장 많은 손해가 나기 때문에 올해 폐지될 것이다.

30

정답 ③

- 702 나 2838 : '702'는 승합차에 부여되는 자동차 등록번호이다.
- 431 사 3019 : '사'는 운수사업용 차량에 부여되는 자동차 등록번호이다.
- 912 라 2034 : '912'는 화물차에 부여되는 자동차 등록번호이다.
- 214 하 1800 : '하'는 렌터카에 부여되는 자동차 등록번호이다.
- 241 가 0291 : '0291'은 발급될 수 없는 일련번호이다.

따라서 보기에서 비사업용 승용차의 자동차 등록번호로 잘못 부여된 것은 모두 5개이다.

31

정답 ③

1) 예약가능 객실 수 파악

7월 19일부터 2박 3일간 워크숍을 진행한다고 했으므로 19일, 20일에 객실 예약이 가능한지를 확인하여야 한다. 호텔별 잔여 객실 수를 파악하면 다음과 같다.

(단위 : 실)

구분	A호텔	B호텔	C호텔	D호텔
7월 19일	88−20 =68	70−11 =59	76−10 =66	68−12 =56
7월 20일	88−26 =62	70−27 =43	76−18 =58	68−21 =47

2) 필요 객실 수 파악

K공사의 전체 임직원 수는 총 80명이다. 조건에 따르면 부장급 이상은 1인 1실을 이용하므로 4명(처장)+12명(부장)=16명, 즉 16실이 필요하다. 나머지 직원 80−16=64명은 2인 1실을 사용하므로 64÷2=32실이 필요하다. 따라서 이틀간 총 48실이 필요하므로 A호텔과 C호텔이 워크숍 장소로 적합하다.

3) 세미나룸 현황 파악

총 임직원이 80명인 것을 고려할 때, A호텔의 세미나룸은 최대 수용인원이 70명이므로 제외한다.

따라서 모든 조건을 충족하는 C호텔이 가장 적절하다.

32

정답 ①

필기점수와 면접점수의 합을 바탕으로 순위를 구하면 다음과 같다. 이때, 동점자일 경우 면접점수가 높은 사원이 먼저 배정된다.

(단위 : 점, 위)

구분	필기점수	면접점수	합계	순위
A사원	70	40	110	10
B사원	90	80	170	3
C사원	60	70	130	8
D사원	100	50	150	4
E사원	80	90	170	2
F사원	80	100	180	1
G사원	50	60	110	9
H사원	60	80	140	5
I사원	70	70	140	6
J사원	90	50	140	7

순위를 바탕으로 1지망을 배정하면 다음과 같다.

구분	1지망	2지망	추천부서	배정부서
F사원	개발부	영업부	홍보부	개발부
E사원	홍보부	총부무	총무부	홍보부
B사원	개발부	총무부	사업부	개발부
D사원	영업부	홍보무	개발부	영업부
H사원	총무부	사업부	영업부	총무부
I사원	홍보부	개발부	총무부	홍보부
J사원	홍보부	영업부	총무부	−
C사원	영업부	개발부	영업부	영업부
G사원	영업부	사업부	사업부	−
A사원	개발부	사업부	홍보부	−

1지망에 배정된 인원을 제외하고 2지망에 배정하면 다음과 같다.

구분	1지망	2지망	추천부서	배정부서
J사원	홍보부	영업부	총무부	−
G사원	영업부	사업부	사업부	사업부
A사원	개발부	사업부	홍보부	사업부

마지막으로 J사원은 추천부서인 총무부에 배정이 된다.

따라서 B사원은 3순위로, F사원과 함께 개발부에 배정된다.

33

정답 ③

추천부서와 배정부서를 정리하면 다음과 같다.

구분	추천부서	배정부서
A사원	홍보부	사업부
B사원	사업부	개발부
C사원	영업부	영업부
D사원	개발부	영업부
E사원	총무부	홍보부
F사원	홍보부	개발부
G사원	사업부	사업부
H사원	영업부	총무부
I사원	총무부	홍보부
J사원	총무부	총무부

따라서 C사원, G사원, J사원의 추천부서와 배정부서가 동일하다.

34

정답 ②

병역부문에서 채용예정일 이전 전역 예정자는 지원이 가능하다고 제시되어 있다.

오답분석

① 이번 채용에서 행정직에는 학력상의 제한은 없다.

③ 자격증을 보유하고 있더라도 채용예정일 이전 전역 예정자가 아니라면 지원할 수 없다.

④ 지역별 지원 제한은 2025년 상반기 신입사원 채용부터 폐지되었다.

35

정답 ③

공고일(2025. 3. 8.) 기준으로 만 18세 이상이어야 지원 자격이 주어진다.

오답분석

① 행정직에는 학력 제한이 없으므로 A는 지원 가능하다.
② 기술직 관련학과 전공자이므로 B는 지원 가능하다.
④ 채용예정일 이전에 전역 예정이므로 D는 지원 가능하다.

36

정답 ④

김현수 부장은 본인 결혼, 조현호 차장은 자녀 돌잔치, 이미영 과장은 모친 회갑, 황지원 대리는 부친 장례식으로 총 4명이 현금과 화환을 모두 받을 수 있다. 황지원 대리와 부부인 이수현 과장(장인어른 장례식)과 이외는 3항에 해당하므로 화환 및 꽃다발만 받는다.

37

정답 ②

A과장은 배우자와 함께 K공사에 재직하고, 결혼기념일은 현금과 함께 받을 수 있는 범위 1～2항에 속하지 않으므로 A과장은 화환 또는 꽃다발을 받을 것이다. B사원은 자녀의 돌잔치를 하므로 현금과 함께 화환을 받고, C사원은 배우자와 함께 대학교를 졸업하므로 화환 또는 꽃다발을 받을 것이다. 따라서 B사원만 현금을 받을 수 있다.

38

정답 ③

배치의 3가지 유형

- 양적 배치 : 작업량과 조업도, 여유 또는 부족 인원을 감안하여 소요인원을 결정하고 배치하는 것이다.
- 질적 배치 : 적재적소주의에 따른 배치이다.
- 적성 배치 : 팀원의 적성 및 흥미에 따라 배치하는 것이다.

39

정답 ③

i) A씨(8개월)
- 처음 3개월 : 220만×0.8=176만 원 → 150만 원(∵ 상한액) → 150만×3=450만 원
- 나머지 기간 : 220만×0.4=88만 원 → 88만×5=440만 원

∴ 450만+440만=890만 원

ii) B씨(1년, 아빠의 달+둘째)
- 처음 3개월 : 300만×1.0=300만 원 → 200만 원(∵ 상한액) → 200만×3=600만 원
- 나머지 기간 : 300만×0.4=120만 원 → 100만 원(∵ 상한액) → 100만×9=900만 원

∴ 600만+900만=1,500만 원

iii) C씨(6개월)
- 처음 3개월 : 90만×0.8=72만 원 → 72만×3=216만 원
- 나머지 기간 : 90만×0.4=36만 원 → 50만 원(∵ 하한액) → 50만×3=150만 원

∴ 216만+150만=366만 원

따라서 세 사람이 받을 수 있는 육아휴직급여의 총합은 890만+1,500만+366만=2,756만 원이다.

40

정답 ④

10월 20～21일은 주중이며, 출장 혹은 연수 일정이 없고, 부서이동 전에 해당되므로 김대리가 경기본부의 전기점검을 수행할 수 있는 기간이다.

오답분석

① 10월 6～7일은 김대리의 연수기간이므로 전기점검을 진행할 수 없다.
② 10월 11～12일은 주말인 11일을 포함하고 있다.
③ 10월 14～15일 중 15일은 목요일로, 김대리가 경인건설본부로 출장을 가는 날짜이다.

한국수자원공사 NCS

2일 차 기출응용 모의고사 정답 및 해설

01	02	03	04	05	06	07	08	09	10
②	④	②	③	②	①	④	②	④	④
11	12	13	14	15	16	17	18	19	20
④	①	②	④	④	④	②	④	④	③
21	22	23	24	25	26	27	28	29	30
①	④	③	④	③	④	③	②	②	②
31	32	33	34	35	36	37	38	39	40
④	④	③	②	④	③	③	④	②	③

01

정답 ②

오답분석

① 산을 '넘는다'는 행위의 의미이므로 '넘어'가 옳다.
③ 어깨너머 : 남이 하는 것을 옆에서 보거나 듣거나 함
④ '나뉘다(나누이다)'는 '나누다'의 피동형이므로 피동을 나타내는 접사 '-어지다'와 결합할 수 없다.

02

정답 ④

상대방이 이해하기 어려운 전문적 언어(㉣)나 단조로운 언어(㉤)는 의사표현에 사용되는 언어로 적절하지 않다.

오답분석

의사표현에 사용되는 적절한 언어로는 이해하기 쉬운 언어(㉠), 상세하고 구체적인 언어(㉡), 간결하면서 정확한 언어(㉢), 문법적 언어(㉥), 감각적 언어 등이 있다.

03

정답 ②

제시문에 따르면 기준작의 설정을 전적으로 기록에만 의존하는 것도 곤란하다. 왜냐하면 물질자료와 달리 기록은 상황에 따라 왜곡되거나 윤색될 수도 있고, 후대에 가필되는 경우도 있기 때문이다. 따라서 작품에 명문이 있다 하더라도 기준작으로 삼기 위해서는 그것이 과연 신뢰할 만한 사료인가에 대한 엄정한 사료적 비판이 선행되어야 한다.

04

정답 ③

자동화와 같이 과학 기술의 이면을 바라보지 못하고 장점만을 생각하는 것을 고정관념이라고 한다. 구구단의 경우 실생활에 도움이 되며, 그것이 고정관념이라고 할 만한 뚜렷한 반례는 없다.

오답분석

① 부의 이면을 바라보지 못하고 행복할 것이라고 믿고 있는 경우이다.
② 값싼 물건보다 고가의 물건이 반드시 질이 좋다고 할 수 없다.
④ 경제 상황에 따라 저축보다 소비가 미덕이 되는 경우도 있다.

05

정답 ②

제시문은 기계화 · 정보화의 긍정적인 측면보다는 부정적인 측면을 부각시키고 있으며 이것이 인간의 삶의 질 개선에 기여하고 있는 점을 간과하고 있다.

06

정답 ①

제시된 기사는 여름 휴가철 원활한 교통편의 제공을 위해 특별교통대책으로 갓길차로 운영, 실시간 교통정보 제공, 대중교통 수송력 확충, 졸음쉼터 그늘막 설치 등의 대책이 있음을 안내하고 있다.
따라서 이러한 내용을 모두 포함하는 ①이 기사의 제목으로 가장 적절하다.

07

정답 ④

제시문은 임베디드 금융에 대한 정의와 장점 및 단점 그리고 이에 대한 개선 방안을 설명하는 글이다. 따라서 (라) 임베디드 금융의 정의 – (나) 임베디드 금융의 장점 – (다) 임베디드 금융의 단점 – (가) 단점에 대한 개선 방안 순으로 나열하는 것이 적절하다.

08

정답 ②

우리가 지구환경 속에서 쾌적하게 살아갈 수 있는 이유는 대기 중 이산화탄소 등의 온실가스가 온실의 유리처럼 작용하여 지구표면의 온도를 일정하게 유지하기 때문이다. 지난 100년에 걸쳐 이 온실가스가 계속적으로 증가하여 기후변화라는 문제에 직면하게 되었다.

09

정답 ④

온실효과 메커니즘을 순서대로 나열해 보면 '태양 → 빛에너지 → 지구(빛에너지 약 44% 도달) → 적외선으로 방출 → 온실가스(적외선 파장의 일부 흡수) → 안정상태 유지를 위해 에너지 방출 → 에너지를 통해 지구의 평균온도 상승' 순이다.

10

정답 ④

첫 번째 문단에서 대중들이 욕망하는 현실 감정이 직접적으로 누드에 반영된다고 하였고, 마지막 문단에서 민중의 현실 속으로 파고들지 못하는 누드화는 위화감을 불러일으킨다고 하였다. 따라서 남녀 간의 애정이나 성적 욕망에 대해 경직되어 있었던 조선 사회에서 신윤복의 그림이 큰 호응을 얻을 수 있었던 이유는 '보편적인 감정의 진실'을 잘 드러내었기 때문이라고 할 수 있다.

11

정답 ④

로봇청소기에 쓰인 필터의 투과율을 x%라 하면 다음과 같은 식이 성립한다.

$30\times\frac{x}{100}\times\frac{x}{100}=2.7 \rightarrow 3x^2=2,700 \rightarrow x^2=900$

$\therefore x=30$

따라서 로봇청소기에 쓰인 필터의 투과율은 30%이다.

12

정답 ①

전체 판매량 중 수출량은 2020 ~ 2023년 동안 매년 증가하였으므로 옳다.

오답분석

② 전체 판매량은 2020 ~ 2023년 동안 매년 증가하였으나, 2024년에는 감소하였다.

③ 2022 ~ 2023년 사이 수출량은 약 50,000대에서 약 130,000대로 그 증가폭이 가장 컸다.

④ 전체 판매량이 가장 많은 해는 2024년이 아닌 2023년이다.

13

정답 ②

기차의 길이와 속력을 각각 xm, ym/min라고 하자.

$1\times y=(700+x)$ … ㉠

$2\times y=(1,500+x)$ … ㉡

㉠과 ㉡을 연립하면 다음과 같다.

$\therefore x=100$

따라서 기차의 길이는 100m이다.

14

정답 ④

전체 유출량이 가장 적은 해는 2021년이고, 사고 건수에 대한 유출량 비율은 어선이 가장 낮다.

- 유조선 : $\frac{21}{28}\times100=75\%$
- 화물선 : $\frac{49}{68}\times100≒72\%$
- 어선 : $\frac{166}{247}\times100≒67\%$

오답분석

① 평균적으로 유조선 사고의 유출량이 가장 많다.

② 2023년과 2024년에는 전년 대비 전체 사고 건수는 감소했지만, 유조선 사고 건수는 증가했다. 따라서 전체 사고 건수에 대한 유조선 사고 건수 비율은 증가했다.

③ 2021년에 사고 건수는 증가하였으나 유출량은 감소하였고, 2024년에 사고 건수는 감소하였으나 유출량은 증가하였다.

15

정답 ④

- 2023년 총투약일수가 120일인 경우 종합병원의 총약품비
  : 2,025×120=243,000원
- 2024년 총투약일수가 150일인 경우 상급종합병원의 총약품비
  : 2,686×150=402,900원

따라서 구하고자 하는 값은 243,000+402,900=645,900원이다.

16

정답 ④

12월까지 7달이 남았고 이 기간 동안 이수해야 할 남은 교육 시간은 60−35=25시간이다.

기본적으로 이수해야 할 시간인 한 달에 최소 3시간씩 7달 동안 교육을 들으면 21시간을 이수하게 되고 4시간의 추가 이수를 해야 한다. 한 시간 단위로 교육이 진행되기 때문에 기본 단위를 한 시간으로 설정하면 주어진 문제는 남은 7달 중에 4시간(4회)을 배분하는 경우의 수를 구하는 것과 같다.

1) 1시간씩 4번 들을 경우
   (1시간씩 추가 이수를 들을 달을 선택하는 경우의 수)
   $\therefore {}_7C_4={}_7C_3=35$가지

2) 2시간 1번, 1시간씩 2번 들을 경우
   (2시간 추가 이수를 들을 달을 선택하는 경우의 수)
   ×(1시간씩 추가 이수를 들을 달을 선택하는 경우의 수)
   $\therefore {}_7C_1\times{}_6C_2=7\times\frac{6\times5}{2!}=105$가지

3) 2시간씩 2번 들을 경우
   (2시간씩 추가 이수를 들을 달을 선택하는 경우의 수)
   $\therefore {}_7C_2=\frac{7\times6}{2!}=21$가지

4) 3시간 1번, 1시간 1번 들을 경우
(3시간 추가 이수를 들을 달을 선택하는 경우의 수)
×(1시간 추가 이수를 들을 달을 선택하는 경우의 수)
$\therefore {}_7C_1 \times {}_6C_1 = 7\times6=42$가지

5) 4시간 1번 들을 경우
(4시간 추가 이수를 들을 달을 선택하는 경우의 수)
$\therefore {}_7C_1 = 7$가지

따라서 전체 경우의 수는 35+105+21+42+7=210가지이다.

17

정답 ②

가장 많이 득표한 상품은 전복(32표)이고, K공사의 직원 수는 5+6+22+82+12+8=135명이다. 따라서 총비용은 70,000×135=9,450,000원이다.

18

정답 ④

전체 가입자 중 여자 가입자 수의 비율은 $\frac{9,804,482}{21,942,806}\times100 ≒ 44.7\%$이므로 40% 이상이다.

오답분석

① 여자 가입자 전체 수인 9,804,482명에서 여자 사업장가입자 수인 5,775,011명을 빼면 4,029,471명이다. 따라서 여자 사업장가입자 수가 이를 제외한 항목의 여자 가입자 수를 모두 합친 것보다 많다.
② 남자 사업장가입자 수는 8,059,994명이며, 남자 지역가입자 수 2배인 3,861,478×2=7,722,956명보다 많다.
③ 전체 지역가입자 수는 전체 사업장가입자 수의 $\frac{7,310,178}{13,835,005}\times100 ≒ 52.8\%$이다.

19

정답 ④

2021년 2분기부터 2022년 1분기까지 차이가 줄어들다가, 2022년 2분기에 차이가 다시 늘어났다.

오답분석

① 제시된 자료를 통해 확인할 수 있다.
② 2023년 4분기의 한국과 일본, 일본과 중국의 점유율 차이는 각각 10.2%p이다.
③ 한국과 중국의 점유율 차이가 가장 적었던 시기는 2024년 3분기로, 이때 점유율의 차이는 15.6%p이다.

20

정답 ③

산업 및 가계별로 대기배출량을 구하면 다음과 같다.

• 농업 · 임업 · 어업

$\left(10,400\times\frac{30}{100}\right)+\left(810\times\frac{20}{100}\right)+\left(12,000\times\frac{40}{100}\right)+\left(0\times\frac{10}{100}\right)=8,082$천 톤 CO_2eq

• 석유 · 화학 및 관련제품

$\left(6,350\times\frac{30}{100}\right)+\left(600\times\frac{20}{100}\right)+\left(4,800\times\frac{40}{100}\right)+\left(0.03\times\frac{10}{100}\right)=3,945.003$천 톤 CO_2eq

• 전기 · 가스 · 증기 및 수도사업

$\left(25,700\times\frac{30}{100}\right)+\left(2,300\times\frac{20}{100}\right)+\left(340\times\frac{40}{100}\right)+\left(0\times\frac{10}{100}\right)=8,306$천 톤 CO_2eq

• 건설업

$\left(3,500\times\frac{30}{100}\right)+\left(13\times\frac{20}{100}\right)+\left(24\times\frac{40}{100}\right)+\left(0\times\frac{10}{100}\right)=1,062.2$천 톤 CO_2eq

따라서 대기배출량이 가장 많은 부문의 대기배출량을 줄여야 지구온난화 예방에 효과적이므로 '전기 · 가스 · 증기 및 수도사업' 부문의 대기배출량을 줄여야 한다.

21

정답 ①

조건에 따르면 화요일은 재무팀 소속인 C의 출장이 불가하며, 수요일은 영업팀의 정기 일정인 팀 회의로 A, B의 출장이 불가하다. 또한 목요일은 B가 휴가 예정이므로, 금요일 및 주말을 제외하고 세 사람이 동시에 출장을 갈 수 있는 날은 월요일뿐이다.

오답분석

② 화요일에는 회계감사로 인해 재무팀 소속인 C는 본사에 머물러야 한다.
③ 수요일에는 영업팀의 정기 회의가 있다.
④ 목요일에는 B가 휴가 예정이므로 세 사람이 함께 출장을 갈 수 없다.

22

정답 ④

제시된 명제들을 순서대로 논리 기호화하면 다음과 같다.

• 첫 번째 명제 : 재고
• 두 번째 명제 : ~설비투자 → ~재고
• 세 번째 명제 : 건설투자 → 설비투자('~때에만'이라는 한정 조건이 들어가면 논리 기호의 방향이 바뀐다)

첫 번째 명제가 참이므로 두 번째 명제의 대우(재고 → 설비투자)에 따라 설비를 투자한다. 세 번째 명제는 건설투자를 늘릴 때에만이라는 한정 조건이 들어갔으므로 역(설비투자 → 건설투자) 또한 참이다. 이를 토대로 공장을 짓는다는 결론을 얻기 위해서는 건설투자를 늘린다면, 공장을 짓는다(건설투자 → 공장건설)는 명제가 필요하다.

23

정답 ③

등급별 임금 · 수당 합계 및 임금 총액은 다음과 같다.

(단위 : 원)

구분	초급인력	중급인력	특급인력
기본 임금 총계	45,000×5×8 ×(10+2) =21,600,000	70,000×3×8 ×(10+2) =20,160,000	95,000×2×8 ×(10+2) =18,240,000
초과 근무수당 총계	(45,000×1.5) ×1×4 =270,000	(70,000×1.5) ×2×4 =840,000	(95,000×1.7) ×1×4 =646,000
합계	21,600,000+ 270,000 =21,870,000	20,160,000+ 840,000 =21,000,000	18,240,000+ 646,000 =18,886,000
임금 총액	21,870,000+21,000,000+18,886,000 =61,756,000		

따라서 K사가 근로자들에게 지급해야 할 임금의 총액은 61,756,000원이다.

24

정답 ④

휴대품 손해로 인한 보상 시, 휴대품 1개 또는 1쌍에 대해서만 20만 원 한도로 보상한다.

25

정답 ③

주어진 조건을 토대로 판단하면 철수는 A학점을, 영희는 B학점을, 돌이는 C학점을, 삼순은 D학점을 받았다. 따라서 영희는 돌이보다 학점이 높다.

26

정답 ④

- 락커룸 I에 경력선수 2명 중 1명이 배정되는 경우
  ${}_2C_1=2$가지
- 왼쪽 락커룸 A, B, C에 신입선수 2명이 배정되는 경우
  ${}_3P_2=3\times2=6$가지
- 중간 락커룸 D, E, F에는 신입선수 1명이 배정되는 경우
  ${}_3P_1=3$가지
- 나머지 4명이 남은 락커룸을 쓰는 경우
  $4!=4\times3\times2\times1=24$가지

따라서 위의 경우를 다 곱하면 락커룸을 배정받을 수 있는 경우의 수는 2×6×3×24=864가지이다.

27

정답 ③

부패방지교육은 넷째 주 월요일인 20일 이전에 모두 끝나고, 성희롱방지교육은 마지막 주 금요일에 실시되므로 8월 넷째 주에는 금연교육만 실시된다.

오답분석

① 성희롱방지교육은 8월 31일 금요일에 실시된다.
② 첫째 주 금요일은 공사의 주요 행사 기간이고, 마지막 주 금요일에는 성희롱방지교육이 실시되므로 금연교육은 금요일에 실시될 수 없다.
④ 부패방지교육은 수요일과 목요일(8, 16일) 또는 목요일과 수요일(9, 15일)에도 실시될 수 있다.

28

정답 ②

- 입장료
  주희네 가족 4명은 성인이고, 사촌동생 2명은 소인에 해당한다. 토요일에 방문한다고 했으므로 6명의 주말 입장료는 (15,000×4)+(12,000×2)=84,000원이다.
- 숙박비
  인원 추가는 최대 2명까지 가능하므로 4인실 대여 후 2인을 추가해야 한다. 숙박시설별 주말 요금을 비교하면 다음과 같다.
  - A민박 : 95,000+(30,000×2)=155,000원
  - B펜션 : 100,000+(25,000×2)=150,000원
  - C펜션 : 120,000+(40,000×2)=200,000원

  숙박비가 15만 원을 초과하지 않는 방을 예약한다고 했으므로 주희네 가족은 B펜션을 이용하며, 숙박비는 150,000원이다.
- 왕복 교통비 : 2×(10,000+5,800)=31,600원

따라서 총경비는 84,000+150,000+31,600=265,600원이다.

29

정답 ②

오답분석

① 'ㄱ'을 누르면 김철수 · 노한경 · 강승재 · 배근화 4명이 나온다.
③ 'ㅎ'을 누르면 박철환 · 백주희 · 노한경 · 이미희 · 배근화 · 신희정 6명이 뜬다.
④ '5483'을 누르면 배근화 · 신희정 2명이 뜬다.

30

정답 ②

투자 여부 판단 조건에 대한 관계를 추가로 정리하면 다음과 같다.

구분	㉠	㉡	㉢	㉣	㉤
A	○		○	×	×
B	○	○	○	○	
C	○	×	○	×	×
D	×	○	×		
E	×	×	×	×	×

2)를 근거로 ⓛ이 나타나지 않으면 ⓡ은 나타나지 않는다. 3)을 근거로 ⓛ 또는 ⓒ이 나타나지 않으면 ⓜ은 나타나지 않는다. 따라서 조건에 따라 이상 징후 발견 표를 작성하면 위와 같으므로, 투자 부적격 기업은 B이다.

31

정답 ④

유사성의 원칙은 유사품은 인접한 장소에 보관한다는 것을 말하며, 같은 장소에 보관하는 것은 유사품이 아닌 동일한 물품이다.

오답분석

① 물적자원관리 과정에서 첫 번째로 해야 할 일은 사용 물품과 보관 물품의 구분이며, 물품 활용의 편리성과 반복 작업 방지를 위해 필요한 작업이다.
② 회전대응의 원칙에 대한 설명으로, 물품 보관 장소까지 선정이 끝나면 차례로 정리하면 된다. 여기서 회전대응의 원칙을 지켜야 물품활용도가 높아질 수 있다.
③ 물품 분류가 끝났으면 적절하게 보관장소를 선정해야 하는데, 물품의 특성에 맞게 분류하여 보관하는 것이 바람직하다. 재질의 차이로 분류하는 방법도 옳은 방법이다.

32

정답 ④

K씨의 생활을 살펴보면 출퇴근길에 자가용을 사용하고 있다. 그리고 주유비에 대해서 부담을 가지고 있으며 겨울이 올 것을 대비해 차량 점검을 할 예정이다. 이러한 사항을 고려해 볼 때 K씨는 자동차와 관련된 혜택을 받을 수 있는 D카드를 선택하는 것이 가장 적절하다.

33

정답 ③

지난 1년간 수집한 데이터에 근거한 통계자료(평균치)로 산정한 주차권 발행 방식의 1개월 주차비용은 다음과 같다.

- 월요일 : 150명×62%×3,000=279,000원
- 화요일 : 180명×55%×3,000=297,000원
- 수요일 : 170명×50%×3,000=255,000원
- 목요일 : 175명×68%×3,000=357,000원
- 금요일 : 250명×80%×3,000=600,000원
- 토요일 : 400명×92%×3,000=1,104,000원
- 일요일 : 450명×88%×3,000=1,188,000원

∴ (1주간 주차비용)=4,080,000원
→ (1개월 주차비용)=4,080,000×4주=16,320,000원
따라서 월 임대료(1,500만 원)를 지불하는 것이 가장 경제적이며, 그 차이는 1,320,000원이다.

34

정답 ②

자료3을 바탕으로 9월의 사용량은 9월 전력량계 지침 3,863kWh에서 8월 전력량계 지침 3,543kWh를 뺀 320kWh이다.
9월 전력량은 인하된 전기요금표를 적용해서 계산하면 다음과 같다.

- 기본요금 : 1,600원
- 전력량요금(10원 미만 절사) : 6,070(처음 100kWh×60.7원)+12,590(다음 100kWh×125.9원)+18,790(100kWh×187.9원)+3,758(20kWh×187.9원)=41,200원
- 기본요금+전력량요금 : 1,600+41,200=42,800원
- 부가가치세(10원 미만 절사) : 42,800×0.1=4,280원
- 전력산업기반금(10원 미만 절사) : 42,800×0.037=1,580원

그러므로 9월의 청구금액은 42,800+4,280+1,580=48,660원이다.
자료3을 바탕으로 10월의 사용량은 10월 전력량계 지침 4,183kWh에서 9월 전력량계 지침 3,863kWh를 뺀 320kWh이다.
10월 전력량은 정상 전기요금표를 적용해서 계산하면 다음과 같다.

- 기본요금 : 3,850원
- 전력량요금(10원 미만 절사) : 6,070(처음 100kWh×60.7원)+12,590(다음 100kWh×125.9원)+18,790(100kWh×187.9원)+5,612(20kWh×280.6원)=43,060원
- 기본요금+전력량요금 : 3,850+43,060=46,910원
- 부가가치세(10원 미만 절사) : 46,910×0.1=4,690원
- 전력산업기반금(10원 미만 절사) : 46,910×0.037=1,730원

그러므로 10월의 청구금액은 46,910+4,690+1,730=53,330원이다.
따라서 9월과 10월의 전기요금 차이는 53,330−48,660=4,670원이다.

35

정답 ④

A～D기관의 내진성능평가 지수와 내진보강공사 지수를 구한 뒤 내진성능평가 점수와 내진보강공사 점수를 부여하면 다음과 같다.

구분	A기관	B기관	C기관	D기관
내진성능 평가 지수	$\frac{82}{100}\times100$ =82	$\frac{72}{80}\times100$ =90	$\frac{72}{90}\times100$ =80	$\frac{83}{100}\times100$ =83
내진성능 평가 점수	3점	5점	1점	3점
내진보강 공사 지수	$\frac{91}{100}\times100$ =91	$\frac{76}{80}\times100$ =95	$\frac{81}{90}\times100$ =90	$\frac{96}{100}\times100$ =96
내진보강 공사 점수	3점	3점	1점	5점
합산 점수	3+3=6점	5+3=8점	1+1=2점	3+5=8점

B, D기관의 합산 점수는 8점으로 동점이다. 최종순위 결정조건에 따르면 합산 점수가 동점인 경우에는 내진보강대상 건수가 가장 많은 기관이 높은 순위가 된다.
따라서 최상위기관은 D기관이고 최하위기관은 C기관이다.

36

정답 ③

모스크바에 4일 오전 11시에 도착하려면 비행 시간이 8시간이므로 모스크바 시간으로 4일 오전 3시에는 출발해야 한다. 따라서 모스크바 시간으로 4일 오전 3시는 한국 시간으로 인천이 6시간 빠르므로 4일 오전 9시이다.

37

정답 ③

C씨는 지붕의 수선이 필요한 주택비용 지원 대상에 선정되었다. 지붕 수선은 대보수에 해당하며, 대보수의 주택당 보수비용 지원한도액은 950만 원이다. 또한, C씨는 중위소득 40%에 해당하므로 지원한도액의 80%를 차등 지원받게 된다. 따라서 C씨가 지원받을 수 있는 주택보수비용의 최대 액수는 950만×0.8=760만 원이다.

38

정답 ④

라벨지와 받침대, 블루투스 마우스를 차례대로 계산하면 (18,000×2)+24,000+(27,000×5)=195,000원이다. 그리고 블루투스 마우스를 3개 이상 구매 시 건전지 3세트를 무료 증정하기 때문에 AAA건전지는 2세트만 더 구매하면 된다. 따라서 총 195,000+(4,000×2)=203,000원이다.

39

정답 ②

라벨지를 91mm로 변경할 경우 세트당 5%를 가산하기 때문에 (18,000×1.05)×4=75,600원이고, 3단 받침대는 1단 받침대에 2,000원씩을 추가하므로 26,000×2=52,000원이다. 그리고 블루투스 마우스는 27,000×3=81,000원이고 마우스 3개 이상 구매 시 AAA건전지 3세트를 무료 증정하기 때문에 따로 주문하지 않는다. 마지막으로 문서수동세단기 36,000원을 더하면 75,600+52,000+81,000+36,000=244,600원이다.

40

정답 ③

C대리의 인사평가 점수는 2024년 업무평가 점수인 89점에서 지각 1회에 따른 5점, 결근 1회에 따른 10점을 제한 74점이다. 따라서 승진 대상에 포함되지 못하므로, 그대로 대리일 것이다.

오답분석

① A사원은 근속연수가 3년 미만이므로 승진 대상이 아니다.
② B주임은 출산휴가 35일을 제외하면 근속연수가 3년 미만이므로 승진 대상이 아니다.
④ 제시된 자료는 승진 대상에 대한 자료이므로 D과장은 대리가 될 수 없다.

3일 차 기출응용 모의고사 정답 및 해설

제 1 영역 경영

01	02	03	04	05	06	07	08	09	10
②	④	③	②	④	④	②	④	②	②
11	12	13	14	15	16	17	18	19	20
④	③	③	①	①	②	②	②	②	④
21	22	23	24	25	26	27	28	29	30
③	①	①	④	④	④	④	③	④	①

01
정답 ②

조직의 규모가 커지면 한 명의 경영자가 조직의 모든 경영활동을 수행하는 데 한계가 있다.

02
정답 ④

민츠버그(Mintzberg)는 조직을 다음과 같은 5가지 형태로 구분하여 각 조직에서 표면적으로 관찰할 수 있는 유형이 그 조직이 처한 환경에 적합한지 판단하고 그렇지 않다면 해당 조직에게 필요한 변화를 모색할 수 있는 도구를 제시한다.

1. 단순구조 조직(Simple Structure)
2. 기계적 관료제 조직(Machine Bureaucracy)
3. 전문적 관료제 조직(Professional Bureaucracy)
4. 사업부제 조직(Divisional Structure)
5. 애드호크라시 조직(Adhocracy)

03
정답 ③

혁신적인 결정보다 현재의 체제 내에서 순차적·부분적인 의사결정을 통하여 기존의 결정을 점증적으로 수정해 나가는 방식으로 이루어지는 경우가 더 많다.

04
정답 ②

비지시적 면접은 피면접자인 응모자에게 최대한 의사표시의 자유를 주고 그 가운데서 응모자에 대한 정보를 얻는 방법이다.

05
정답 ④

브룸(Vroom)은 개인의 동기화 정도가 기대, 수단, 유인가에 따라 결정된다고 보았다. 개인의 노력은 노력의 결과 성과가 주어질 것이라는 신념, 즉 기대에 의해 좌우된다는 것이다. 따라서 노력에 대한 성과가 주어지지 않는다면 그 행동에 대한 동기가 작용하지 않으므로 사람들은 더 이상 노력하지 않게 된다. 또한 브룸은 사람마다 성과에 대한 선호가 다르므로 어떤 보상이 주어지느냐에 따라 동기화 정도도 달라진다고 주장했다.

06
정답 ④

다각화 전략(Diversification Strategy)은 기업이 새로운 사업 영역에 진출하여 여러 산업에 걸쳐 사업을 전개하는 전략이다. 기업은 다각화 전략을 통해 성장 기회를 모색하고, 위험을 분산하며 시장 지배력을 강화할 수 있다.

오답분석

① 시장침투 전략 : 기존 시장의 경쟁사 고객을 확보하여 시장점유율을 확대하는 전략이다.
② 제품개발 전략 : 기존 시장에 신제품을 출시하여 시장점유율을 확대하는 전략이다.
③ 시장개발 전략 : 새로운 시장에 기존 제품을 출시하여 고객층을 다양화하고 판매시장을 확대하는 전략이다.

07
정답 ②

유상증자를 실시하면 주식수가 늘어나게 되어 주당순이익(순이익÷주식 수)이 감소한다.

오답분석

① 자본금이 늘어나기 때문에 순자산(부채+자본)도 증가한다.
③ 자기자본이 늘어나기 때문에 자기자본 이익률(순이익÷자기자본)은 감소한다.
④ 유상증자를 통해 신규자금이 들어옴에 따라 자본금 및 자본잉여금이 증가한다.

08

정답 ④

오답분석

① 하나의 자산이 아닌 다양한 자산을 편입시켜 위험을 상쇄한다.
② 비체계적 위험이 아닌 체계적 위험에 대한 설명이다.
③ 체계적 위험이 아닌 비체계적 위험에 대한 설명이다.

09

정답 ②

오답분석

① 새로운 투자안의 선택에 있어서도 투자수익률이 자기자본비용을 넘어야만 한다.
③ 기업이 조달한 자기자본의 가치를 유지하기 위해 최소한 벌어들여야 하는 수익률이다.
④ 기업이 주식발생을 통해 자금조달을 할 경우 자본이용의 대가로 얼마의 이용 지급료를 산정해야 하는지는 명확하지가 않다.

10

정답 ②

공식집단은 전체조직의 목표와 관련된 과업을 수행하기 위해서 구성된 집단을 말하는데, 공식집단은 비공식집단에 비하여 권력·권한·책임·의무 등이 명확하게 규정되어 있으며 커뮤니케이션 경로도 뚜렷하다.

11

정답 ④

A팀장은 평소 팀원들과 돈독한 관계를 맺으며 충성심과 존경을 바탕으로 부하들로부터 헌신과 동일화, 내재화를 이끌어내고 있으므로 준거적 권력의 사례로 보는 것이 적절하다.

준거적 권력(Reference Power)의 특징
개인적인 매력과 존경심 등을 바탕으로 한 준거적 권력은 부하들로부터 헌신과 동일화, 내재화를 지속적으로 이끌어낼 수 있는 가장 훌륭한 권력의 원천이 된다. 자신이 알고 있는 지식이나 기술 노하우 등은 업무가 바뀌거나 환경이 바뀌면 그 가치가 없어질 수도 있지만, 개인적 특성은 상황에 따라 변하거나 사라지는 성질이 아니다. 따라서 장기적이고 지속적으로 부하나 주위 사람들에게 영향력을 행사하고 싶다면 준거적 권력이 전문적 권력보다 더 바람직하다.

12

정답 ③

델파이법(Delphi Method)은 문제해결 또는 미래 예측을 위해 전문가들에게 개별적으로 익명의 의견을 받아서 진행하는 의사결정 기법이다.

오답분석

① OJT(On-the-Job Training) : 현장에 근무하는 감독자의 지도하에 현장 실무에 대한 지식과 기술을 배우는 훈련이다.
② 역할연기법(Role Playing) : 주어진 상황에서 어떻게 행동할 것인지를 연기하며 이상적인 행동은 무엇인지 참가자들끼리 토의하는 방식의 훈련이다.
④ 집단구축 기법(Team Building) : 집단 정체성을 구축하고 대인관계를 이해하며 참가자들이 서로의 경험을 공유하는 훈련이다.

13

정답 ③

직무분류법은 서로 유사한 직무를 함께 묶어 직무를 분류하여야 정확한 분류가 가능하며, 직무 수가 많아지고 내용이 복잡해지면 정확한 분류를 할 수 없다.

14

정답 ①

마일즈&스노우 전략(Miles&Snow Strategy)의 4유형

1. 방어형(Defender) : 기존 제품으로 기존 시장 공략, 현상 유지 전략, 비용 및 효용성 확보가 관건
2. 혁신형(Prospector) : 신제품 또는 신시장 진출, M/S 확보, 매출액 증대 등 성장 전략, Market Insight 및 혁신적 마인드가 필요
3. 분석형(Analyzer) : 방어형과 혁신형의 중간, Fast Follower가 이에 해당, Market Insight가 관건
4. 반응형(Reactor) : 무반응·무전략 상태, 시장도태상태

15

정답 ①

스톡옵션제도에 대한 설명으로 자본참가 유형에 해당한다.

오답분석

② 스캔런플랜에 대한 설명으로 성과참가 유형에 해당한다.
③ 러커플랜에 대한 설명으로 성과참가 유형에 해당한다.
④ 노사협의제도에 대한 설명으로 의사결정참가 유형에 해당한다.

16

정답 ②

균형 상태란 자신 – 상대방 – 관련 사물의 세 요소가 내부적으로 일치되어 있는 것처럼 보이는 상태를 말한다. 균형 이론은 개인(자신), 태도 대상(상대방), 관련 대상(자신 – 상대방과 관련된 사물) 3가지 삼각관계에 대한 이론으로, 이 관계들에 대한 값(−1 또는 +1)을 곱한 결과 양의 값이 나오면 균형 상태이고, 음의 값이 나오면 불균형 상태이다. 값이 음일 경우, 사람은 심리적 불균형 상태가 되어 균형으로 맞추려고 하는 경향이 있다고 본다.

17

정답 ②

갈등이 절대적으로 필요하다고 강조하는 것은 1970년대 중반 이후 등장한 상호작용적 견해이다. 행동주의적 견해는 1940년대에서 1970년에 다루어졌으며, 갈등은 모든 집단에서 자연스럽게 발생하는 것이기에 회피하기 어려우므로 조직의 성과에 도움이 되도록 갈등을 관리하는 데 초점을 둔다.

18

정답 ②

마이클 포터(Michael E. Porter)의 본원적 경쟁전략

- 원가우위 전략 : 원가절감을 통해 해당 산업에서 우위를 점하는 전략으로, 이를 위해서는 대량생산을 통해 단위 원가를 낮추거나 새로운 생산기술을 개발할 필요가 있다. 1970년대 우리나라의 섬유업체나 신발업체, 가발업체 등이 미국시장에 진출할 때 취한 전략이 여기에 해당한다.
- 차별화 전략 : 조직이 생산품이나 서비스를 차별화하여 고객에게 가치가 있고 독특하게 인식되도록 하는 전략이다. 이를 위해서는 연구개발이나 광고를 통하여 기술, 품질, 서비스, 브랜드 이미지를 개선할 필요가 있다.
- 집중화 전략 : 특정 시장이나 고객에게 한정된 전략으로, 원가우위나 차별화 전략이 산업 전체를 대상으로 하는 데 비해 집중화 전략은 특정 산업을 대상으로 한다. 즉, 경쟁조직들이 소홀히 하고 있는 한정된 시장을 원가우위나 차별화 전략을 써서 집중적으로 공략하는 방법이다.

19

정답 ②

선입선출법은 물량의 실제흐름과 관계없이 먼저 구입한 상품이 먼저 사용되거나 판매된 것으로 가정하여 기말재고액을 결정한다.

오답분석

① 디플레이션 때에는 이익이 과대계상되지 않으나, 인플레이션 때에는 과대이익을 계상한다.
③ 후입선출법에 대한 설명이다.
④ 저가법에 대한 설명이다.

20

정답 ④

2024년 기말재고자산을 구하면 다음과 같다.

$10{,}000+1{,}000+(2{,}000\times0.3)+3{,}000=14{,}600$

따라서 2024년 기말재고자산은 14,600원이다.

21

정답 ③

재무회계는 기업 외부정보이용자를 위한 회계이다. 내부정보이용자를 위한 회계는 관리회계이다.

22

정답 ①

달러를 현재 정한 환율로 미래 일정시점에 팔기로 계약하는 것을 선물환 매도, 금융회사가 달러를 현재 정한 환율로 미래 일정 시점에 사기로 계약하는 것을 선물환 매수라고 한다. 따라서 달러화 가치가 앞으로 상승할 것으로 예상될 경우 선물환을 매수하게 된다.

23

정답 ①

오답분석

② 수익성지수법 : 비용의 크기가 서로 매우 다른 여러 투자안들이 있거나 투자할 수 있는 여력이 제한되어 자본할당을 해야 하는 경우에 이용될 수 있는 투자안 평가방법이다.
③ 순현재가치법 : 투자로 인해 발생하는 현금흐름의 총 유입액 현재가치에서 총 유출액 현재가치를 차감한 가치인 순현가(순현재가치)를 이용하여 투자안을 평가하는 방법이다.
④ 내부수익률법 : 내부수익률을 투자자의 요구수익률과 비교하여 투자 의사결정을 하는 투자안 평가방법이다.

24

정답 ④

자재소요계획은 생산 일정계획의 완제품 생산일정(MPS)과 자재명세서(BOM), 재고기록철(IR)에 대한 정보를 근거로 MRP를 수립하여 재고 관리를 모색한다.

오답분석

① 부품별 계획 주문 발주시기는 MRP의 결과물이다.
② MRP는 종속수요를 갖는 부품들의 생산수량과 생산시기를 결정하는 방법이다.
③ MRP는 푸시 생산방식(Push System)이다.

25

정답 ④

인적자원관리는 조직의 목표를 이루기 위해 사람의 확보, 개발, 활용, 보상 및 유지를 하며, 이와 더불어 계획, 조직, 지휘, 통제 등의 관리체제를 이룬다.

26

정답 ④

페이욜은 기업활동을 기술활동, 영업활동, 재무활동, 회계활동, 관리활동, 보전활동 6가지 분야로 구분하였다.

오답분석

① 포드의 컨베이어 벨트 시스템은 생산원가를 절감하기 위해 표준 제품을 정하고 대량생산하는 방식을 정립한 것이다.
② 차별 성과급제, 기능식 직장제도, 과업관리, 계획부 제도, 작업지도표 제도 등은 테일러의 과학적 관리법을 기본이론으로 한다.

27

정답 ④

주식을 할증발행(액면금액을 초과하여 발행)하면 자본잉여금인 주식발행초과금이 발생한다. 즉, 주식발행초과금은 주식발행가액이 액면가액을 초과하는 경우 그 초과하는 금액으로, 자본전입 또는 결손보전 등으로만 사용이 가능하다. 따라서 자산과 자본을 증가시키지만, 이익잉여금에는 영향을 미치지 않는다.

이익잉여금의 증감 원인

증가 원인	감소 원인
• 당기순이익 • 전기오류수정이익 (중대한 오류) • 회계정책 변경의 누적효과 (이익)	• 당기순손실 • 배당금 • 전기오류수정손실 (중대한 오류) • 회계정책 변경의 누적효과 (손실)

28

정답 ③

• (평균 재고자산)$=\frac{90,000+210,000}{2}=150,000$원

• (재고자산 회전율)$=\frac{\text{(매출원가가 일어난 기간)}}{\text{(재고자산 회전일 수)}}=\frac{360\text{일}}{120\text{일}}=3$회

• (매출원가)=(평균 재고자산)×(재고자산 회전율)$=150,000\times 3=450,000$원

29

정답 ④

행동기준고과법은 평가직무에 적용되는 행동패턴을 측정하여 점수화하고 등급을 매기는 방식으로 평가한다. 따라서 개별행위 빈도를 나눠서 측정하지 않으며, 행동기준고과법은 구체적인 행동의 기준을 제시하고 있으므로 향후 종업원의 행동변화를 유도하는 데 도움이 된다.

30

정답 ①

ㄱ. 변혁적 리더십은 거래적 리더십에 대한 비판으로, 현상 탈피, 변화 지향성, 내재적 보상의 강조, 장기적 관점이 특징이다.

ㄷ. 카리스마 리더십은 부하에게 높은 자신감을 보이며 매력적인 비전을 제시한다.

오답분석

ㄴ. 거래적 리더십은 현상 유지, 안정 지향성, 즉각적이고 가시적인 보상체계, 단기적 관점이 특징이다.

ㄹ. 슈퍼 리더십은 부하들이 역량을 최대한 발휘하여 셀프 리더가 될 수 있도록 환경을 조성하고 동기부여를 하는 리더이다.

제2영역 경제

01	02	03	04	05	06	07	08	09	10
①	③	①	②	④	④	④	③	④	④
11	12	13	14	15	16	17	18	19	20
④	④	④	③	④	④	②	④	①	①
21	22	23	24	25	26	27	28	29	30
②	④	①	④	②	③	②	③	③	③

01

정답 ①

일차식의 형태로 표현되는 것은 선형 효용함수이다.

02

정답 ③

피구효과란 경제 불황이 발생하여 물가가 하락하면 민간이 보유한 화폐의 구매력이 증가하므로 실질적인 부가 증가하는 효과가 발생하고, 실질부가 증가하면서 소비도 증가하여 IS곡선이 오른쪽으로 이동하는 효과를 말한다. 따라서 피구효과는 IS곡선의 기울기가 아닌 IS곡선 자체의 이동을 가져오는 효과이다.

03

정답 ①

프리드먼에 의해 제시된 소비함수론인 항상소득가설에서는 소비가 항상소득에 의해 결정된다고 가정한다. 즉, 항상소득가설에서 실제소득은 항상소득과 임시소득의 합으로 구성되지만 소비에 미치는 영향이 크고 항구적인 것은 항상소득인 것이다. 반면 임시소득은 소득 변동이 임시적인 것으로 소비에 영향을 미치지 못하거나 영향을 미치는 정도가 매우 낮다.

04

정답 ②

㉠ 고전학파에 따르면 정부지출이 증가하면 경제 전체의 총저축($S_N=Y-C-G$)이 감소한다. 따라서 대부자금의 공급이 감소한다.

㉣ 실질이자율이 상승하면 구축효과가 발생하여 민간투자와 민간소비 둘 다 감소한다. 민간투자와 민간소비의 감소분이 정부지출 증가분과 일치하기 때문에 총지출 및 국민소득에는 아무런 영향이 없고 총수요의 구성요소만 변한다.

05

정답 ④

오답분석

가. 피셔효과에 따르면 '(명목이자율)=(실질이자율)+(예상인플레이션율)'인 관계식이 성립하므로 예상인플레이션율이 명목이자율을 상회할 경우 실질이자율은 마이너스(−) 값이 될 수 있다. 하지만 명목이자율이 마이너스(−) 값을 가질 수는 없다.

나. 명목임금이 하방경직적일 때 디플레이션으로 인해 물가가 하락하면 실질임금은 상승하게 된다.

06

정답 ④

i) 화폐수량설 공식은 $MV=PV$이다(M : 통화, V : 유통속도, P : 물가, Y : 국민소득). 이때 PV는 명목 GDP이므로, 명목 GDP 1,650조 원과 통화량 2,500조 원을 공식에 대입하면 $V=0.66$이다.

ii) [V(유통속도)변화율]$=\Delta V(0.0033)\div V(0.66)=1\div 200=0.5\%$

따라서 EC방정식에 따르면 (M변화율)+(V변화율)=(P변화율)+(Y변화율)이므로 V변화율(0.5%)과 물가변화율(2%), 실질 GDP 증가율(3%)을 대입하면 (M변화율)=4.5%이다.

07

정답 ④

화폐의 기능 중 가치 저장 기능은 발생한 소득을 바로 쓰지 않고 나중에 지출할 수 있도록 한다는 것이다.

오답분석

① 금과 같은 상품화폐의 내재적 가치는 변동한다.

② 불태환화폐(Flat Money)는 상품화폐와 달리 내재적 가치를 갖지 않는다.

③ M2에는 요구불 예금과 저축성 예금이 포함된다.

08

정답 ③

독점기업은 시장지배력을 갖고 있으므로 원하는 수준으로 가격을 설정할 수 있으나 독점기업이 가격을 결정하면 몇 단위의 재화를 구입할 것인지는 소비자가 결정하는 것이므로 독점기업이 가격과 판매량을 모두 원하는 수준으로 결정할 수 있는 것은 아니다.

09

정답 ④

$MR_A=MC_A$, $MR_B=MC_B$를 이용하여 기업 A와 기업 B의 반응곡선을 구한다.

$$84-2Q_A-Q_B=28 \rightarrow Q_A=-\frac{1}{2}Q_B+28$$

$$84-Q_A-2Q_B=20 \rightarrow Q_B=-\frac{1}{2}Q_A+32$$

쿠르노 모형의 균형은 두 기업의 반응곡선이 교차하는 점에서 이루어지므로 다음과 같은 식이 성립한다.

$$-2Q_A+56=-\frac{1}{2}Q_A+32$$

$$\rightarrow \frac{3}{2}Q_A=24$$

따라서 $Q_A=16$, $Q_B=24$이다.

10

정답 ④

실제 GDP는 한 나라의 국경 안에서 실제로 생산된 모든 최종 생산물의 시장가치를 의미하며, 잠재 GDP는 한 나라에 존재하는 노동과 자본 등 모든 생산요소를 정상적으로 사용할 경우 달성할 수 있는 최대 GDP를 의미한다. 즉, 잠재 GDP는 자연산출량 또는 완전고용산출량 상태에서의 GDP를 의미한다. 따라서 실제 GDP가 잠재GDP 수준에 미달한다면 디플레이션 갭이 존재하는 상태이므로 실제실업률이 자연실업률보다 높다. 실제실업률이 자연실업률보다 높으면 노동시장에서 임금의 하락 압력이 존재하고, 임금이 하락하면 점차 단기총공급곡선이 오른쪽으로 이동하므로 물가가 하락하고 국민소득은 증가한다.

11

정답 ④

- 리카도 대등정리의 개념
  정부지출수준이 일정할 때, 정부지출의 재원조달 방법(조세 또는 채권)의 변화는 민간의 경제활동에 아무 영향도 주지 못한다는 것을 보여주는 이론이다.
- 리카도 대등정리의 가정
  - 저축과 차입이 자유롭고 저축이자율과 차입이자율이 동일해야 한다.
  - 경제활동인구 증가율이 0%이어야 한다.
  - 합리적이고 미래지향적인 소비자이어야 한다.
  - 정부지출수준이 일정해야 한다.

12

정답 ④

균제상태에서 $\Delta k=sf(k)-(\delta+n)=0$이 성립하므로 $f(k)=2k^{0.5}$, $s=0.3$, $\delta=0.25$, $n=0.05$를 대입하면 $0.6k^{0.5}-0.3k=0$으로 정리할 수 있다.

따라서 식을 풀면 $k=4$가 도출되고, 1인당 생산함수 $y=2k^{0.5}$에 대입하면 $y=4$가 도출된다.

13

정답 ④

스태그플레이션이란 경기가 불황임에도 불구하고 물가가 상승하는 현상을 말한다. 즉, 공급충격으로 인한 비용인상 인플레이션이 지속될 경우 인플레이션과 실업이 동시에 발생하는 것이다. 하지만 공급충격은 지속적으로 발생하는 것은 아니므로 지속적인 비용인상 인플레이션은 불가능하다.

인플레이션의 종류

구분	개념
초인플레이션	물가상승이 1년에 수백 ~ 수천 퍼센트를 기록하는 인플레이션
애그플레이션	농업(Agriculture)과 인플레이션(Inflation)이 결합된 단어로, 농산물의 부족으로 인한 농산물가격의 급등으로 야기되는 인플레이션
에코플레이션	환경(Ecology)과 인플레이션(Inflation)의 합성어로, 환경적 요인에 의해 야기되는 인플레이션
차이나플레이션	중국(China)과 인플레이션(Inflation)의 합성어로, 중국의 경제 성장으로 인해 야기되는 인플레이션

14

정답 ③

- X재 수요의 가격탄력성 : '(X재 소비지출액)=(X재 가격)×(X재 수요량)'인데 X재 가격이 5% 상승할 때 소비지출액이 변화가 없는 것은 X재 수요량이 5% 감소함을 의미한다. 따라서 X재 수요의 가격탄력성은 단위탄력적이다.
- Y재 수요의 가격탄력성 : '(Y재 소비지출액)=(Y재 가격)×(Y재 수요량)'인데 Y재 가격이 10% 상승할 때 소비지출액이 10% 증가하였다. 이는 가격이 상승함에도 불구하고 Y재 수요량이 전혀 변하지 않았음을 의미한다. 그러므로 Y재 수요의 가격탄력성은 완전비탄력적이다.

15

정답 ④

소비함수이론에는 케인스의 절대소득가설, 쿠즈네츠의 실증분석, 상대소득가설, 피셔의 2기간 모형, 항상소득가설, 생애주기가설, 랜덤워크 가설이 해당한다. 반면 투자함수이론에는 현재가치법, 내부수익률법, 신고전학파의 투자결정이론, 가속도 원리, 신축적 가속도 원리, 투자옵션이론, Q이론이 해당한다. 따라서 딕싯(Dixit)의 투자옵션이론은 투자함수이론에 해당하며, 미래에 대한 불확실성이 커질수록 기업의 투자는 줄어든다고 주장한다.

16

정답 ④

오답분석

① 인플레이션으로 인한 사회적 비용 중 구두창 비용이란 인플레이션으로 인해 화폐가치가 하락한 상황에서 화폐보유의 기회비용이 상승하는 것을 나타내는 용어이다. 이는 사람들이 화폐보유를 줄이게 되면 금융기관을 자주 방문해야 하므로 거래비용이 증가하게 되는 것을 의미한다.

② 메뉴비용이란 물가가 상승할 때 물가 상승에 맞추어 기업들이 생산하는 재화나 서비스의 판매 가격을 조정하는 데 지출되는 비용을 의미한다.

17

정답 ②

- 비생산활동인구 : 500명
- 생산가능인구 : 3,160명
- (생산가능인구)=(취업자수)+(실업자수)+(비경제활동인구)
- (고용률)$=\frac{\text{(취업자수)}}{\text{(생산가능인구)}}\times 100$

따라서 (고용률)$=1{,}264\div 3{,}160\times 100=40\%$이다.

18

정답 ④

시장수요곡선과 시장공급곡선을 통해 시장균형량을 구하면 다음과 같다.

$340-4X=100+4X$

$\therefore X=30$

시장균형량이 30일 때, 시장균형가격 $P=220$이다. 따라서 생산자잉여는 $(220-100)\times 30\times 0.5=1{,}800$이다.

19

정답 ①

규모에 대한 수익체증은 모든 생산요소를 동일한 비율로 변화시킬 때 사용되는 개념이고, 규모의 경제는 기업이 생산량을 증가시킬 때, 생산요소의 투입비율이 변하는 경우까지 포함해서 장기평균비용이 낮아지는 것을 의미하는 개념이다. 따라서 규모의 경제는 규모에 대한 수익체증을 포함하는 보다 일반적인 개념이다.

20

정답 ①

생산량이 증가할 때 초기에 단기평균비용이 낮아지는 것은 처음에는 생산량이 증가하면 평균고정비용이 급속히 낮아지는 효과가 크게 나타나기 때문이다. 그리고 생산량이 일정수준을 넘어서면 평균비용이 증가하는 것은 생산량이 한계생산 체감으로 인해 평균가변비용이 증가하는 정도가 크게 나타나기 때문이다.

21

정답 ②

기저 효과란 어떠한 결괏값을 산출하는 과정에서 기준이 되는 시점과 비교대상 시점의 상대적인 위치에 따라서 그 결괏값이 실제보다 왜곡되어 나타나게 되는 현상을 말한다. 즉, 경제지표를 평가하는 데 있어 기준시점과 비교시점의 상대적인 수치에 따라 그 결과에 큰 차이가 날 수 있음을 뜻한다.

22

정답 ④

등량곡선은 동일한 산출량을 생산하는 데 필요한 노동과 자본의 투입량 조합을 나타낸다. 기술이 진보하면 같은 생산량을 갖는 등량곡선은 원점을 기준으로 바깥쪽에서 안쪽으로 이동한다. 이는 적은 생산요소를 투입해도 같은 수량을 생산할 수 있다는 것을 의미한다.

23

정답 ①

승수 효과란 정부가 지출을 늘리면 가계나 기업의 소득과 수입이 증가하고 총수요가 증가하게 되는데, 이때 총수요가 정부의 지출액 이상으로 증가하는 것을 말한다. 일반적으로 한계소비성향을 c라고 가정할 경우 정부지출이 ΔG만큼 증가할 때의 국민소득 증가분 ΔY는 다음과 같이 구한다.

$$\Delta Y = \Delta G + c\Delta G + c^2 \Delta G + c^3 \Delta G + \cdots$$
$$= (1 + c + c^2 + c^3 + \cdots)\Delta G$$
$$= \frac{1}{1-c}\Delta G$$

위 식에 $\Delta Y = 500$, $c = 0.8$을 대입해 보면 다음과 같다.

$$\Delta Y = \frac{1}{1-c}\Delta G \rightarrow \Delta G = (1-c)\Delta Y = (1-0.8)\times 500 = 100$$

따라서 한계소비성향이 0.8일 경우 국민소득을 500만큼 증가시키기 위해서는 정부지출을 100 정도 늘려야 한다.

24

정답 ④

K국의 한계소비성향은 소비함수를 통해 0.6이라는 것을 알 수 있고, 정부지출승수 $\frac{dY}{dG} = \frac{1}{1-0.6(1-t)}$ 이다. 이때 조세율이 0이므로 정부지출승수는 $\frac{1}{1-0.6} = 2.5$이다. 따라서 40만큼 정부지출이 증가하면 정부지출승수에 의해 $2.5\times 40 = 100$만큼 국민소득이 증가할 것이다.

25

정답 ②

가격에 대한 공급의 반응 속도가 빠를수록 공급이 가격에 대해 탄력적이라고 표현한다. 즉, 공급이 빨리 증가하면 가격은 상대적으로 적게 상승한다. 따라서 일반적으로 수요가 동일하게 증가할 경우 공급이 가격에 대해 비탄력적일수록 가격이 큰 폭으로 증가한다.

26

정답 ③

준지대란 공장설비 등과 같이 단기적으로 고정된 생산요소에 대한 보수로, 총수입에서 총가변비용을 차감한 크기 또는 총고정비용에 초과이윤을 더한 크기이다.

X재의 가격은 40원이며, 균형에서 생산량이 100단위이므로 총수입은 4,000원이다. 생산량이 100단위일 때 평균비용은 24원, 평균고정비용이 10원이므로 총가변비용은 1,400원이다.

따라서 준지대는 4,000−1,400=2,600원이다.

총가변비용 공식

(총가변비용)=(평균가변비용*)×(생산량)

* (평균가변비용)=(평균비용)−(평균고정비용)

27

정답 ②

리디노메이션을 할 경우 지하경제의 자금이 빠르게 실물경제로 넘어와 양성화되는 효과를 기대할 수 있다.

오답분석

① 가격 조정이 비례적으로 일어나지 않거나, 화폐단위 변경으로 인한 불안감으로 인해 물가가 상승할 우려가 있다.
③ 리디노메이션이란 액면가를 조정한다는 의미로 화폐가치는 유지하되 단위는 낮추는 화폐개혁이다.
④ 리디노미네이션은 소비 심리 변화와 경제활동 편의성 증가로 인해 소비 활성화 및 경기부양 효과를 기대할 수 있다.

28

정답 ③

산업은행의 조사에 의하면 코로나19 확산, 급격한 금리인상, 경기악화 등 여러 요인으로 인해 국내 상장사의 한계기업 비중은 2011년 이후 매년 증가추세에 있다.

오답분석

① 기준금리가 인상될 경우, 이자비용 부담이 커져 이자보상비율이 1이 안 되는 기업이 더욱 증가할 수 있다.
②·④ 이자보상배율(영업이익÷이자비용)이 1보다 작다는 것은 영업이익으로 이자비용을 감당할 수 없음을 의미한다.

29

정답 ③

정부가 국채를 매입하면 시중에 유동성이 공급되어 통화량은 늘어나고 이로 인해 금리가 하락하여 가계, 기업 등의 조달비용 등이 낮아져 소비와 투자가 늘어나게 된다.

30

정답 ③

사회후생을 SW라 하면 제시된 사회후생함수는 $SW = U_A + U_B$의 형태로 정의되는데, 이러한 사회후생함수를 공리주의 사회후생함수라고 한다. 공리주의 사회후생함수는 각자 효용의 합에 의해 사회후생이 결정된다는 특징이 있다. 두 사람의 소득을 합한 뒤 다시 절반씩 나누어 가지는 것은 소득의 합에 있어서는 아무 변화가 없으므로 사회후생은 변하지 않는다.

오답분석

① 공리주의 사회후생함수에서 사회후생은 오직 효용의 합의 크기에 의해 결정될 뿐, 소득 배분과는 관계가 없다.
② '최대 다수의 최대 행복'이란 공리주의 철학을 나타내는 말로, 사회 구성원의 행복(사회 구성원의 효용의 합)을 최대로 하는 것이 선이라는 의미이다.
④ 공리주의에서 사회후생은 사회 구성원의 효용의 합에 의해 결정되므로 소득에 대한 한계효용이 높은 사람에게 소득을 주는 것이 사회후생을 극대화하는 방안이다. 따라서 한계효용이 체감한다면 두 사람의 한계효용이 동일해지는 지점($MU_A = MU_B$)에서 후생극대화가 달성된다.

제3영역 행정

01	02	03	04	05	06	07	08	09	10
④	②	④	④	②	④	④	④	④	④
11	12	13	14	15	16	17	18	19	20
①	①	④	④	③	③	①	④	③	④
21	22	23	24	25	26	27	28	29	30
②	①	③	①	①	④	②	③	②	③

01

정답 ④

전방향접근법은 하향식 접근으로 결정기관에서 시작하여 집행기관으로 내려오면서 접근하는 방법이다. 반면, 집행에서 시작하여 상위계급이나 조직 또는 결정단계로 거슬러 올라가는 것은 상향식 접근이다.

02

정답 ②

자치분권 및 지방행정체제 개편을 추진하기 위하여 대통령 소속으로 자치분권위원회를 둔다(지방분권법 제44조).

지방분권 관련 근거 법률과 추진기구

정부	근거법률	추진기구
김대중	중앙행정권한의 지방이양 촉진 등에 관한 법률	지방이양추진위원회
노무현	지방분권특별법	정부혁신지방분권위원회
이명박	지방분권촉진에 관한 특별법	지방분권촉진위원회
박근혜	지방분권 및 지방행정체제 개편에 관한 특별법	지방자치발전위원회
문재인	지방자치분권 및 지방행정체제개편에 관한 특별법	자치분권위원회

03

정답 ④

역사학적 신제도주의는 각국에서 채택된 정책의 상이성과 효과를 역사적으로 형성된 제도에서 찾으려는 접근방법을 말한다.

행태론과 신제도론의 비교

구분	행태론	신제도론
차이점	방법론적 개체주의, 미시주의	거시와 미시의 연계
차이점	제도의 종속변수성 (제도는 개인행태의 단순한 집합)	제도의 독립변수성 (제도와 같은 집합적 선호가 개인의 선택에 영향을 줌)
차이점	정태적	동태적 (제도의 사회적 맥락과 영속성 강조)
공통점	제한된 합리성 인정, 공식적 구조(제도)에 대한 반발	

오답분석

① 행태론은 인간을 사물과 같은 존재로 인식하기 때문에 인간의 자유와 존엄을 강조하기 보다는 인간을 수단적 존재로 인식한다.
② 후기 행태주의의 입장이다.
③ 자연현상과 사회현상을 동일시하여 자연과학적인 논리실증주의를 강조한 것은 행태론적 연구의 특성이다.

04

정답 ④

근무성적평정은 과거의 실적과 능력에 대한 평가이며, 미래 잠재력까지 측정한다고 볼 수 없다. 한편, 미래 행동에 대한 잠재력측정이 가능한 평가는 역량평가이다.

05

정답 ②

정책평가의 타당성은 정책평가가 정책의 효과를 얼마나 사실에 가깝게 추정하고 있는지를 파악하는 정도이다. 이러한 타당성은 구성타당성, 통계타당성, 내적타당성, 외적타당성으로 구분할 수 있다. 신뢰성이란 측정도구가 어떤 현상을 되풀이해서 측정했을 때 얼마나 일관성 있게 측정할 수 있는지를 파악하는 것이다. 신뢰성은 타당성의 필요조건이며, 타당성이 높으면 신뢰성은 높지만, 신뢰성이 높더라도 타당성이 높다고 볼 수는 없다.

06

정답 ④

합리모형은 자원배분의 최적화를 통한 사회후생의 극대화(파레토 최적)를 추구하는 모형으로, 경제적 합리성에 입각한 예산결정모형이다(예 PPBS, ZBB). 예산결정의 목표에 대한 사회적 합의가 도출되지 않은 경우에는 적용이 곤란하다는 한계점이 있다.

07

정답 ④

팀 조직은 상호보완적인 기능을 가진 소수의 사람들이 공동의 목표를 달성하기 위해 책임을 공유하고 문제해결을 위한 공동의 접근방법을 사용하는 조직단위이다. 팀 조직은 핵심업무의 과정 중심으로 조직화되어 있으며, 수평적인 조직구조와 자율적인 분위기, 대폭적인 권한위임, 성과중심의 보상 등을 특징으로 한다.

08

정답 ④

조세법률주의는 국세와 지방세 구분 없이 적용된다. 따라서 지방세의 종목과 세율은 국세와 마찬가지로 법률로 정한다.

09

정답 ④

행정통제는 행정의 일탈에 대한 감시와 평가를 통해서 행정활동이 올바르게 전개될 수 있도록 계속적인 시정 과정을 거치게 하는 행동이다. 따라서 별도의 시정 노력을 하지 않아도 된다는 것은 행정통제의 개념과 반대되는 설명이다.

10

정답 ④

ㄱ. 강임이 아닌 강등에 대한 설명이다. 강임은 징계가 아니라 직제·정원의 변경, 예산감소 등을 이유로 직위가 폐직되거나 하위의 직위로 변경되어 과원이 된 경우, 같은 직렬이나 다른 직렬의 하위 직급으로 임명하는 것이다.
ㄴ. 직위해제가 아닌 직권면직의 대상이다.
ㄷ. 징계의결요구의 소멸시효는 3년이지만, 금품 및 향응 수수, 공금의 횡령·유용의 경우에는 5년이다.

징계의 종류

경징계	견책	전과에 대하여 훈계하고 회개하게 하고 6개월간 승급 정지
	감봉	1～3개월간 보수의 1/3을 삭감하고 1년간 승급 정지
중징계	정직	1～3개월간 신분은 보유, 직무수행 정지, 보수는 전액을 감하고 1년 6개월간 승급 정지
	강등	1계급 하향 조정, 신분은 보유, 3개월간 직무수행 정지, 보수는 전액을 삭감하고 1년 6개월간 승급 정지
	해임	강제 퇴직, 3년간 공무원 재임용 불가
	파면	강제 퇴직, 5년간 공무원 재임용 불가, 퇴직급여의 1/4～1/2 지급 제한

11

정답 ①

주민자치에서의 지방자치단체는 순수한 자치단체이다. 따라서 자치행정기관과 지방행정기관이라는 지방자치단체의 이중적 지위는 단체자치의 특징이므로 옳지 않은 설명이다.

오답분석

④ 주민자치는 자치사무와 위임사무를 구별하지 않으며, 지방정부가 국가의 일선기관으로서의 지위를 갖지 않는다.

주민자치와 단체자치의 비교

구분	주민자치	단체자치
발달·채택국가	영국, 미국	프랑스, 독일(대륙법계), 일본
자치의 의미	정치적 의미	법률적 의미의 자치
권한부여의 방식	개별적 지정주의	포괄적 수권(예시)주의
자치권의 인식	고유권설	전래권설
자치권의 범위	상대적으로 광범	상대적으로 협소
자치의 초점	지방정부와 주민의 관계	중앙과 지방자치단체의 관계
중앙통제의 방식	입법통제, 사법통제 중심 (중앙통제가 약함)	행정통제 중심 (중앙통제가 강함)
중앙과 지방의 관계	기능적 협력관계	권력적 감독관계
지방정부 형태	기관통합형 (의원내각제식)	기관대립형 (대통령제식)
자치단체의 성격 및 지위	단일적 성격 및 지위 (자치단체)	이중적 성격 및 지위 (자치단체+국가의 하급행정기관)
자치사무와 위임사무	구분하지 않음 (고유사무만 존재, 위임사무가 존재하지 않음)	엄격히 구분 (고유사무 +위임사무)
지방세제 (조세제도)	독립세주의	부가세주의

12

정답 ①

예산개혁의 경향은 '통제 지향 → 관리 지향 → 기획 지향 → 감축 지향 → 참여 지향'의 순서로 발달하였다.

13

정답 ④

지방정부의 일반회계 세입에서 자주재원과 지방교부세를 합한 일반재원의 비율을 재정자주도라고 한다.

주요 재정지표

- $(\text{재정자립도}) = \dfrac{(\text{지방세}) + (\text{세외수입})}{(\text{일반회계 세입총액})}$
- (재정자주도)

$$= \frac{(\text{지방세}) + (\text{세외수입}) + (\text{지방교부세}) + (\text{조정교부금}) + (\text{재정보전금})}{(\text{일반회계 세입총액})}$$

오답분석

① 재정자립도에 대한 설명이다.
③ 재정력지수에 대한 설명이다.

14

정답 ④

점증모형은 수단과 목표가 명확히 구분되지 않으므로 흔히 목표－수단의 분석이 부적절하거나 제한되는 경우가 많으며, 목표달성의 극대화를 추구하지 않는다. 정책 목표달성을 극대화하는 정책을 최선의 정책으로 평가하는 모형은 합리모형이다.

15

정답 ③

합리모형에 대한 설명으로, 회사모형은 환경의 불확실성으로 인해 단기적인 대응을 통해 불확실성을 회피·통제한다.

회사모형의 특징

- 갈등의 준해결 : 받아들일만한 수준의 의사결정
- 표준운영절차(SOP) 중시
- 불확실성 회피 : 단기적 대응, 단기적 환류를 통한 불확실성 회피
- 휴리스틱적 학습(도구적 학습)

16

정답 ③

탈신공공관리론은 신공공관리의 역기능적 측면을 교정하고 통치역량을 강화하여 정치행정 체제의 통제와 조정을 개선하기 위해 재집권화와 재규제를 주장한다. 반면, 규제완화는 신공공관리론에서 강조하는 전략이다.

17

정답 ①

상동적 오차는 유형화의 착오로, 편견이나 선입견 또는 고정관념(Stereotyping)에 의한 오차를 말한다.

오답분석

② 연속화의 오차(연쇄효과) : 한 평정 요소에 대한 평정자의 판단이 다른 평정 요소에도 영향을 주는 현상이다.
③ 관대화의 오차 : 평정결과의 점수 분포가 우수한 쪽에 집중되는 현상이다.
④ 규칙적 오차 : 다른 평정자들보다 항상 후하거나 나쁜 점수를 주는 현상이다.

18

정답 ④

사회적 자본은 동조성(Conformity)을 요구하면서 개인의 행동이나 사적 선택을 제약하는 경우도 있다.

19

정답 ③

크리밍(Creaming) 효과, 호손(Hawthorne) 효과는 외적 타당도를 저해하는 요인이다.

내적·외적 타당도 저해 요인

내적 타당도 저해 요인	외적 타당도 저해 요인
• 선발요소 • 성숙효과 • 회귀인공요소(통계적 회귀) • 측정요소(검사요소) • 역사적요소(사건효과) • 상실요소 • 측정도구의 변화 • 모방효과(오염효과)	• 호손(Hawthrone) 효과 • 크리밍(creaming) 효과 • 실험조작과 측정의 상호작용 • 표본의 비대표성 • 다수적 처리에 의한 간섭

20

정답 ④

회계장부가 하나여야 한다는 원칙은 단일성의 원칙을 말한다. 통일성의 원칙은 특정한 세입과 세출이 바로 연계됨이 없이 국고가 하나로 통일되어야 한다는 원칙이다.

오답분석

① 목적세는 통일성 원칙의 예외이다.
② 공개성 원칙의 예외로는 국방비와 국가정보원 예산 등 기밀이 필요한 예산이 있다.
③ 사전의결 원칙의 예외는 사고이월, 준예산, 전용, 예비비지출, 긴급명령, 선결처분이 있다.

21

정답 ②

각 중앙관서의 장은 성과금을 지급하거나 절약된 예산을 다른 사업에 사용하고자 하는 때에는 '예산성과금 심사위원회'의 심사를 거쳐야 한다(국가재정법 제49조 제2항).

22

정답 ①

앨리슨 모형은 1960년대 초 쿠바 미사일 사건과 관련된 미국의 외교정책 과정을 분석한 후 정부의 정책결정 과정을 설명하고 예측하기 위한 분석틀로, 세 가지 의사결정모형인 합리모형, 조직과정모형, 관료정치모형을 제시하여 설명한 것이다. 앨리슨은 이 중 어느 하나가 아니라 세 가지 모두 적용될 수 있다고 주장하였다.

23

정답 ③

정보비대칭을 줄이기 위해서는 주인인 주민이 직접 참여하거나, 내부고발자 보호제도와 같은 감시·통제장치를 마련하거나, 입법예고 등을 통해 정보비대칭을 해소하거나, 인센티브를 제공하는 방안이 있다.

오답분석

① 역선택이 아닌 도덕적 해이의 사례이다.
② 대리인이 주인보다 정보를 많이 보유하고 있으므로 주인은 대리인의 책임성을 확보할 수 있는 방안을 주로 외부통제에서 찾는다.
④ 시장의 경쟁요소를 도입함으로써 공기업의 방만한 경영을 막고자 하는 것은 도덕적 해이를 방지하고자 하는 노력의 일환이다.

24

정답 ①

수입대체경비란 정부가 용역이나 시설을 제공하여 발생하는 수입과 관련해 초과수입이 발생할 경우, 이를 해당 초과수입과 관련되는 경비로 초과지출 할 수 있는 제도이다. 따라서 예산에 계상되지 않고, 특정 수입과 특정 지출이 연계된다는 점에서 예산의 완전성의 원칙과 통일성의 원칙에 대한 예외이다.

25

정답 ①

지역주민들의 소득 증가는 사회적 자본의 형성 모습과 직접적인 연관이 없다.

오답분석

②는 규범, ③은 신뢰, ④는 네트워크에 대한 설명으로, 사회적 자본과 직접 연관되어 있는 개념이다.

26

정답 ④

기관장은 다음 연도를 포함한 5회계연도 이상의 중장기 경영목표를 설정하고, 이사회의 의결을 거쳐 확정한 후 매년 10월 31일까지 기획재정부장관과 주무기관의 장에게 제출해야 한다(공공기관의 운영에 관한 법률 제46조 제1항).

오답분석

① 공공기관의 운영에 관한 법률 제43조 제3항
② 공공기관의 운영에 관한 법률 제43조 제6항
③ 공공기관의 운영에 관한 법률 제47조 제1항

27

정답 ②

오답분석

ㄴ. 개혁을 포괄적·급진적으로 추진할 경우 개혁에 대한 저항은 더 크게 나타난다. 따라서 구체적·점진적으로 진행해야 저항이 적다.
ㄹ. 내부집단에 의할 때보다 외부집단에 의해 개혁이 추진될 때 저항이 커진다.

28

정답 ③

뉴거버넌스는 공공서비스를 전달하는 과정에서 정부와 민간부문 및 비영리부문 간의 협력적 네트워크를 강조하는 네트워크 거버넌스를 의미한다.

오답분석

① 정부의 역할에 있어서 방향잡기(Steering)를 중시한다.
② 입법과정에서의 세력연합과 협상 및 타협을 중요시한다.
④ 정부·시장·시민사회의 파트너십을 전제로 하고 이를 중요시한다.

29

정답 ②

이익집단 정치는 비용과 편익이 모두 소수의 동질적 집단에 좁게 국한되어 있는 정치상황이다.

윌슨(Willson)의 규제정치모형

구분		감지된 편익	
		좁게 집중	넓게 분산
감지된 비용	좁게 집중	이익집단 정치 (Interest Group Politics)	기업가 정치 (Entrepreneurial Politics)
	넓게 분산	고객 정치 (Clientele Politics)	대중 정치 (Majoritarian Politics)

30

정답 ③

유기적 구조일수록 집권성이 낮으며, 기계적 구조일 경우 집권성이 높다.

제4영역 법

01	02	03	04	05	06	07	08	09	10
②	④	③	①	④	③	①	④	②	③
11	12	13	14	15	16	17	18	19	20
③	④	①	④	②	②	③	④	④	③
21	22	23	24	25	26	27	28	29	30
④	③	③	④	②	④	②	④	②	④

01 　정답 ②

민법 제101조 제2항에 해당하는 내용이다.

오답분석

① 법정과실에 대한 설명이다. 천연과실은 그 원물로부터 분리하는 때에 이를 수취할 권리자에게 속한다(민법 제102조 제1항).

③ 분필절차 없이 토지의 특정부분에 대하여 저당권이나 전세권, 지역권은 설정할 수 없다.

④ 적법한 경작권 없이 타인의 토지를 경작하였더라도 그 경작한 입도가 성숙하여 독립한 물건으로서의 존재를 갖추었으면 입도의 소유권은 경작자에게 귀속한다(대판 1979.8.28., 79다784).

02 　정답 ④

신의성실의 원칙은 강행규정이므로 당사자의 주장이 없더라도 법원은 그 위반 여부를 직권으로 판단할 수 있다(대판 97다37821).

03 　정답 ③

행정심판은 취소심판, 무효등확인심판, 의무이행심판의 3가지로 구분한다(행정심판법 제5조).

04 　정답 ①

법률행위의 성립요건은 법률행위 존재의 유·무를 결정하고, 효력요건은 기성립된 법률행위의 유효·무효를 결정한다. 요물계약에서 물건의 인도는 요물계약이라는 법률행위를 존재하게 하는 성립요건에 해당하며, 물건의 인도가 이뤄지지 않으면 요물계약 자체가 성사되지 않는다.

오답분석

②·③·④ 대리행위에서 대리권의 존재, 당사자의 의사능력과 행위능력, 조건부 법률행위에서 조건의 성취, 토지거래허가구역 내의 토지거래계약에 대한 관할관청의 허가는 법률행위가 유효한지 무효한지를 결정하는 효력요건에 해당한다.

05 　정답 ④

오답분석

① 선택채권의 소멸시효는 그 선택권을 행사할 수 있는 때로부터 진행한다.

② 채무이행의 불확정한 기한이 있는 경우에는 채무자는 기한이 도래한 때로부터 지체책임이 있다(민법 제387조 제1항).

③ 이 사건 부동산에 대한 매매대금 채권이 비록 소유권이전등기청구권과 동시이행의 관계에 있다 할지라도 매도인은 매매대금의 지급기일 이후 언제라도 그 대금의 지급을 청구할 수 있는 것이며, 다만 매수인은 매도인으로부터 그 이전등기에 대한 이행의 제공을 받기까지 그 지급을 거절할 수 있는 데 지나지 아니하므로 매매대금청구권은 그 지급기일 이후 시효의 진행에 걸린다고 할 것이다(대판 1991.3.22., 90다9797).

06 　정답 ③

민법 제1조에서의 법률은 국회에서 제정된 고유한 의미의 법률뿐만 아니라 널리 성문법 또는 제정법 전체를 의미하는 것으로, 대통령의 긴급명령이나 위임명령도 이에 포함된다.

07 　정답 ①

소유권 절대의 원칙(사유재산존중의 원칙), 계약자유의 원칙(사적자치의 원칙), 과실책임의 원칙(자기책임의 원칙)은 근대민법의 3대 원칙으로 개인의 자유와 평등을 실현하기 위한 원리이다.

08 　정답 ④

민법 제16조 제1항에 해당하는 내용이다.

오답분석

① 법률행위의 일부분이 무효인 때에는 그 전부를 무효로 한다. 그러나 그 무효부분이 없더라도 법률행위를 하였을 것이라고 인정될 때에는 나머지 부분은 무효가 되지 아니한다(민법 제137조).

② 당사자가 무효임을 알고 추인한 때에는 새로운 법률행위로 본다(민법 제139조).

③ 제한능력자는 그 행위로 인하여 받은 이익이 현존하는 한도에서 상환할 책임이 있다(민법 제141조).

09
정답 ②

부동산에 대한 점유취득시효 완성을 원인으로 하는 소유권이전등기 청구권은 물권적 청구권이 아닌 채권적 청구권이다.

오답분석

① 대판 1982.7.27., 80다2968
③ 대판 1987.11.24., 87다카257,258
④ 임대인은 임차권에 기하여 정당하게 권리를 가진 임차인에 대하여 소유권에 기한 물권적 청구권을 행사할 수 없다.

10
정답 ③

대리인이 수인인 때에는 각자가 본인을 대리한다. 그러나 법률 또는 수권행위에 다른 정한 바가 있는 때에는 그러하지 아니하다(민법 제119조).

오답분석

① 대리인은 행위능력자임을 요하지 아니한다(민법 제117조).
② 대리인이 그 권한 내에서 본인을 위한 것임을 표시한 의사표시는 직접 본인에게 대하여 효력이 생긴다(민법 제114조 제1항).
④ 대리인은 본인의 허락이 없으면 본인을 위하여 자기와 법률행위를 하거나 동일한 법률행위에 관하여 당사자 쌍방을 대리하지 못한다. 그러나 채무의 이행은 할 수 있다(민법 제124조).

11
정답 ③

당사자의 일방 또는 쌍방이 수인인 경우에는 계약의 해지나 해제는 그 전원으로부터 또는 전원에 대하여 하여야 한다(민법 제547조 제1항).

오답분석

① 민법 제551조
② 민법 제546조
④ 민법 제543조 제1항

12
정답 ④

행정심판법 제44조 1항에 해당하는 내용이다.

오답분석

③ 행정심판법 제 50조 1항

13
정답 ①

민법 제428조의2 제1항 단서에 따라 전자적 형태로 표시된 경우에는 효력이 없다.

오답분석

② 민법 제430조
③ 민법 제428조의3 제1항
④ 민법 제431조 제1항

14
정답 ④

피성년후견인은 법정대리인의 동의가 있어도 단독으로 법률행위를 할 수 없다.

15
정답 ②

수인의 채무자가 채무전부를 각자 이행할 의무가 있고 채무자 1인의 이행으로 다른 채무자도 그 의무를 면하게 되는 때에는 그 채무는 연대채무로 한다(민법 제413조).

오답분석

① 분할채권 : 같은 채권에 2인 이상의 채권자 또는 채무자가 있을 때 분할할 수 있는 채권을 말한다. 이런 채권을 가분채권(분할채권)이라고도 한다.
③ 보증채무 : 채권자와 보증인 사이에 체결된 보증계약에 의하여 성립하는 채무로서 주채무자가 그 채무를 이행하지 않는 경우에 보증인이 이를 보충적으로 이행하여야 하는 채무를 말한다.
④ 양도담보 : 채권담보의 목적으로 일정한 재산을 양도하고, 채무자가 채무를 이행하지 않는 경우에 채권자는 목적물로부터 우선변제(優先辨濟)를 받게 되나, 채무자가 이행을 하는 경우에는 목적물을 채무자에게 반환하는 방법에 의한 담보를 말한다.

16
정답 ②

민법 제750조는 일반불법행위 성립요건으로 고의나 과실에 의한 가해행위가 있을 것, 가해행위가 위법할 것, 가해자에게 책임능력이 있을 것, 가해행위로 타인에게 손해가 발생할 것을 요건으로 한다. 따라서 가해자의 행위능력은 일반불법행위 성립요건이 아니다.

17
정답 ③

불법행위의 내용과 관련하여 고의 또는 과실로 인한 위법행위로 타인에게 손해를 가한 자는 그 손해를 배상할 책임이 있다고 민법 제750조에서 규정하고 있다. 따라서 중대한 과실을 요건으로 하지는 않는다.

18
정답 ④

조건의 성취여부는 불소급이 원칙이다. 해제조건 있는 법률행위는 조건이 성취한 때로부터 그 효력을 잃는다(민법 제147조 제2항).

19
정답 ④

하자있는 행정행우의 치유나 전환은 행정행위의 성질이나 법치주의 관점에서 볼 때 원칙적으로 허용될 수 없지만, 국민의 권리와 이익을 침해하지 않는 범위에서 구체적 사정에 따라 합목적적으로 인정해야 한다(대판 1983.7.26., 82누420).

오답분석

① 2 이상의 행정행위가 연속적으로 행하여진 경우, 선행 행정행위에 하자가 있으면 후행 행정행위에 하자가 없더라도 선행 행정행위를 이유로 하여 이를 다툴 수 있는지의 문제이다.
② 처분청이 어떤 사유로 인하여 유효하게 성립된 행정행위를 장래에 향하여 소멸시키는 행정행위이다.
③ 유효한 행정행위를 처분청 등이 어떠한 사유로 인하여 직권으로 그 효력을 소멸시키는 것이다.

20

정답 ③

대법원에 의하면 구 표시·광고의 공정화에 관한 법률 위반을 이유로 한 공정거래위원회의 경고의결은 당해 표시·광고의 위법을 확인하되 구체적인 조치까지는 명하지 않는 것으로 사업자가 장래 다시 표시·광고의 공정화에 관한 법률 위반행위를 할 경우 과징금 부과 여부나 그 정도에 영향을 주는 고려사항이 되어 사업자의 자유와 권리를 제한하는 행정처분에 해당한다(대판 2013.12.26., 2011두4930).

오답분석

① 대판 1996.5.16., 95누4810
② 대판 2008.11.13., 2008두13491
④ 대판 2009.9.24., 2008다60568

21

정답 ④

오답분석

① 대법원에 의하면 비록 제목이 '진정서'로 되어 있고, 재결청의 표시, 심판청구의 취지 및 이유, 처분을 한 행정청의 고지의 유무 및 그 내용 등 행정심판법 제19조 제2항 소정의 사항들을 구분하여 기재하고 있지 아니하여 행정심판청구서로서의 형식을 다 갖추고 있다고 볼 수는 없으나, 이러한 불비한 점은 보정이 가능하므로 위 문서는 행정처분에 대한 행정심판청구이다(대판 2000.06.09., 98두2621).
② 대법원에 의하면 개별법상 이의신청은 통상 처분청에 제기하는 불복절차를 말한다. 각 개별법에서 규정하고 있는 이의신청이 행정심판인지 여부는 쟁송절차를 기준으로 행정심판인 이의신청과 행정심판이 아닌 이의신청으로 구분할 수 있다(헌재 2001.6.28., 2000헌바30).
③ 대법원에 의하면 개별 법률에 이의신청제도를 두면서 행정심판에 대한 명시적인 규정이 없는 경우 행정심판법 제3조 제1항이 "행정청의 처분 또는 부작위에 대하여는 다른 법률에 특별한 규정이 있는 경우 외에는 이 법에 따라 행정심판을 청구할 수 있다."라고 규정되어 있으므로 개별 법률의 이의신청이 "다른 법률에 특별한 규정이 있는 경우"에 해당하지 않는 한 이의신청과는 별도로 행정심판을 제기할 수 있다(대판 2010.1.28., 2008두19987).

22

정답 ③

채권 및 소유권 이외의 재산권은 20년간 행사하지 아니하면 소멸시효가 완성한다(민법 제162조 제2항).

23

정답 ③

행정벌이란 행정법상의 의무위반(행정범)에 대해 처벌로, 행정형벌과 행정질서벌이 있다. 행정형벌은 형법상의 형이 적용되지만, 행정질서벌은 행정법상 의무위반에 대해 과태료를 부과하는 금전적 제재로, 질서위반행위규제법을 적용받는다. 따라서 형법총칙이 적용되어 처벌되는 것은 행정형벌이다.

24

정답 ④

사기(사람을 기망하여 착오에 빠지게 하는 행위) 또는 강박(공포심을 일으키게 하는 행위)을 당하여 하는 의사표시는 의사와 표시가 일치하는 경우이다. 이러한 의사표시는 상대방이 그 사실을 알았거나 알 수 있었을 경우에 한하여 취소할 수 있지만 의사표시가 취소되더라도 그러한 사정을 모르는 선의의 제삼자에 대하여는 취소의 효과를 주장할 수 없다(민법 제110조).

25

정답 ②

구 상훈법(2011.8.4. 법률 제10985호로 개정되기 전의 것) 제8조는 서훈취소의 요건을 구체적으로 명시하고 있고 절차에 관하여 상세하게 규정하고 있다. 그리고 서훈취소는 서훈수여의 경우와는 달리 이미 발생된 서훈대상자 등의 권리 등에 영향을 미치는 행위로서 관련 당사자에게 미치는 불이익의 내용과 정도 등을 고려하면 사법심사의 필요성이 크다. 따라서 기본권의 보장 및 법치주의의 이념에 비추어 보면, 비록 서훈취소가 대통령이 국가원수로서 행하는 행위라고 하더라도 법원이 사법심사를 자제하여야 할 고도의 정치성을 띤 행위라고 볼 수는 없다(대판 2012두26920).

26

정답 ④

해제권자의 고의나 과실로 인하여 계약의 목적물이 현저히 훼손되거나 이를 반환할 수 없게 된 때 또는 가공이나 개조로 인하여 다른 종류의 물건으로 변경된 때에는 해제권은 소멸한다(민법 제553조).

오답분석

① 계약이 합의해제된 경우에는 그 해제시에 당사자 일방이 상대방에게 손해배상을 하기로 특약하거나 손해배상청구를 유보하는 의사표시를 하는 등 다른 사정이 없는 한 채무불이행으로 인한 손해배상을 청구할 수 없다(대판 1989.4.25., 86다카1147).
② 증여의 의사가 서면으로 표시되지 아니한 경우에는 각 당사자는 이를 해제할 수 있다(민법 제555조).

③ 매매계약을 합의해제한 후 그 합의해제를 무효화시키고, 해제된 매매계약을 부활시키는 약정은 계약자유의 원칙상 적어도 당사자 사이에서는 가능하다(대판 2006.4.13., 2003다45700).

27

정답 ②

오답분석

① 청약의 상대방은 특정인과 불특정인 모두 유효하다. 반면 승낙은 청약과 달리 반드시 특정인(청약자)에 대하여 해야 한다.
③ 승낙자가 청약에 대하여 조건을 붙이거나 변경을 가하여 승낙한 때에는 그 청약의 거절과 동시에 새로 청약한 것으로 본다(민법 제534조).
④ 승낙의 기간을 정한 계약의 청약은 청약자가 그 기간 내에 승낙의 통지를 받지 못한 때에는 그 효력을 잃는다(민법 제528조 제1항).

28

정답 ④

식품위생법상 일반음식점영업허가는 기속행위에 해당한다. 식품위생법상 일반음식점영업허가는 성질상 일반적 금지의 해제에 불과하므로 허가권자는 허가신청이 법에서 정한 요건을 구비한 때에는 허가하여야 하고, 관계 법령에서 정하는 제한사유 외에 공공복리 등의 사유를 들어 허가신청을 거부할 수는 없다(대판 97누12532).

29

정답 ②

오답분석

① 근로계약 자체가 무효이므로 취소와는 별개가 된다.
③ 甲과 乙의 근로계약은 확정적 무효이다.
④ 무효인 법률행위는 추인하여도 그 효력이 생기지 아니한다. 그러나 당사자가 그 무효임을 알고 추인한 때에는 새로운 법률행위로 본다(민법 제139조).

30

정답 ④

甲은 乙과 丙에 대하여 손해배상 전부의 이행을 청구할 수 있다.

제5영역 토목

01	02	03	04	05	06	07	08	09	10
③	②	①	④	④	④	④	①	④	②
11	12	13	14	15	16	17	18	19	20
④	③	③	③	③	③	②	④	①	①
21	22	23	24	25	26	27	28	29	30
①	①	④	①	①	②	②	④	④	③

01

정답 ③

구형단면의 최대전단응력을 구하는 공식은 $V_{\max}=\frac{3S}{2A}$ 이므로 다음과 같은 식이 성립한다.

$4.5=\frac{3\times 1,800}{2(20\times h)}$

$\therefore h=30$

따라서 단면의 높이는 30cm이다.

02

정답 ②

단면 상승 모멘트는 좌표축에 따라 (+), (−)의 부호를 갖으며, 단면이 하나의 축만이라도 대칭일 경우 0이다.

03

정답 ①

탄성계수 $E=2.1\times10^6=2G(1+0.25)$이므로

전단탄성계수 $G=8.4\times10^5\text{kg/cm}^2$이다.

04

정답 ④

$C=\frac{5,000}{\sqrt{0.8R}}=\frac{5,000}{\sqrt{0.8\times2000}}=125$일

(1일 계획급수량)$=60,000\times300=18,000,000\text{L/day}$

$=18,000\text{m}^3/\text{day}$

(저수지 용량)=(1일 계획급수량)$\times C=18,000\times125=2,250,000\text{m}^3$

05

정답 ④

층류에서의 Re수는 2,000 이하이므로

$Re=\frac{V\cdot D}{\nu}$

$\rightarrow V=\frac{Re\cdot\nu}{V}\le\frac{2,000\cdot0.012}{10}$

$\therefore V\le2.4$

따라서 관의 평균유속이 2.4cm/s 이하를 유지해야 한다.

06

정답 ④

[오일러 좌굴하중(P_{cr})]$=\dfrac{\pi^2 EI}{(kL)^2}$에서 양단힌지일 때 $k=1$이고, 양단고정일 때 $k=0.5$이다.
따라서 양단힌지로 된 장주의 좌굴하중이 10t이므로 양단고정인 장주의 좌굴하중은 $\dfrac{1}{0.5^2}\times 10=40$t이다.

07

정답 ④

단위유량도 이론의 가정에 따르면 동일한 기저시간을 가진 모든 직접유출 수문곡선의 종거들은 각 수문곡선에 의하여 주어진 총 직접유출 수문곡선에 비례한다.

08

정답 ①

$$Q=\frac{\pi K(H^2-h_0^2)}{\ln(R/r_o)}$$
$$\fallingdotseq \frac{3.14\times 0.038\times(7^2-5^2)}{\ln\frac{1,000}{1}}$$
$$=\frac{3.14\times 0.038\times(7^2-5^2)}{3\ln 10}$$
$$=\frac{3.14\times 0.038\times(7^2-5^2)}{3\times 2.3}$$
$$\fallingdotseq 0.0415\text{m}^3/\text{s}$$

09

정답 ④

$$\tau=\gamma\cdot\frac{D}{4}\frac{h_L}{l}=10\times\frac{0.3}{4}\times\frac{0.3}{1}=0.225\text{kN/m}^2$$
$$=225\text{N/m}^2$$

10

정답 ②

$$Q=AV=\frac{\pi D^2}{4}\times\sqrt{\frac{2gh}{f_i+f\frac{l}{D}+1}}$$ 에서

$f=\dfrac{124.5n^2}{D^{1/3}}=\dfrac{124.5\times 0.013^2}{0.8^{1/3}}\fallingdotseq 0.023$이다.

즉, $1.2=\dfrac{\pi\cdot 0.8^2}{4}\times\sqrt{\dfrac{2\times 9.8\times h}{0.5+0.023\times\dfrac{50}{0.8}+1}}$이고,

$h\fallingdotseq 0.854$이다.
따라서 두 수조의 수위차는 약 0.85m이다.

11

정답 ④

$$f=\frac{P_{\max}}{A_0}=\frac{2,080}{50}=41.6\text{kg/mm}^2$$

12

정답 ③

보의 처짐은 EI와 반비례하고, 하주의 크기에 비례한다.

13

정답 ③

균일한 평야지역의 작은 유역에 발생한 강우량 산정은 산술평균법이 적합하다.

14

정답 ③

최소일의 원리란 외력을 받고 있는 부정정 구조물의 각 부재에 의하여 발생한 내적인 일(Work)은 평형을 유지하기 위하여 필요한 최소의 일이라는 것이다. 최소일의 원리를 일반식으로 나타내면 다음과 같다.

$$\delta_i=\frac{\partial U}{\partial P_i}=\int\frac{M}{EI}\left(\frac{\partial M}{\partial P_i}\right)dx=0$$

15

정답 ③

$R_e=\dfrac{VD}{\nu}=\dfrac{(\text{관성력})}{(\text{점성력})}$에서 난류는 $R_e>4,000$일 때이므로 관성력의 점성력에 대한 비율은 난류일수록 큰 것을 의미하며, 층류의 경우보다 크다.

16

정답 ③

$Q=80,000\text{m}^3/\text{day}$이므로 여과지 소요 면적을 구하는 식은 다음과 같다.

[여과지 소요 면적(A)]$=\dfrac{Q}{v}=\dfrac{80,000}{5}=16,000\text{m}^2$

따라서 [여과지수(N)]$=\dfrac{\text{여과지 소요 면적}}{\text{여과지 1지 면적}}=\dfrac{16,000}{40\times 20}=20$이다.

17

정답 ②

관수로의 흐름이 층류일 때 마찰손실계수는 $f=\dfrac{64}{Re}$이다.

따라서 레이놀즈수(Re)에만 영향을 받는다는 ②가 옳다.

18

정답 ④

상류 상태로 흐르는 하천에 댐을 구축했을 때, 저수지의 수면곡선은 배수곡선에 해당한다.

19

정답 ①

탄성계수와 체적탄성계수와의 관계는 $K=\dfrac{E}{3(1-2\nu)}$ 이며, 탄성계수와 전단탄성계수와의 관계는 $G=E\cdot\dfrac{1}{2(1+\nu)}$ 이다.

20

정답 ①

휨응력 $\sigma=\dfrac{M}{Z}$

$M=\dfrac{Pl}{4}$

$Z=\dfrac{bh^2}{6}$

$\sigma=\dfrac{\frac{Pl}{4}}{\frac{bh^2}{6}}=\dfrac{3Pl}{2bh^2}$

$P=\dfrac{2bh^2\sigma}{3l}=\dfrac{2\times6\times12^2\times100}{3\times400}=144\text{kg}_f$

21

정답 ①

수리상 유리한 단면을 볼 때

최대유량은 $Q_{\max}=A\times V_{\max}=A\times C\sqrt{R_{\max}I}$ 이며,

이때 동수반경을 살펴보면

$R=\dfrac{A}{P}$ 에서 윤변(P)이 최소일 때 동수반경(R)이 최대가 된다.

22

정답 ①

$P_b=\dfrac{n\pi^2EI}{l^2}$

이때 좌굴계수 n은 양단힌지일 경우 $n=1$, 양단고정일 경우 $n=4$ 이다.

따라서 양단고정 기둥의 좌굴하중은 양단힌지 기둥의 좌굴하중의 4배이다.

23

정답 ④

$P_{cr}=\dfrac{\pi^2EI}{l^2}$, $I=r^2A=2.8^2\times70.73=554.52\text{cm}^4$

$=\dfrac{\pi^2\times2.1\times10^6\times554.52}{300^2}$

$=127.6\text{t}$

24

정답 ①

유관이란 옆면이 유선으로 둘러싸인 관을 말한다.

25

정답 ①

세장비 $\lambda=\dfrac{kl}{r}$

양단 고정이므로 $kl=0.5l$ 이다.

$\therefore\ \lambda=\dfrac{0.5l}{r}=\dfrac{l}{2r}$

26

정답 ②

$\triangle B=\dfrac{1}{2}\times x\times Px\times\dfrac{2}{3}x=4\delta=4\times\dfrac{Pl^3}{3EI}$

$\therefore\ x=\sqrt[3]{4l}\fallingdotseq1.6l$

27

정답 ②

$V_x=0$인 점에 최대 휨모멘트가 생긴다.

$\dfrac{wl}{6}-\dfrac{1}{2}x\times\dfrac{x}{l}w=0$

$\rightarrow x^2=\dfrac{l^2}{3}$

$\therefore\ x=\dfrac{1}{\sqrt{3}}l$

28

정답 ④

에너지 보정계수(α)와 운동량 보정계수(β)는 각각 운동 에너지(속도수두)와 운동량을 보정하기 위한 무차원 상수이다.

관수로 내에서 실제유체의 흐름이 층류일 때 $\alpha=2$, $\beta=\dfrac{4}{3}$ 이고, 난류일 때 $\alpha=1.01\sim1.05$, $\beta=1\sim1.05$의 값을 가진다. 따라서 이상유체일 때 $\alpha=\beta=1$이다.

29

정답 ④

$$Re = \frac{\left(\frac{4\times0.03}{0.15^2\times\pi}\right)\times0.15}{1.35\times10^{-4}} ≒ 1,886.28 < 2,000$$

따라서 레이놀즈수가 2,000보다 작으므로 층류이다.

30

정답 ③

전단응력도는 도심에서 최대가 되고, 상·하단에서는 0이다.

제6영역 전기

01	02	03	04	05	06	07	08	09	10
④	②	②	③	③	①	③	①	④	④
11	12	13	14	15	16	17	18	19	20
①	④	①	④	④	①	①	④	②	④
21	22	23	24	25	26	27	28	29	30
③	①	④	①	④	③	③	②	③	③

01

정답 ④

무부하 상태에 운전이므로 $I=0$A이고 $I_a=I+I_f=I_f=4$A이다. 따라서 유기기전력의 크기는 $E=V+I_aR_a$이므로 $200+(4\times3)=212$V이다.

02

정답 ②

원통형 간판 수문을 권상기를 이용하여 개폐하는 수문은 롤링 게이트이다.

수문

댐의 수위 및 유량 조절, 토사 등을 제거하기 위해 댐의 상부에 설치하는 구조이다.

수문의 종류

- 슬루스 게이트 : 직사각형 문을 상하로 움직여 개폐하는 기본적이고 간단한 수문이다.
- 롤러 게이트 : 수문에 롤러를 부착하여 마찰 저항을 감소시킨 형태의 대형 수문이다.
- 스토니 게이트 : 사다리형 롤러를 수문 틀에 부착하여 마찰 저항을 감소시킨 형태의 게이트이다.
- 롤링 게이트 : 원통형 간판 수문을 권상기를 이용하여 개폐하는 수문이다.
- 테인터 게이트 : 수압이 항상 수문의 중심에 집중하도록 한 부채꼴형의 수문을 권상기를 이용한 체인을 감아 올려 개폐하는 수문이다.
- 스톱로그 : 일시적은 수문의 점검이나 보수 시 이용하는 수문이다.

03

정답 ②

$$Q=CV=\epsilon\frac{S}{d}V=\epsilon_0\epsilon_s\frac{S}{d}V$$

$$=(8.85\times10^{-12})\times4\times\frac{100\times10^{-4}}{1\times10^{-3}}\times10\times10^3$$

$$=3.54\times10^{-6}C$$

04

정답 ③

$E = -\nabla V$

$= \left(\frac{\partial}{\partial x}\hat{i} + \frac{\partial}{\partial y}\hat{y} + \frac{\partial}{\partial z}\hat{z}\right)(5x + 6y^2)$

$= \left[\frac{\partial}{\partial x}(5x+6y^2)\hat{i} + \frac{\partial}{\partial y}(5x+6y^2)\hat{y} + \frac{\partial}{\partial z}(5x+6y^2)\hat{z}\right]$

$= 5\hat{i} + 12\hat{y}$

$\therefore |E| = \sqrt{5^2 + 12^2} = 13\text{V/m}$

05

정답 ③

전원과 $R_1 - R_2$, $R_3 - R_4$는 서로 병렬로 연결되어 있으므로 R_1, R_2에 걸리는 전압과 R_3, R_4에 걸리는 전압의 크기는 100V로 같다.

- a에 걸리는 전압의 크기
  R_1, R_2에 걸리는 전압이 100V이고 $R_1 : R_2 = 2 : 3$이므로 각 저항에 걸리는 전압의 비 또한 2 : 3이다. 따라서 a에 걸리는 전압의 크기는 40V이다.
- b에 걸리는 전압의 크기
  R_3, R_4에 걸리는 전압 또한 100V이고 $R_3 : R_4 = 1 : 9$이므로 각 저항에 걸리는 전압의 비 또한 1 : 9이다. 따라서 b에 걸리는 전압의 크기는 10V이다.

따라서 $a-b$ 사이에 걸리는 전압의 크기는 $40-10=30$V이다.

06

정답 ①

오답분석

ㄴ. 저항은 단면적의 넓이와 반비례한다.

ㄹ. 저항의 길이가 n배, 단면적의 넓이가 n배 증가하면

$R' = \rho\frac{nl}{nS} = \rho\frac{l}{S}$이므로, 저항의 크기는 변하지 않는다.

저항의 크기

[전기저항(R)]$= \rho\frac{l}{S}$

(ρ : 고유저항, l : 저항의 길이, S : 저항의 단면적의 넓이)

07

정답 ③

발전기는 조속기의 감도를 둔감하게 해야 안정도가 향상된다.

안전도 향상 대책

- 발전기
  - 조속기의 감도를 적당히 둔감하게 한다.
  - 제동권선을 설치한다(난조 방지).
  - 속응여자방식을 채용한다.
  - 단락비를 크게 한다.
  - 전압변동률을 작게 한다.
  - 동기리액턴스를 감소시킨다.
- 송전선
  - 리액턴스를 감소시킨다.
  - 복도체(다도체)를 사용한다.
  - 병행 2회선 방식을 채용한다.
  - 고속도 재폐로 방식을 채용한다.
  - 고속 차단기를 설치한다.

08

정답 ①

비오-사바르의 법칙이란 일정한 크기와 방향의 정상전류가 흐르는 도선 주위의 자기장 세기를 구할 수 있는 법칙을 말한다.

09

정답 ④

$Q_c = P(\tan\theta_1 - \tan\theta_2) = P\left(\frac{\sin\theta_1}{\cos\theta_1} - \frac{\sin\theta_2}{\cos\theta_2}\right)$

$= 150 \times \left(\frac{\sqrt{1-0.6^2}}{0.6} - \frac{\sqrt{1-0.9^2}}{0.9}\right) \fallingdotseq 127.3\text{kVA}$

10

정답 ④

발전기의 초당 회전수가 다르더라도 동기발전기의 극수에 의해 주파수가 같아지면 병렬로 운전할 수 있다.

동기발전기 병렬운전 시 필요조건

- 유기기전력의 주파수가 같을 것
  $\left[f = \frac{p}{2}n\right.$($f$: 주파수, p : 극수, n : 초당 회전수)$\left.\right]$
- 유기기전력의 크기가 같을 것
- 유기기전력의 위상이 같을 것
- 유기기전력의 파형이 같을 것
- 유기기전력의 상회전의 방향이 같을 것

11 정답 ①

[전파정수(γ)]$=\sqrt{ZY}=\sqrt{(R+j\omega L)\times(G+j\omega C)}$

$$\fallingdotseq \frac{1}{2}\left(R\sqrt{\frac{C}{L}}+G\sqrt{\frac{L}{C}}\right)+j\omega\sqrt{LC}$$

$\alpha+j\beta$에서 무손실 선로이므로 $R=G=0$이다.

따라서 무손실 선로에서의 감쇠정수(α)는 0이고, 위상정수(β)는 $\omega\sqrt{LC}$이다.

12 정답 ④

리플프리(Ripple-Free) 전류는 전압 및 전류 변동이 거의 없는 전류를 말하며, 직류 성분에 대하여 10%를 넘지 않는다. 즉, 리플프리 직류 시스템에서는 120V 직류 전원일 때 변동이 발생하여도 140V를 넘을 수 없고, 60V 직류 전원일 때 변동이 발생하여도 70V를 넘을 수 없다.

13 정답 ①

$$E=\frac{6,600}{\sqrt{3}}\fallingdotseq 3,810.5\text{V}$$

$$f=\frac{pN_s}{120}=\frac{30\times 480}{240}=60\text{Hz}$$

$$\omega=\frac{240\times 6}{3}=480$$

($\because$ 슬롯의 수 : 240, 각 코일의 권수 : 6, 3상 동기발전기)

$$\therefore\ \Phi=\frac{E}{4.44\times Kf\omega}=\frac{3,810.5}{4.44\times 0.85\times 60\times 480}\fallingdotseq 0.035\text{Wb}$$

14 정답 ④

유도기전력의 크기는 $E=-L\dfrac{di}{dt}=-N\dfrac{d\phi}{dt}$으로 정의한다.

따라서 $E=(100\times 10^{-3})\times\dfrac{(20-10)}{0.5}=2\text{V}$이다.

또한 자속의 변화량은 $2=-N\dfrac{d\phi}{dt}$이므로

$d\phi=\dfrac{2}{N}\times dt=2\times 0.5=1\text{Wb}$이다.

15 정답 ④

중첩의 정리에 의해서 다음과 같다.

1) 전류원을 개방하는 경우

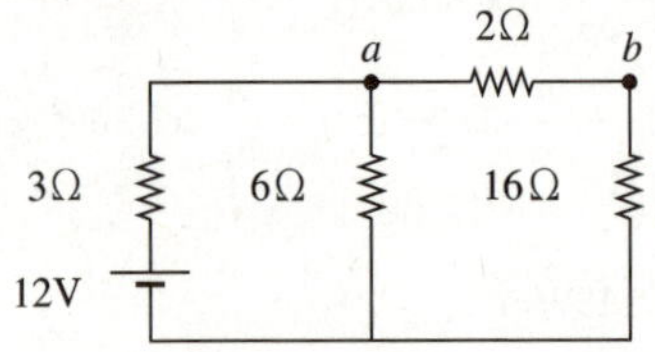

a, b에 흐르는 전류의 방향은 오른쪽이고 $\dfrac{12}{3+4.5}\times\dfrac{6}{6+18}$ $=0.4$A의 세기로 흐르므로, 0.8V의 전위차가 생긴다.

2) 전압원을 단락하는 경우

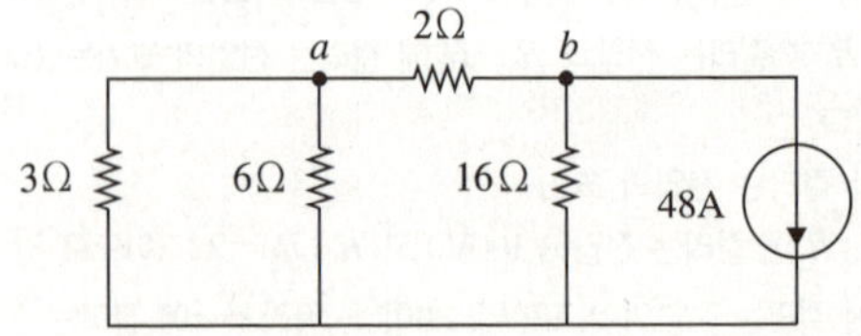

a, b에 흐르는 전류의 방향은 오른쪽이고 $48\times\dfrac{16}{16+4}$ $=38.4$A의 세기로 흐르므로, 76.8V의 전위차가 생긴다.

따라서 a, b 두 점의 전위차는 1)+2)$=0.8+76.8=77.6$V이다.

16 정답 ①

충전된 대전체를 대지에 연결하면 대전체의 전하들은 대지로 이동하여 대전체는 방전된다.

17 정답 ①

환상코일의 인덕턴스인 경우

$L=\dfrac{\mu SN^2}{l}$이고, $L'=\dfrac{\mu S(3N)^2}{l}=\dfrac{9\mu SN^2}{l}=9L$이다.

따라서 $L'=L$이 되기 위해서는 비투자율을 $\dfrac{1}{9}$배로 조정하거나 단면적을 $\dfrac{1}{9}$배로 좁히거나 길이를 9배 늘리면 된다.

18 정답 ④

교류의 실횻값이 7A이므로, 최댓값은 $I_m=\sqrt{2}I_s=7\sqrt{2}$이다.

$$\therefore\ i(t)=7\sqrt{2}\,sin(2\pi ft+60°)=7\sqrt{2}\,sin\left(2\pi ft+\frac{\pi}{3}\right)$$

19

정답 ②

$\mathcal{L}[f(at)]=a\mathcal{L}[f(t)]$이고 $\mathcal{L}(t^n)=\dfrac{n!}{s^{n+1}}$이므로

$F(s)=\mathcal{L}(2t^4)=2\times\dfrac{4!}{s^{4+1}}=\dfrac{48}{s^5}$이다.

20

정답 ④

[유전율(ϵ)]$=\epsilon_0\epsilon_s$에서 ϵ_s는 비유전율이고, ϵ_0는 진공에서의 유전율이며, $\epsilon_0=8.855\times10^{-12}$[F/m]으로 정의한다.

ㄱ. 모든 유전체의 비유전율은 1보다 크다.
ㄷ. 어떤 물질의 비유전율은 진공 중의 유전율에 대한 물질의 유전율의 비이다.
ㄹ. 비유전율은 절연물의 종류에 따라 다르다.
ㅁ. 산화티탄 자기의 비유전율이 유리의 비유전율보다 크다(산화티탄 : 115～5,000, 유리 : 5.4～9.9).

따라서 옳은 설명은 4개이다.

오답분석

ㄴ. 비유전율은 비율을 나타내는 무차원수이므로 단위는 없다.
ㅂ. 진공, 공기 중의 비유전율은 1이다.
ㅅ. 진공 중의 유전율은 $\dfrac{1}{36\pi}\times10^{-9}$[F/m]으로 나타낼 수 있다.

21

정답 ③

오답분석

ㄴ. 선로정수의 평형은 연가의 사용목적이다.

가공지선의 설치 목적
- 직격뢰로부터의 차폐
- 유도뢰로부터의 차폐
- 통신선유도장애 경감

22

정답 ①

시스템의 감쇠계수가 크면 위상여유가 크고 감쇠성이 강하여 안정도는 좋으나 응답성은 나쁘다.

23

정답 ④

표피효과는 도체에 주파수가 큰 교류를 송전하면 내부에 전류가 표피로 집중하여 흐르는 현상이다. 따라서 도전율(σ), 투자율(μ), 주파수(f)가 클수록 커진다.

24

정답 ①

- 임피던스 $Z=\dfrac{V}{I}[\Omega]=\dfrac{200}{10}=20\Omega$
- 역률 $\cos\theta=\dfrac{R}{|Z|}=\dfrac{5}{20}=0.25$

25

정답 ④

- 피상전력 $P_a=\sqrt{(P)^2+(P_r)^2}$
  $=\sqrt{(300)^2+(400)^2}=500\text{VA}$
- 전류 $P_a=VI$에서 $I=\dfrac{P_a}{V}$이므로 $\dfrac{500}{100}=5\text{A}$

26

정답 ③

코일의 인덕턴스는 $L=N\dfrac{\Phi}{I}=\dfrac{2,000\times6\times10^{-2}}{10}=12\text{H}$이다.

따라서 시상수는 $\tau=\dfrac{L}{R}=\dfrac{12}{12}=1$초이다.

27

정답 ③

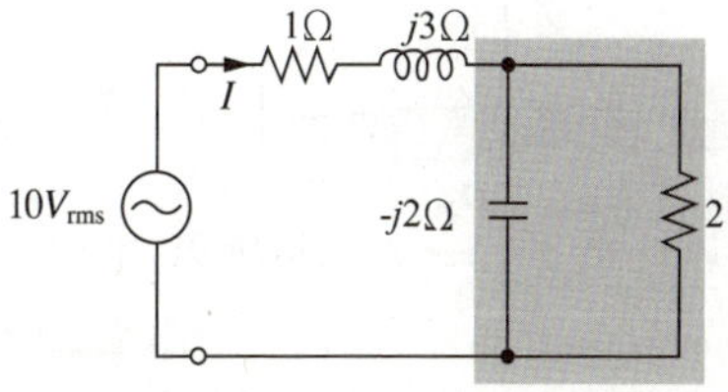

- 임피던스

$$Z=\left(\frac{-j2\times2}{-j2+2}\right)+(1+j3)$$
$$=\left(\frac{-j4}{2-j2}\right)+(1+j3)$$
$$=\frac{2+j6-j2+6-j4}{2-j2}$$
$$=\frac{8}{2-j2}\text{(분모, 분자공액)}$$
$$=\frac{8\cdot(2+j2)}{(2-j2)\cdot(2+j2)}$$
$$=2+j2[\Omega]$$

$\therefore |Z|=\sqrt{(2)^2+(2)^2}=\sqrt{8}=2\sqrt{2}\,\Omega$

- 역률

$$\cos\theta=\frac{\text{(임피던스의 실수부)}}{|Z|}=\frac{2}{2\sqrt{2}}=\frac{1}{\sqrt{2}}=\frac{\sqrt{2}}{2}$$

- 유효전력

$$P=I^2R=\left(\frac{V}{Z}\right)^2\times R=\left(\frac{10}{2\sqrt{2}}\right)^2\times2=25\text{W}$$

28 정답 ②

ㄴ. RL 직렬회로의 임피던스는 $Z=R+j\omega L$이고,
그 크기는 $|Z|=\sqrt{(R)^2+(\omega L)^2}\ \Omega$이다.

ㄹ. [양호도(Q)]$=\frac{1}{R}\sqrt{\frac{L}{C}}$

오답분석

ㄱ. 인덕터만으로 연결된 회로의 유도 리액턴스는 $X_L=\omega L$이다. RL 회로는 전압이 전류보다 위상이 90° 앞선다.

ㄷ. RC 직렬회로의 임피던스는 $Z=R-j\frac{1}{wC}$이고,
그 크기는 $|Z|=\sqrt{(R)^2+\left(\frac{1}{\omega C}\right)^2}\ \Omega$이다.

29 정답 ③

유전율이 서로 다른 유전체의 경계면에서 전속밀도의 수직(법선) 성분은 서로 같고 연속적이다($D_1\cos\theta_1=D_2\cos\theta_2$).

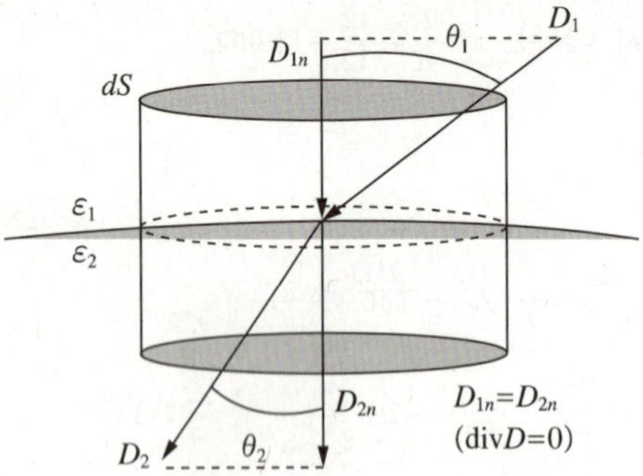

30 정답 ③

ㄱ. RLC 병렬이므로 전압은 모두 같다.

ㄷ. 공진 시 전류는 저항 R에만 흐른다.

ㅁ. 공진 시 에너지는 저항 R에서만 소비된다.

오답분석

ㄴ. [어드미턴스(Y)]$=\frac{1}{R}+j\frac{1}{X_c}-j\frac{1}{X_L}$[℧]

$$=\frac{1}{R}+j\left(\frac{1}{X_c}-\frac{1}{X_L}\right)$$

$X_c=\frac{1}{\omega C}$, $X_L=\omega L$을 대입하여 정리하면

$$\frac{1}{R}+j\left(\frac{1}{\frac{1}{\omega C}}-\frac{1}{\omega L}\right)=\frac{1}{R}+j\left(\omega C-\frac{1}{\omega L}\right)[℧]$$

ㄹ. L과 C의 전류 위상차 : $-90°$와 $+90°$, 즉 180° 위상차가 발생한다.

L[H]	C[F]
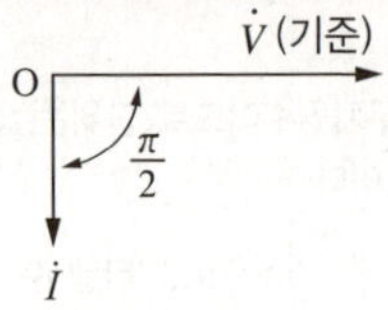	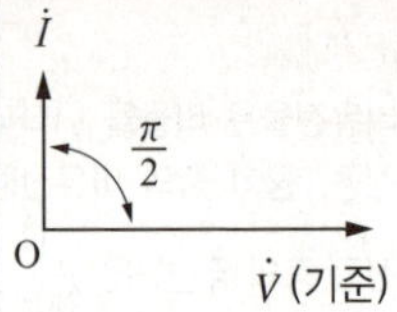
$v>I\left(\frac{\pi}{2}\right)$	$v<I\left(\frac{\pi}{2}\right)$

제 7 영역 기계

01	02	03	04	05	06	07	08	09	10
④	①	④	②	③	②	④	②	④	③
11	12	13	14	15	16	17	18	19	20
②	③	③	④	④	③	④	④	③	②
21	22	23	24	25	26	27	28	29	30
①	④	③	②	③	③	①	③	④	③

01

정답 ④

사바테 사이클은 복합 사이클 또는 정적 – 정압 사이클이라고도 하며, 정적 가열과 정압 가열로 열을 받아 일을 한 후 정적 방열을 하는 열 사이클이다. 고속 디젤기관에서는 짧은 시간 내에 연료를 연소시켜야 하므로 압축행정이 끝나기 전에 연료를 분사하여 행정 말기에 착화되도록 하면 공급된 연료는 정적 아래에서 연소하고 후에 분사된 연료는 대부분 정압 아래에서 연소하게 된다.

오답분석

① 오토 사이클 : 2개의 단열과정과 2개의 정적과정으로 이루어진 사이클로, 가솔린 기관 및 가스터빈의 기본 사이클이다.
② 랭킨 사이클 : 2개의 단열과정과 2개의 가열 및 팽창과정으로 이루어진 증기터빈의 기본 사이클이다.
③ 브레이턴 사이클 : 2개의 단열과정과 2개의 정압과정으로 이루어진 사이클로, 가스터빈의 기본 사이클이다.

02

정답 ①

$$S=\frac{\sigma_{max}}{\sigma_a} \rightarrow \sigma_a=\frac{\sigma_{max}}{S}=\frac{600}{7} \fallingdotseq 85.71\text{MPa}$$

$$\sigma_a=\frac{P}{A}=\frac{P}{\frac{\pi d^2}{4}}$$

$$\therefore d=\sqrt{\frac{4P}{\pi\sigma_a}}=\sqrt{\frac{4\times50\times10^3}{\pi\times85.71\times10^6}} \fallingdotseq 0.027\text{m}=2.7\text{cm}$$

03

정답 ④

- 탄성계수 : $E=2G(1+\mu)$
- 전단탄성계수 : $G=\frac{E}{2(1+\mu)}$

04

정답 ②

자유표면(수면)이 존재할 경우 프루드수나 레이놀즈수가 같아야 역학적 상사성이 존재하지만, 자동차의 풍동시험의 경우 수면이 존재하지 않는 유체의 흐름이므로 자유표면이 없으면 레이놀즈수가 모형과 원형의 값이 같아야 한다. 따라서 선체와 자동차 풍동시험은 역학적 상사를 이루기 위해 공통적으로 레이놀즈수가 같은지 고려해야 한다.

오답분석

① 마하수 : 유체의 유동속도와 음속의 비를 나타내는 무차원수이다.
③ 오일러수 : 유체의 압력 변화와 밀도와 유체의 속도 간 관계를 나타내는 무차원수이다.
④ 프루드수 : 유체 유동을 관성과 중력의 비로 나타내는 무차원수로, 유동의 역학적 상사성을 판단하기 위해 사용하며, 자유표면 유동 해석에 중요한 영향을 미친다.

05

정답 ③

경계층이란 유체가 흐를 때 물체 표면과의 마찰로 인하여 표면에 생성되는 층으로, 점성 유동영역과 비점성 유동영역의 경계를 나타낸다.

06

정답 ②

나무토막이 일부 잠긴 채 떠 있다는 것은 나무토막에 작용하는 힘이 평형상태임을 나타낸다. 따라서 나무토막에 작용하는 부력과 중력의 크기는 같다.

07

정답 ④

$$[\text{냉동 사이클의 성능계수}(\epsilon_r)]=\frac{(\text{증발온도})}{(\text{응축온도})-(\text{증발온도})}$$

$$=\frac{270}{330-270}=4.5$$

성적계수(COP; Coefficient Of Performance)

$$\epsilon_r=\frac{(\text{저온체에서 흡수한 열량})}{(\text{공급열량})}=\frac{Q_2}{Q_1-Q_2}$$

08

정답 ②

$C_P=1.075\text{kJ/kg}\cdot\text{K}$, $R=0.287\text{kJ/kg}\cdot\text{K}$이므로

$C_V=C_P-R=1.075-0.287=0.788\text{kJ/kg}\cdot\text{K}$이다.

09

정답 ④

하겐 – 푸아죄유 방정식

$$\Delta P=\frac{128\mu QL}{\pi D^4}$$

(ΔP : 압력손실, μ : 점성계수, Q : 유량, L : 관의 길이, D : 관의 직경)

10 정답 ③

$$L=2\times1{,}000+\frac{3\times(250+600)}{2}+\frac{(600-250)^2}{4\times1{,}000}$$

$=3{,}305.625\text{mm} \fallingdotseq 3{,}305.6\text{mm}$

벨트의 평행걸기와 엇걸기

<table>
<tr><th>구분</th><th colspan="2">평행걸기</th></tr>
<tr><td>개체 수</td><td colspan="2">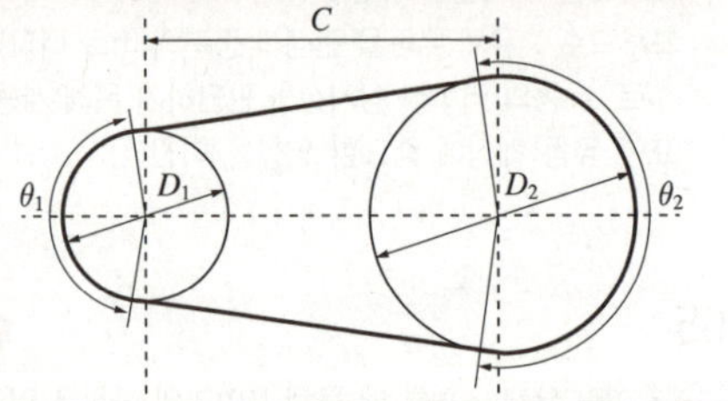
</td></tr>
<tr><td>길이</td><td colspan="2">$L=2C+\frac{\pi(D_2+D_1)}{2}+\frac{(D_2-D_1)^2}{4C}$</td></tr>
<tr><td rowspan="2">접촉각</td><td>θ_1</td><td>$180°-\sin^{-1}\left(\frac{D_2-D_1}{2C}\right)$</td></tr>
<tr><td>θ_2</td><td>$180°+\sin^{-1}\left(\frac{D_2-D_1}{2C}\right)$</td></tr>
<tr><th>구분</th><th colspan="2">엇걸기</th></tr>
<tr><td>개체 수</td><td colspan="2">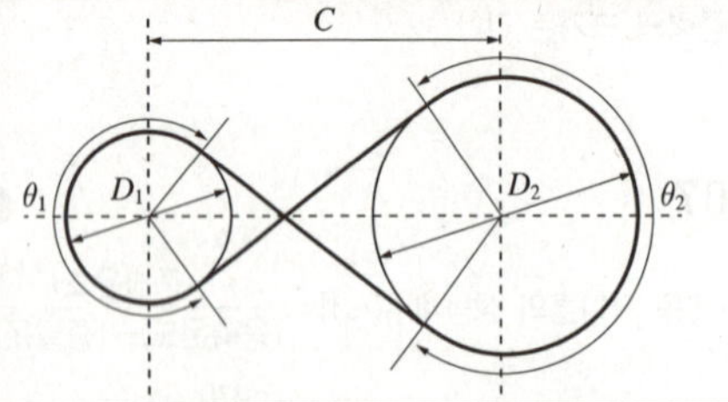
</td></tr>
<tr><td>길이</td><td colspan="2">$L=2C+\frac{\pi(D_2+D_1)}{2}+\frac{(D_2+D_1)^2}{4C}$</td></tr>
<tr><td rowspan="2">접촉각</td><td>θ_1</td><td>$180°+\sin^{-1}\left(\frac{D_2+D_1}{2C}\right)$</td></tr>
<tr><td>θ_2</td><td>$180°+\sin^{-1}\left(\frac{D_2+D_1}{2C}\right)$</td></tr>
</table>

11 정답 ②

가솔린기관의 압축비는 일반적으로 디젤기관보다 작다.

가솔린기관과 디젤기관

구분	가솔린기관	디젤기관
점화방식	전기불꽃점화	압축착화
최대압력	$30\sim35\text{kg}_f/\text{cm}^2$	$65\sim70\text{kg}_f/\text{cm}^2$
열효율	작다.	크다.
압축비	6 ~ 11 : 1	15 ~ 22 : 1
연소실 형상	간단하다.	복잡하다.
연료공급	기화기 또는 인젝터	분사펌프, 분사노즐
진동 및 소음	작다.	크다.
출력당 중량	작다.	크다.

12 정답 ③

자동차가 안정적으로 선회하기 위해서는 양 바퀴의 회전수가 달라야 한다. 이를 조절하기 위해 사용하는 기어는 유성기어와 태양기어이다. 먼저, 외부로부터 전달받은 동력을 베벨기어를 통해 링기어에 전달하여 회전시킨다. 이때 회전하는 링기어는 유성기어와 태양기어를 회전시킨다. 정상적인 직선 주행 중에는 양 바퀴의 회전수가 같으므로 유성기어와 태양기어가 같은 속력으로 회전하지만, 선회 시에는 양 바퀴에 작용하는 마찰저항이 서로 다르게 작용한다. 이를 유성기어와 태양기어에 전달하면 안쪽 바퀴의 회전저항은 증가하고 바깥쪽 바퀴의 회전수는 안쪽 바퀴의 감소한 회전수만큼 증가한다.

13 정답 ③

표준대기압은 1기압을 기준으로 한다.

1기압 $=1{,}013\text{hPa}=1\text{kg}_f/\text{cm}^2=1.013\text{bar}=14.7\text{psi}=10.33\text{mAq}=760\text{mmHg}$이다.

14 정답 ④

동점성계수(ν)는 유체가 유동할 때 밀도를 고려한 점성계수(μ)로, 점성계수를 유체의 밀도(ρ)로 나눈 값이다.

단위로는 $1\text{Stokes}=1\text{cm}^2/\text{s}$를 사용한다[$1\text{Stokes(St)}=1\text{cm}^2/\text{s}=100\text{cSt}$].

15

정답 ④

$\frac{P_1V_1}{T_1}=\frac{P_2V_2}{T_2}$ 에서

$P_2=1.5P_1$이고, $V_1=V_2=V$이므로

$\frac{P_1V}{25+273.15}=\frac{1.5P_1V}{T_2}$ 이다.

$\therefore T_2=1.5\times(25+273.15)\fallingdotseq447.23K=174.08℃$

16

정답 ③

(부력)=(액체의 비중량)×(물체가 잠긴 부피)이고, (액체의 비중량)=(액체의 밀도)×(중력가속도)이다.

또한, 비중은 $\frac{(\text{비중량})}{(4℃\ \text{물의 비중량})}$ 또는 $\frac{(\text{밀도})}{(4℃\ \text{물의 밀도})}$이다.

따라서 부력은 물체가 잠긴 부피에 비례하고 액체의 비중, 비중량 또는 밀도에 비례한다.

17

정답 ④

열효율$(\eta_c)=\frac{W}{Q_1}=1-\frac{T_2}{T_1}$

$W=Q_1\times(1-\frac{T_2}{T_1})=400\times(1-\frac{50+273.15}{300+273.15})=174.5kJ$

18

정답 ④

[혼합기체의 정적비열 (C_v)]$=\frac{m_aC_{Va}+m_wC_{Vw}}{m}$

$=\frac{35\times0.718+12\times1.398}{50}$

$=0.838\text{kJ/kg}\cdot\text{K}$

외부에서 3,540kJ의 열량을 체적이 일정한 상태로 가열하므로 다음과 같은 식이 성립한다.

$Q=C_vm(t_2-t_1)$

$t_2=\frac{Q}{c_vm}+t_1$

$=\frac{3,240}{0.838\times50}+95$

$\fallingdotseq172.3℃$

19

정답 ③

$\tau=\gamma\times G$(τ : 전단응력, G : 전단탄성계수, γ : 전단변형률)

$\therefore\ \gamma=\frac{\tau}{G}=\frac{1\times10^3}{80\times10^9}=12.5\times10^{-9}$

20

정답 ②

치형곡선은 2개의 기어가 모든 물림 위치에서 일정한 각속도비를 가져야 한다는 필요조건이 있기 때문에 인벌루트 치형곡선 역시 중심거리가 변해도 일정한 속도비를 유지할 수 있어야 한다.

인벌루트 곡선

원기둥을 세운 후 여기에 감은 실을 풀 때 실 중 임의 1점이 그리는 곡선 중 일부를 치형으로 사용한 곡선이다. 이뿌리가 튼튼하며 압력각이 일정할 때 중심거리가 다소 어긋나도 속도비가 크게 변하지 않고 맞물림이 원활하다는 장점이 있으나 마모가 잘된다는 단점이 있다.

오답분석

① 카뮤의 정리에 따르면 2개의 기어가 일정한 속도로 회전하기 위해서는 접촉점의 공통법선은 일정한 점을 통과해야 한다.

③ 물림률(Contact Ratio) : 동시에 물릴 수 있는 이의 수로, 물림길이를 법선피치로 나눈 값이다.

④ 모듈(m)은 기어의 크기를 나타내는 척도로 $m=\frac{D(PCD)}{Z}$ 이다.

21

정답 ①

축의 위험회전속도(n_c)를 구하기 위해서는 각속도(ω)를 구하는 식을 응용해야 한다.

$\omega=\frac{2\pi n}{60}$

위 식에 ω 대신 위험각속도(ω_c), 회전수 n 대신 축의 위험 회전수(n_c)를 대입하면 다음과 같다.

[위험각속도(ω_c)]$=\frac{2\pi n_c}{60}$

$n_c=\frac{60\omega_c}{2\pi}=\frac{30}{\pi}w_c=\frac{30}{\pi}\sqrt{\frac{k}{m}}$

한편, [고유진동수(f)]$=\frac{1}{2\pi}\sqrt{\frac{k}{m}}$ 이다.

따라서 n_c와 f 모두 $\sqrt{\frac{k}{m}}$ 와 연관이 있으므로 축의 위험속도(n_c)는 고유진동수(f)와 관련이 크다.

고유진동수(f)

단위시간당 진동하는 횟수이다. 구조물의 동적 특성을 표현하는 가장 대표적인 개념으로, 단위는 [Hz]를 사용한다.

$f=\frac{1}{2\pi}\sqrt{\frac{k}{m}}$ (k : 강성, m : 질량)

22
정답 ④

레이놀즈수는 층류와 난류를 구분하는 척도로, 관성력과 점성력의 비이며$\left[Re=\dfrac{(\text{관성력})}{(\text{점성력})}\right]$, 레이놀즈수가 작은 경우에는 점성력이 관성력에 비해 크게 영향을 미친다. 층류에서 난류로 변하는 레이놀즈수를 상임계 레이놀즈수라 하고, 난류에서 층류로 변하는 레이놀즈수를 하임계 레이놀즈수라고 하며, 유동단면의 형상이 변하면 임계 레이놀즈수도 변화한다.

23
정답 ③

유체가 층류일 때 $f=\dfrac{64}{Re}$이므로 $Re=\dfrac{64}{0.04}=1{,}600$이다.

따라서 $Re=\dfrac{VD}{\nu}$이므로 $V=\dfrac{Re\times\nu}{D}=\dfrac{1{,}600\times5}{50}=160\text{cm/s}$ $=1.6\text{m/s}$이다.

24
정답 ②

버킹엄의 π정리는 상사법칙에서 유체 현상들의 이해를 위해 변수를 줄이는 것이다.

- 물리량 수 : 거리(L), 속도(V), 중력가속도(g), 시간(t)
- 기본 차원 수 : 거리(L), 시간(t)

따라서 무차원의 수(π)는 $\pi=4-2=2$개이다.

25
정답 ③

플라이휠은 자동차 엔진이나 모터, 펌프와 연결된 동력전달 요소와 함께 부착하는 원형의 쇳덩이이다.

ㄴ·ㄹ. 중량의 물체인 이 플라이휠은 전달받은 동력을 관성력의 형태로 에너지를 비축하거나, 구동력을 일정하게 유지시키는 역할을 한다.

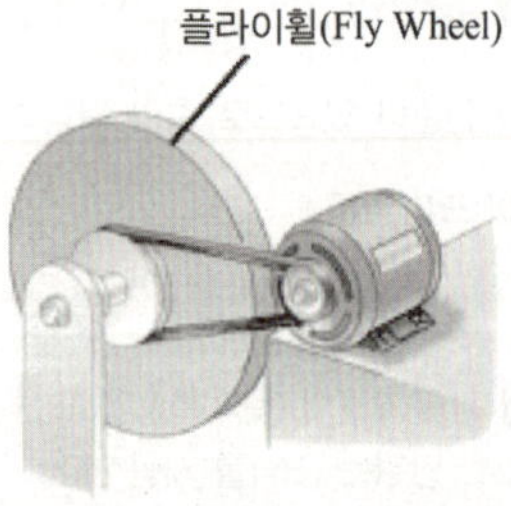

오답분석

ㅁ. 펌프의 경우 펌프 회전축에 플라이휠을 설치하여 펌프의 급격한 속도 변화를 방지한다.

26
정답 ③

$$\sigma=\frac{P}{A}=E\varepsilon=E\cdot\frac{\lambda}{l}\rightarrow\lambda=\frac{Pl}{AE}$$

$$\therefore U=\frac{1}{2}P\lambda=\frac{P^2 l}{2AE}$$

$$=\frac{(50\times10^3)^2\times1}{2\times\left(\dfrac{\pi\times0.03^2}{4}\right)\times(303.8\times10^9)}\fallingdotseq 5.82\text{J}$$

27
정답 ①

오답분석

ㄹ. 점도(Viscosity, 점성계수)인 μ의 단위는 $\text{N}\cdot\text{s/m}^2=\text{Pa}\cdot\text{s}$이다.

28
정답 ③

게이트 밸브로도 불리는 슬루스 밸브는 유체 차단 막인 게이트로 흐름을 차단시키는 가장 일반적으로 밸브이다. 유체의 흐름에 대한 저항이 적고 압력에 강해서 발전소의 도입관이나 상수도 주관과 같이 지름이 큰 관이나 자주 개폐할 필요가 없는 관의 밸브로 사용된다.

29
정답 ④

파스칼의 원리란 밀폐된 용기 속에 있는 액체에 가한 압력은 그 액체가 접하는 모든 방향으로 같은 크기의 압력을 전달한다. 이는 유압잭의 원리로도 사용된다.

또한 파스칼의 원리에 따라 $P_1=P_2$이므로, 이에 대한 식은

$P_1=\dfrac{F_1}{A_1}=\dfrac{F_1}{\dfrac{\pi D_1^2}{4}}=\dfrac{4F_1}{\pi D_1^2}$이다.

30
정답 ③

오토 사이클은 흡입 → 단열 압축 → 정적 가열 → 단열 팽창 → 정적 방열 → 배기 과정을 거친다.

따라서 오토 사이클은 $0\rightarrow1\rightarrow2\rightarrow3\rightarrow4\rightarrow1\rightarrow0$ 과정을 거치므로 단열과정은 $1\rightarrow2$, $3\rightarrow4$이다.

제8영역 K-water 수행사업(공통)

31	32	33	34	35	36	37	38	39	40
②	④	③	②	④	①	③	②	④	④

31

정답 ②

㉠ K-water는 1973년 소양강댐을 시작으로 안동댐·충주댐 등 20개의 다목적댐과 낙동강 하굿둑을 관리한다. 연간 생공용수 89억 m^3, 농업용수 17억 m^3, 하천유지용수 14억 m^3 등 댐용수 공급능력은 모두 120억 m^3에 달하고 있다. 이 가운데 생공용수를 지자체 41곳과 기업체 79곳에 공급하고 있다.

㉡ 전국 동일요금제는 필수 공공재인 물 이용의 형평성 및 지역균형발전, 국토의 균형발전 등을 위해 1980년대 정부 정책으로 적용되고 있으며, 댐용수 요금단가는 52.7원/m^3이다.

32

정답 ④

상류 경사면을 흙 이외의 차수재료로 덮은 댐은 표면차수박형이다. 경사코어형은 댐 내부에 있어서 불투수성부(흙 이외의 지수재료를 포함)의 최대 폭이 댐 높이보다 작고 또한 불투수성부가 댐 중심선에서 벗어나고 있는 댐이다.

33

정답 ③

댐 운영은 수문 상황과 시기에 따라 우선순위가 다르다. 이상갈수 시에는 용수 공급을 우선하여 운영하며, 용수 공급별 순위는 생활용수 – 공업용수 – 농업용수 – 하천유지용수 – 환경개선용수 – 발전용수 순서이다.

34

정답 ②

저수지 수위는 댐 바닥부터 사수위 – 저수위 – 홍수기 제한수위 – 상시만수위 – 홍수위 – 최고수위로 나누어진다.

저수지 수위

- 사수위 : 유사퇴적으로 저수기능이 상실되는 상한표고이다.
- 저수위 : 댐의 저수를 이용할 수 있는 최저수위이다.
- 홍수기 제한수위 : 홍수조절용량을 더 확보하기 위해 홍수기에 제한하는 수위이다.
- 상시만수위 : 비홍수기에 저수할 수 있는 상한수위이다.
- 홍수위 : 홍수조절을 위한 최대 유입홍수저장수위이다.
- 최고수위 : 가능최대홍수량이 댐에 유입되었을 때를 가정한 수위이다.

35

정답 ④

비활용용량은 댐 바다에서부터 저수위까지의 용량으로 평시에는 용수목적으로 쓰이지 않는 공간으로, 불용용량으로 정상적인 이용이 불가능한 비상방류구 아랫부분의 사수용량과 가뭄과 같은 비상시에는 이용이 가능한 비상방류구 윗부분의 비상용량으로 나눌 수 있다.

오답분석

① 이수용량 : 저수위와 상시만수위 또는 홍수기 제한수위 사이의 이수목적으로 사용되는 저수공간이다.
② 초과용량 : 홍수위에서부터 최고수위까지의 용량이다.
③ 활용용량 : 저수위와 홍수위 사이의 용량으로 이수목적의 이수용량과 홍수조절용량을 합한 공간으로서 저수지의 이용할 수 있는 유효공간이다.

36

정답 ①

㉠ 취수보 : 하천 수위조절을 통한 용수(생활·공업·발전 등) 취수목적으로 설치한다.
㉡ 분류보 : 하천 홍수조절을 위하여 하천 분류점 부근에 설치한다.

오답분석

㉢ 방조보 : 조수 역류방지를 위한 하구·감조구간에 설치(하구둑 등 해당)한다.
㉣ 유량조절보 : 하천 수위 및 유량(유황)조절을 위해 설치한다.

37

정답 ③

현재 댐용수 요금제도는 사용량에 비례하여 요금이 부과되는 종량요금제 및 전국적으로 동일한 요금단가가 적용되는 전국 동일요금제로 운영되고 있으며, 전국 동일요금제는 필수 공공재인 물 이용의 형평성 및 지역균형발전, 국토의 균형발전 등을 위해 1980년대부터 정부 정책으로 도입·적용되고 있다.

38

정답 ②

물절약전문업(WASCO; Water Saving Company)은 물 절감량(액) 또는 보증절감량(액)으로 투자비를 회수하는 물절약사업으로 물절약전문업자와 물 사용자가 계약을 체결하여 물 사용자의 물 이용시설에 누수저감 또는 절수기를 설치하는 사업이다.
이 사업의 계약방식은 성과배분계약과 성과보증계약, 성과보증·배분계약이 있으며, 이 중 성과보증계약은 초기 투자비는 물 사용자가 부담하고, WASCO 투자사업을 통해 발생하는 물 절감량(액)을 물절약전문업자가 물 사용자에게 보증하는 방식이다.

39 정답 ④

㉠·㉡ 지방자치단체가 설치하는 광역상수도 및 지방상수도와 지방자치단체가 설치하는 광역상수도 외의 광역상수도사업을 경영하려는 자는 환경부장관의 인가를 받아야 한다(수도법 제17조 제1항 제1호).

㉢ 마을상수도사업을 경영하려는 자는 특별시장·광역시장·특별자치시장·특별자치도지사·시장·군수(광역시의 군수는 제외)의 인가를 받아야 한다(수도법 제17조 제1항 제5호).

40 정답 ④

오답분석

① 종량요금제는 사용량에 따라 요금을 부과하기 때문에 합리적일 수 있지만, 극단적으로 사용량이 없을 경우 원가 회수가 불가능하다는 한계도 있다.

② 서비스 사용량에 관계없이 일정액을 부과하는 정액요금제는 단순·명확하며 사용량을 측정할 필요가 없지만, 사용 형태가 다양한 소비자 간에 불공평하게 요금이 부과되고, 낭비를 부추긴다는 한계가 있다.

③ 요금수준 결정방식에는 서비스 원가주의에 기초하여 단위당 평균비용만큼 요금을 부과하는 총괄원가 보상방식이 적용된다.

공공요금의 결정원리

- 서비스 가치주의 : 서비스의 생산원가와는 관계없이 이용자가 느끼는 가치를 기준으로 요금을 결정한다.
- 경쟁 가격주의 : 해당 서비스에 대한 경쟁시장을 가정해 수요와 공급의 원칙에 따라 요금을 결정한다. 그러나 공공요금은 일반적으로 독점 상태에 있으므로 경쟁 가격주의를 적용하기에는 어려움이 있다.
- 서비스 원가주의 : 서비스의 생산원가를 기준으로 요금을 결정하는 것으로, 대부분의 공공요금이 채택하고 있는 방식이다.
- 사회적 원리주의 : 서비스 이용자의 지불 능력을 고려하는 것으로, 부담능력주의·복지(편익)확산주의 등이 있다.

한국수자원공사 전공

4일 차 기출응용 모의고사 정답 및 해설

제 1 영역 경영

01	02	03	04	05	06	07	08	09	10
②	①	④	②	③	③	②	①	④	①
11	12	13	14	15	16	17	18	19	20
④	①	②	②	①	②	③	④	④	③
21	22	23	24	25	26	27	28	29	30
③	②	④	①	①	③	④	③	②	④

01

정답 ②

외부경영활동은 조직 외부에서 조직의 효과성을 높이기 위해 이루어지는 활동이다.

02

정답 ①

- (매출원가)=(기초재고)+(당기매입액)−(기말재고)
  ₩9,000+₩42,000−₩6,000=₩45,000
- ₩6,000(기말장부)−₩4,000(기말순실현가능가치)=₩2,000 (평가손실)

03

정답 ④

노조가입의 강제성의 정도에 따른 것이므로 '클로즈드 숍 – 유니언 숍 – 오픈 숍' 순서이다.

04

정답 ②

소비자의 구매의사결정과정

문제인식(Problem Recognition) → 정보탐색(Information Search) → 대안평가(Evaluation of Alternatives) → 구매(Purchase) → 구매 후 행동(Post – Purchase Behavior)

05

정답 ③

수직적 통합은 원료를 공급하는 기업이 생산기업을 통합하는 등의 전방 통합과 유통기업이 생산기업을 통합하거나 생산기업이 원재료 공급기업을 통합하는 등의 후방 통합이 있으며, 원료 독점으로 경쟁자 배제, 원료 부문에서의 수익, 원료부터 제품까지의 기술적 일관성 등의 장점이 있다.

오답분석

① · ② 수평적 통합은 동일 업종의 기업이 동등한 조건하에서 합병 · 제휴하므로, 이는 수평적 통합의 장점에 해당된다.
④ 대규모 구조조정은 수직적 통합의 이유와 관련이 없다.

06

정답 ③

차등의결권은 적대적 인수합병(M&A)에 대응하기 위한 기업의 경영권 방어 전략으로, 일부 주주에게 특별히 많은 수의 의결권을 주어 지배력을 강화시키는 것이다. 적대적 인수합병에서는 인수 주체 기업이 인수되는 기업을 장악하고 경영권을 위협할 수 있기 때문에 인수되는 기업이 대표나 소수의 경영진에게 많은 의결권을 부여해 이를 방어하게 한다.

07

정답 ②

최소여유시간(STR)은 남아있는 납기일수와 작업을 완료하는 데 소요되는 일수와의 차이를 여유시간이라고 할 때 이 여유시간이 짧은 것부터 순서대로 처리하는 규칙을 의미한다.

08

정답 ①

- $P_0 = D_1 \div (k-g)$에서 $g = b \times r = 0.3 \times 0.1 = 0.03$
- D_0 =(주당순이익)×[1−(사내유보율)]
  $= 3,000 \times (1-0.3) = 2,100$
- $D_1 = D_0 \times (1+g) = 2,100 \times (1+0.03) = 2,163$
- $P = 2,163 \div (0.2-0.03) = 12,723$

따라서 회사의 주식가치는 12,723원이다.

09

정답 ④

오답분석

① 보통주배당이 아닌 우선주배당이다.
② 주당순자산이 아닌 주당순이익의 변동 폭이 확대되어 나타난다.
③ 자기자본이 아닌 타인자본이 차지하는 비율이다.

10

정답 ①

기능 조직(Functional Structure)은 기능별 전문화의 원칙에 따라 공통의 전문지식과 기능을 지닌 부서단위로 묶는 조직구조를 의미한다.

11

정답 ④

물은 우리 삶에 필수적으로 필요하며 유용하고 사용가치가 높은 재화이지만 다이아몬드의 가격이 더 비싸다. 이는 다이아몬드가 물보다 희소성이 크기 때문이다. 여기서 희소성이란 인간의 욕망에 비해 그것을 충족시키는 수단이 질적으로나 양적으로 한정되어 있거나 부족한 상태를 의미한다.

12

정답 ①

채권수익률과 채권가격의 역의 관계로 채권수익률이 하락하면 회사채 가격은 상승한다. 따라서 채권 매수자는 채권수익률이 높을 때 매수하고 매도자는 채권수익률이 낮을 때 매도하는 것이 유리하다.

13

정답 ②

오답분석

① 내부 벤치마킹 : 기업 내부의 부문 간 또는 관련회사 사이의 벤치마킹으로서 현재의 업무를 개선하기 위한 것이며, 외부 벤치마킹을 하기 위한 사전단계이다.
③ 산업 벤치마킹 : 경쟁기업과의 비교가 아니라 산업에 속해 있는 전체 기업을 대상으로 하기 때문에 그 범위가 매우 넓다.
④ 선두그룹 벤치마킹 : 새롭고 혁신적인 업무방식을 추구하는 기업을 비교대상으로 한다. 이것은 단순히 경쟁에 대처하는 것이 아니라 혁신적인 방법을 모색하는 것을 목표로 한다.

14

정답 ②

비즈니스 리엔지니어링(BR; Business Reengineering)은 업무 프로세스 중심의 개혁으로 비약적인 업적 향상을 실현하는 기법이며, 원점에서 재검토하여 프로세스를 중심으로 업무를 재편성한다. 업적을 비약적으로 향상시키고, 기능별 조직의 한계를 넘어 고객의 요구를 충족시킨다는 관점에서 업무 프로세스를 근본적으로 재편하는 톱다운식 접근 방법이다.

오답분석

① 컨커런트 엔지니어링(CE; Concurrent Engineering) : 기업의 제품개발 프로세스를 재설계하여 신제품 개발 기간의 단축, 비용절감 및 고품질의 제품생산을 도모하는 경영혁신 기법이다.
③ 조직 리스트럭처링(RS; Restructuring) : 한 기업이 여러 사업부를 가지고 있을 때 미래변화를 예측하여 어떤 사업을 주력사업으로 하고, 어떤 사업부를 축소·철수하고, 어떤 신규 사업으로 새로이 진입하고 더 나아가 중복사업을 통합함으로써 사업구조를 개혁하는 것이다.
④ 다운사이징(DS; Downsizing) : 조직의 효율성, 생산성, 그리고 경쟁력을 개선하기 위해 조직 인력의 규모, 비용규모, 업무 흐름 등에 변화를 가져오는 일련의 조치이다.

15

정답 ①

컨베이어 시스템은 모든 작업을 단순작업으로 분해하고, 분해된 작업의 소요 시간을 거의 동일하게 하여 일정한 속도로 이동하는 컨베이어로 전체 공정을 연결하여 작업을 수행하는 것이며, 포드가 주창한 것이다.

16

정답 ②

뢰슬리스버거의 사회체계론에서는 인간행동을 '논리적 행동', '비논리적 행동', '비합리적 행동'의 3가지로 구분하였다. 논리적 행동은 객관적인 지식에 의한 논리적인 이해에 따른 행동이고, 비논리적 행동은 환경에 좌우되는 사회적 감정에 따른 행동, 비합리적 행동은 개인적인 특수변이적인 행동이다.

17

정답 ③

물적 자원에는 공장의 입지 및 설비, 원자재의 확보 등이 있다.

18

정답 ④

• 지현, 진솔 : 필수재일수록, 소득에서 차지하는 비중이 큰 지출일수록 가격에 대한 수요의 가격탄력성이 크다.

오답분석

• 동혁 : 가격에 대한 수요가 탄력적인 경우에 가격이 인상되면, 가격 인상률보다 수요 하락률이 더 커지기 때문에 매출은 감소하게 된다.
• 지철 : 우하향하는 직선의 수요곡선상에서 가격탄력성은 무한대로 시작하여 가격이 낮아질수록 작아지다가 가격이 '0'일 때는 '0'의 값을 갖는다.

19

정답 ④

현금흐름표는 일정기간 동안 기업의 현금조달과 사용을 나타내는 표로, 기업의 현금 및 현금성자산 창출 능력과 기업의 현금흐름 사용 필요성에 대한 평가의 기초를 재무제표 이용자에게 제공한다.

20

정답 ③

매트릭스 조직은 조직의 구성원이 원래 속해 있던 종적계열과 함께 횡적계열이나 프로젝트 팀의 일원으로 속해 동시에 임무를 수행하는 조직형태로, 결국 한 구성원이 동시에 두 개의 팀에 속하게 된다. 매트릭스 조직의 특징은 계층원리와 명령일원화 원리의 불적용, 라인・스태프 구조의 불일치, 프로젝트 임무 완수 후 원래 속한 조직업무로의 복귀 등이 있다.

21

정답 ③

곱셈의 법칙이란 각 서비스 항목에 있어서 처음부터 점수를 우수하게 받았어도, 마지막 단계의 마무리에서 0이면 결과는 0으로서 형편없는 서비스가 되는 것을 의미한다. 처음부터 끝까지 단계마다 잘해야 한다는 뜻이다.

22

정답 ②

바너드는 경영자의 기능에서 기업조직을 협동체계로 파악하였다.

23

정답 ④

'(자산)=(부채)+(자본)'이라는 대자평형의 원리를 이용한다.

• (기말자본)=(기초자본)+(당기순이익)=₩200,000+₩50,000 =₩250,000

당기 중 ₩30,000의 신규차입이 있었으나, 이를 반영한 기말부채가 ₩90,000으로 제시되었으므로 ₩30,000을 추가로 고려할 필요는 없다.

따라서 기말자산은 ₩90,000+₩250,000=₩340,000이다.

24

정답 ①

비공식조직은 자연발생적으로 생겨난 조직으로 소집단의 성질을 띠며, 조직 구성원은 밀접한 관계를 형성한다.

25

정답 ①

영업활동으로 인한 현금흐름표 작성방법에는 간접법과 직접법이 있는데, 기업회계기준에서는 둘 다 인정하고 있다.

26

정답 ③

대비오류(Contrast Error)는 대조효과라고도 하며, 연속적으로 평가되는 두 피고과자 간의 평가점수 차이가 실제보다 더 큰 것으로 느끼게 되는 오류를 말한다. 면접 시 우수한 후보의 바로 뒷 순서에 면접을 보는 평범한 후보가 중간 이하의 평가점수를 받는 경우를 바로 그 예라고 할 수 있다.

27

정답 ④

NPV곡선이란 가로축을 자본비용, 세로축을 NPV로 하여 자본비용의 변화에 따른 투자안 NPV의 변화를 도시한 것이다. 상호배타적인 두 투자안의 NPV곡선이 교차하는 지점의 수익률을 피셔수익률이라고 한다. 피셔수익률보다 자본비용이 낮은 경우, 즉 NPV 곡선의 교차점 좌측에서는 NPV법과 IRR법의 의사결정이 불일치하게 된다.

오답분석

① NPV법은 가치가산의 원리가 성립한다. 여러 투자안 전체의 NPV는 각각의 투자안 NPV의 합과 같다는 의미이다. IRR은 수익률로 표현되므로 가치가산의 원리가 성립하지 않는다.
② IRR법은 미래에도 계속 내부수익률로 재투자를 가정하는데, 이는 과도하게 낙관적인 가정이라는 단점이 존재한다.
③ IRR법은 수익률로 표현되므로 투자자가 이해하기 쉽다는 점이 장점이다.

28

정답 ③

사업 단위 간의 시너지 효과를 높이는 데 초점을 두는 전략은 기업 차원의 전략이다.

29

정답 ②

상품의 매매, 금전의 수입과 지출 등 결과적으로 기업의 자산, 부채, 자본, 수익, 비용의 증감 변화를 일으키는 모든 사실을 회계상의 거래라 하며, 이를 화폐금액으로 표시할 수 있어야 한다. 일상생활에서는 거래로 간주되지 않는 일방적인 손실이나 이득에 대하여도 회계상 거래로 인식되어 재무제표에 반영되기도 한다. 따라서 사원의 채용, 상품 등의 주문, 단순 계약 등은 회계상 거래가 아니다.

30 정답 ④

허시와 블랜차드(P. Hersey & K. H. Blanchard)의 상황적 리더십

- 기본가정
  허시와 블랜차드는 리더십의 효과가 구성원의 성숙도라는 상황요인에 의하여 달라질 수 있다는 상황적 리더십 모델을 제안하였다.
- 리더십 모델
  구성원의 성숙도란 구성원의 업무에 대한 능력과 의지를 뜻하는 것인데, 구체적으로는 달성 가능한 범위 내에서 높은 목표를 세울 수 있는 성취욕구, 자신의 일에 대해서 책임을 지려는 의지와 능력, 과업과 관련된 교육과 경험을 종합적으로 지칭하는 변수가 된다.
  - 지시형 리더십 : 업무의 구체적 지시, 밀착 감독
  - 판매형 리더십 : 의사결정에 대해 구성원이 그 내용을 이해, 납득할 수 있도록 기회 부여
  - 참여형 리더십 : 의사결정에서 정보와 아이디어를 공유
  - 위임형 리더십 : 결정과 실행책임을 구성원에게 위임

제2영역 경제

01	02	03	04	05	06	07	08	09	10
①	①	④	①	②	②	④	③	④	④
11	12	13	14	15	16	17	18	19	20
④	③	④	①	③	①	④	③	④	①
21	22	23	24	25	26	27	28	29	30
③	①	④	③	③	③	③	②	④	④

01 정답 ①

총수요는 가계소비, 기업투자, 정부지출, 순수출의 합으로 구성된다. 소득이 높을수록 가계소비의 크기가 커지고, 이자율이 낮을수록 기업투자의 크기가 커지므로 총수요가 증가하게 된다.

02 정답 ①

소비자물가지수는 종종 유일한 물가측정수단으로 여겨지지만, 물가상승률을 나타내는 여러 가지 공식 통계 중에 하나이며, 그 외에도 생산자의 판매가격을 나타내는 생산자 물가지수, 수출입가격을 나타내는 수출입 물가지수 등이 있다.

03 정답 ④

- $(\text{2023년 GDP 디플레이터})=\frac{(\text{명목 GDP})}{(\text{실질 GDP})}\times 100$

$=\frac{100}{(\text{실질 GDP})}\times 100=100 \rightarrow (\text{2023년 실질 GDP})=100$

- $(\text{2024년 GDP 디플레이터})=\frac{(\text{명목 GDP})}{(\text{실질 GDP})}\times 100$

$=\frac{150}{(\text{실질 GDP})}\times 100=120 \rightarrow (\text{2024년 실질 GDP})=125$

따라서 2024년의 전년 대비 실질 GDP 증가율은 $\frac{125-100}{100}\times 100$ $=25\%$이다.

04 정답 ①

ㄱ·ㄴ 자본유입이 발생하므로 외환의 공급이 증가하여 환율이 하락한다(원화가치 상승).

오답분석

ㄷ·ㄹ 미국의 이자율이 상승하면서 자본유출이 발생하므로 외환의 수요가 증가하여 환율이 상승한다(원화가치 하락).

05

정답 ②

오답분석

ㄴ. 구매력 평가설에 의하면 빅맥 1개의 가격은 미국에서 5달러, 한국에서는 4,400원이므로, 원화의 대미 달러 환율은 880원이다.

ㄷ. $(\text{실질환율})=\frac{(\text{명목환율})\times(\text{외국물가})}{(\text{자국물가})}=\frac{1,100\times5,500}{4,400}$

$=1,375$원

06

정답 ②

애로우의 불가능성 정리는 개인들의 선호를 사회선호로 바꾸는 과정에서 충족하여야 할 다섯 가지 조건(완비성과 이행성, 비제한성, 파레토 원칙, 무관한 선택대상으로부터의 독립성, 비독재성)을 제시하였는데, 이러한 조건을 모두 충족하는 이상적인 사회후생함수는 존재하지 않음을 입증한 것이다.

독립성은 사회상태 X와 Y에 대한 사회우선순위는 개인들의 우선순위에만 기초를 두어야 하며, 기수적 선호의 강도가 고려되어서는 안 된다. 따라서 독립성은 개인의 선호는 서수적으로 측정되어야 하며, 개인 간의 효용비교를 배제한다.

07

정답 ④

물가상승과 더불어 경기침체가 함께 나타나는 스태그플레이션은 공급 측 충격에 의해 발생하는 것으로, 수요견인 인플레이션이 아닌 비용인상 인플레이션에 해당한다.

08

정답 ③

자원의 사용에 대해 미리 계획을 세워야 하는 것은 사회주의의 계획경제에 해당하는 설명이다. 계획경제(Planned Economy)는 정부에 의한 생산과 소비의 통제, 국가 주도 개발과 산업 투자, 정부 산하 중앙계획기구의 경제 계획에 의해 작동하는 경제 구조를 의미한다. 이 중 자원의 사용과 같이 생산과 소비에 대하여도 통제가 이루어지는데 이는 중앙계획기구의 경제정책, 지침을 통해 규정되고 계획된다.

09

정답 ④

이자율이 아주 낮을 경우 통화량이 아무리 늘어도 이자율이 더 이상 하락하지 않는 상황이 존재하는데 이를 유동성함정이라 한다. 케인스가 1920년대 세계경제 대공황 때 통화량을 늘렸지만 경기가 살아나지 않자 제기한 학설이다. 일반적으로 금리가 낮아지면 기업은 투자를 늘리게 된다. 하지만 유동성함정에 빠지면 시중에 현금이 넘쳐 구하기 쉬운데도 기업의 생산·투자와 가계의 소비가 늘지 않아 경기가 계속 침체에 빠지는 상태가 된다. 이때 경제주체들은 자산을 현금으로 보유하고자 하므로 화폐수요곡선은 수평선이 된다. 유동성함정은 경기침체에 나타나게 되므로 디플레이션에 대한 우려가 발생하게 된다.

10

정답 ④

노동수요에 대한 탄력성은 상품생산에 투입되는 다른 생산요소와의 대체가능성에 의해 영향을 받는다. 임금이 상승할 때 노동 대신 다른 생산요소로의 대체가능성이 높을수록, 즉 요소 간 대체가능성이 높을수록 노동수요에 대한 탄력성은 커지게 되므로 임금상승에 대하여 고용감소는 커진다.

11

정답 ④

필립스곡선이란 인플레이션율과 실업률 간에 단기 상충관계가 존재함을 보여주는 곡선이다. 하지만 장기적으로 인플레이션율과 실업률 사이에는 특별한 관계가 성립하지 않는다. 대상기간이 길어지면 사람들의 인플레이션에 대한 기대가 바뀔 수 있고 오일 쇼크와 같은 공급 충격도 주어질 수 있기 때문에 장기적으로는 필립스곡선이 성립하지 않는 것이다. 따라서 인플레이션 기대나 원자재 가격 상승 때문에 물가가 상승할 때는 실업률이 하락하지 않을 수 있다.

12

정답 ③

$(\text{노동수요의 임금탄력성})=\frac{(\text{노동수요량의 변화율})}{(\text{임금의 변화율})}$

$(\text{노동수요량의 변화율})=\frac{10,000-9,000}{10,000}\times100=10\%$

$(\text{임금의 변화율})=\frac{5,000-6,000}{5,000}\times100=|-20|=20\%$

따라서 노동수요의 임금탄력성은 $\frac{10}{20}=0.5\%$이다.

13

정답 ④

두 나라 간 화폐의 교환비율인 환율을 결정하는 요소는 물가와 이자율 차이다. 빅맥 지수로 잘 알려진 구매력평가설이 물가에 따른 환율결정이론이라고 한다면 이자율평가는 이자율에 따른 환율결정이론이라고 할 수 있다.

자본은 투자의 수익과 위험을 고려하여 동일한 위험에 대해 최대의 수익을 얻기 위해 국가 간에 이동한다. 이자율평가는 자본의 국가 간 이동이 자유로운 경우 국제 자본거래에서 이자율과 환율 간 관계를 나타낸다. 이자율평가는 (국내금리)=(외국의 금리)+[(미래환율)−(현재환율)]÷(현재환율)의 식으로 표현된다.

따라서 0.1=[(미래환율)−1,000]÷1,000에서 미래환율은 1,100원임을 알 수 있다.

14

정답 ①

㉠ 인과의 오류 : 어떤 현상의 선후관계와 인과관계를 혼동하여 서로 무관한 사실을 관련짓는 오류를 의미한다.
㉡ 구성의 오류 : 어떤 원리가 부분에서는 성립하지만 이를 전체로 확장하면 성립하지 않는 경우 발생하는 오류를 의미한다.

오답분석

- 강조의 오류 : 문장의 어느 한 부분을 강조하여 발생하는 오류를 의미한다.

15

정답 ③

혼잡한 무료 도로는 소비가 경합적이나 배제가 불가능한 재화로 (가)에 해당하고, 혼잡하지 않은 유료 도로는 소비가 비경합적이나 배제가 가능한 재화로 (나)에 해당한다.

16

정답 ①

정부지출의 효과가 크기 위해서는 승수 효과가 커져야 한다. 승수효과란 확대재정정책에 따른 소득의 증가로 인해 소비지출이 늘어나게 되어 총수요가 추가적으로 증가하는 현상을 말한다. 따라서 한계소비성향이 높다는 것은 한계저축성향이 낮다는 것과 동일한 의미이므로 한계소비성향이 높을수록 승수 효과는 커진다.

17

정답 ④

경기종합지수는 다음과 같이 선행종합지수, 동행종합지수, 후행종합지수로 구분된다.

선행종합지수	동행종합지수	후행종합지수
• 구인구직비율 • 재고순환지표 • 소비자기대지수 • 건설수주액 • 기계류내수출하지수(선박제외) • 국제원자재가격지수(역계열) • 수출입물가비율 • 코스피지수 • 장단기금리차	• 광공업생산지수 • 서비스업생산지수(도소매업 제외) • 소매판매액지수 • 내수출하지수 • 건설기성액 • 수입액 • 비농림어업취업자수	• 상용근로자수 • 생산자제품재고지수 • 도시가계소비지출 • 소비재수입액 • 회사채유통수익률

따라서 도시가계소비지출은 후행종합지수로, 선행종합지수에 해당하지 않는다.

18

정답 ③

실업률 구하는 공식은 다음과 같다.

$$(\text{실업률})=\frac{(\text{실업자 수})}{(\text{경제활동인구})}\times 100$$

$$=\frac{(\text{실업자 수})}{(\text{취업자 수})+(\text{실업자 수})}\times 100$$

ㄴ. 실업자가 비경제활동인구로 전환되면 분자와 분모 모두 작아지게 되는데 이때 분자의 감소율이 더 크므로 실업률은 하락한다.
ㄷ. 비경제활동인구가 취업자로 전환되면 분모가 커지게 되므로 실업률은 하락한다.

오답분석

ㄱ. 취업자가 비경제활동인구로 전환되면 분모가 작아지므로 실업률은 상승한다.
ㄹ. 비경제활동인구가 실업자로 전환되면 분자와 분모 모두 커지게 되는데 이때 분자의 상승률이 더 크므로 실업률은 상승한다.

19

정답 ④

화폐량으로 표현된 명목임금은 150만 원 인상되었으므로 10%가 증가했지만, 인플레이션율 12%를 고려한 실질임금은 12−10=2% 감소하였다.

20

정답 ①

오답분석

다. 어느 기업에서 공장 A의 생산함수가 규모에 대한 수익체증을 나타내는 경우에는 공장 A의 생산량이 증가할수록 단위당 생산비가 낮아진다. 따라서 이 경우에 생산량을 증가시키고자 한다면 동일한 공장 B를 세우는 것보다 공장 A에서의 생산량을 늘리는 것이 보다 효율적이다.
라. 어느 기업의 생산함수가 규모에 대한 수익체증을 나타낸다면 생산요소를 2배보다 적게 투입해도 생산량을 2배로 늘릴 수 있다.
마. 생산함수가 $Q=(L, K)^{0.5}$이면 생산함수는 규모에 대한 수익불변(CRS; Constant Returns to Scale)을 보인다.

21

정답 ③

한계수입보다 한계비용이 더 높으면 한계손실이 발생하므로 공급량을 감소시켜야 한다.

22

정답 ①

가격차별(Price Discrimination)이란 동일한 상품에 대하여 서로 다른 가격을 설정하는 것을 의미한다. 가격차별이 가능하기 위해서는 소비자를 특성에 따라 구분할 수 있어야 하며 다른 시장 간에는 재판매가 불가능해야 하고, 시장분리에 드는 비용보다 시장의 분리를 통해 얻을 수 있는 수입이 많아야 한다. 한편, 경쟁시장에서는 기업이 시장가격보다 높은 가격을 받으면 소비자는 다른 기업의 상품을 구매할 것이므로 기업들은 가격차별을 할 수 없다. 따라서 가격차별이 가능하다는 것은 기업이 시장지배력이 있다는 의미이다.

23

정답 ④

과점기업은 자신의 행동에 대한 상대방의 반응을 고려하여 행동을 결정하게 되는데, 상대방이 어떻게 반응할 것인지에 대한 예상을 추측된 변화 혹은 추측변이라고 한다. 베르트랑 모형에서는 각 기업이 상대방의 가격이 주어진 것으로 보기 때문에 가격의 추측된 변화가 1이 아닌 0이다. 한편, 굴절수요곡선 모형에서는 자신이 가격을 인상하더라도 상대방은 가격을 조정하지 않을 것으로 가정하므로 가격 인상 시에는 가격의 추측된 변화가 0이다. 그러나 가격을 인하하면 상대방도 가격을 낮추는 것을 가정하므로 가격인하 시의 추측변화는 0보다 큰 값을 갖는다.

24

정답 ③

우상향의 노동공급곡선은 임금상승 시 노동자들이 노동시간을 늘린다는 의미이다. 이는 임금상승 시 노동자의 여가시간이 감소함을 의미한다.

25

정답 ③

노동시장에서 기업은 한계수입생산(MRP)과 한계요소비용(MFC)이 일치하는 수준까지 노동력을 수요하려 한다.

- 한계수입생산 : $MRP_L = MR \times MP_N$, 생산물시장이 완전경쟁시장이라면 한계수입과 가격이 일치하므로 $P \times MP_N$, 주어진 생산함수에서 노동의 한계생산을 도출하면 $Y = 200N - N^2$, 이를 N으로 미분하면 $MP_N = 200 - 2N$이다.
- 한계요소비용 : $MFC_N = \dfrac{\Delta TFC_N}{\Delta N} = \dfrac{W \cdot \Delta N}{\Delta N} = W$, 여가의 가치는 임금과 동일하므로 $W = 40$이 된다.
- (균형노동시간의 도출)$= P \times MP_N = W$

  → $1 \times (200 - 2N) = 40$이므로 $N = 80$이 도출된다.

따라서 균형노동시간은 80시간이다.

26

정답 ③

독점기업은 P>MR=MC가 되어 초과이윤이 발생하고, 사회적 균형생산량보다 과소한 재화공급을 하여 자원배분이 비효율적이기 때문에 자원의 최적배분이 이루어지지 않는다.

27

정답 ③

담배 수요의 가격탄력성이 0.5라는 의미는 가격을 10% 인상하면 소비량이 5% 감소한다는 것이다. 그러므로 담배소비량을 15% 감소시키고자 한다면 담배가격을 30% 인상하여야 한다. 따라서 인상 가격은 4,000×1.3=5,200원이다.

28

정답 ②

(경제적 이윤)=(총수입)−(명시적 비용)−(암묵적 비용)이다. 이 문제에서 (호떡집의 수입)=2,000만 원이고, (호떡집의 명시적 비용)=500만+(2×180만)=860만 원이며, (호떡집으로 포기한 암묵적 비용)=100만+200만=300만 원이다. 따라서 호떡집 개업으로 인한 경제적 이윤은 한 달에 840만 원(=2,000만−860만−300만)이다.

29

정답 ④

GDP디플레이터(Deflator)는 명목 GDP와 실질 GDP 간의 비율로서 국민경제 전체의 물가압력을 측정하는 지수로 사용되며, 통화량 목표설정에 있어서도 기준 물가상승률로 사용된다.

30

정답 ④

ㄹ. 세로축을 지나는 공급곡선 S_2의 경우 가격탄력성은 언제나 1보다 크며, 원점에서 멀어질수록 작아져 1에 점점 가까워진다. 따라서 D의 가격탄력성이 A의 가격탄력성보다 작다.

ㅁ. 원점을 지나는 공급곡선 S_1의 경우 가격탄력성은 언제나 1이며, 수평선의 형태인 공급곡선 S_3의 가격탄력성은 무한대(∞)이다. 따라서 각 점의 가격탄력성을 작은 것부터 나열하면 C−D−A−B의 순서가 된다.

오답분석

ㄱ. A의 가격탄력성은 1보다 크다.

ㄴ. B의 가격탄력성은 무한대(∞)이다.

ㄷ. C의 가격탄력성은 1이다.

제3영역 행정

01	02	03	04	05	06	07	08	09	10
④	①	②	②	②	④	③	①	①	②
11	12	13	14	15	16	17	18	19	20
①	①	②	③	①	③	④	④	②	④
21	22	23	24	25	26	27	28	29	30
④	③	④	④	①	③	①	②	②	①

01

정답 ④

예산의 원칙에서 A는 예산 총계주의 원칙이고, B는 예산 통일의 원칙이다.

02

정답 ①

기업가적 정부는 규칙보다는 임무 중심의 관리를 추구한다.

오답분석

② 기업가적 정부는 형평성과 민주성보다는 효율성과 효과성을 중시한다.
③ 전통적인 관료제 정부는 예측과 예방보다는 사후대처를 중시한다.
④ 전통적인 관료제 정부는 공공서비스를 제공함에 있어서 독점적인 정부의 공급을 추구한다. 반면, 민영화 방식의 도입을 추진하는 것은 기업가적 정부이다.

03

정답 ②

신공공서비스론에서는 고객이 아닌 시민의 관점으로 봐야 한다고 주장하였다.

신공공서비스론의 특징

- 시민을 조종하기보다는 시민에게 봉사(서비스 제공자로서의 정부)
- 공익을 부산물이 아닌 목표로 삼음
- 고객이 아니라 시민 모두에게 봉사
- 기업가정신보다 시티즌십(시민정신)을 중시

04

정답 ②

분권화의 확대, 권한 재조정, 명령계통 수정 등에 관심을 갖는 것은 구조적 접근방법에 해당한다.

행정개혁의 접근방법

구분		내용
구조적 접근	원리 전략	기능중복의 제거, 기구・직제・계층의 간소화
	분권화 전략	분권화만 되면 공식조직, 행태, 의사결정까지도 변화된다는 전략
관리기술적 접근		과학적 관리법을 바탕으로 하며 관리적 측면을 중요시함
인간(행태)적 접근		행정인의 가치관이나 태도 변화를 강조, 감수성훈련, 집단토의 등 조직발전(OD) 전략

05

정답 ②

회계책임의 명확화를 위해 등장한 예산제도는 계획예산(PPBS)이 아니라 품목별 예산이다.

06

정답 ④

특별회계는 통일성과 단일성의 원칙에 대한 예외이다.

전통적 예산원칙

원칙	내용	예외
공개성의 원칙	국민에 대해 재정활동을 공개	신임예산, 기밀정보비
명료성의 원칙	국민이 이해하기 쉽고 단순・명확해야 함	총괄예산
사전승인의 원칙	국회가 사전에 승인	준예산, 사고이월, 전용, 예비비
완전성의 원칙	모든 세입과 세출이 나열(예산총계주의)	순계예산, 현물출자, 차관전대, 수입대체경비
단일성의 원칙	단일 회계 내에 처리(단수예산)	특별회계, 추경예산, 기금
한정성의 원칙	예산 항목, 시기, 주체 등에 명확한 한계를 지녀야 함	이용, 전용, 예비비, 이월, 계속비
통일성의 원칙	특정 수입과 지출의 연계 금지	특별회계, 목적세, 기금
정확성의 원칙	예산과 결산이 일치	적자

07

정답 ③

회사모형은 불확실성을 극복하는 것이 아니라 회피하는 방법으로 환경을 통제하고, 단기적 반응과 단기적 피드백을 중시한다. 이는 불확실성 때문에 장기적 대응이 어렵기 때문이다.

회사모형
- 회사모형의 최종 목표 – 학습된 행동규칙과 표준운영절차(SOP)의 발견
- 갈등의 불완전한 해결과 제한된 합리성
- 불확실성의 극복이 아닌 회피하는 방법으로 환경을 통제
- 조직체 학습 – 인과적 학습이 아니라 도구적 학습
- 문제 중심적인 탐색

08

정답 ①

제시된 사례는 공유지의 비극에 대한 설명이다. 공유지의 비극이란 개인의 합리성과 집단의 합리성 간의 갈등을 설명하는 이론이다. 공유재는 배제성을 가지고 있지 않기 때문에 무임승차의 문제가 발생하지만 사례에 나타난 시장실패의 주된 요인은 과잉소비의 문제이다.

09

정답 ①

행정기관, 의회, 대통령, 법원 등 유형적인 개별 정치제도를 주된 연구대상으로 하는 것은 구제도주의에 대한 설명이다.

구제도론과 신제도론

구분	구제도론	신제도론
개념	공식적인 법령과 정부 조직	공유하는 규범과 규칙
형성	일방적으로 외생적인 요인에 의함	제도와 행위자 간의 상호작용
특성	공식적 · 정태적 · 보편적 · 구체적	비공식적 · 동태적 · 상징적 · 무형적
접근법	거시주의	거시와 미시의 연계
초점	기술 자체	제도를 통한 인간의 행위와 정책에 대한 설명
범위	인간의 행위나 사회현상을 포함하지 않음	인간의 행위나 사회현상을 포함

10

정답 ②

대표관료제는 관료 선발에 있어 출신집단을 고려함으로써 사회집단의 구성비와 관료제 내의 구성비를 일치시키는 인사제도로 실적주의 원칙을 침해한다.

11

정답 ①

ㄱ. 역량평가제 : 고위공무원단에 진입하기 전 관리자(고위공무원)로서의 능력 및 자격을 사전에 검증하는 제도이다.
ㄴ. 직무성과관리제 : 장 · 차관 등 기관장과 실 · 국장, 과장, 팀장 간에 성과목표와 지표 등에 대해 직근상하급자 간에 합의를 통해 Top – Down 방식으로 공식적인 성과계약을 체결하고 그 이행도를 평가하여 승진 등에 반영하는 제도이다.
ㄷ. 다면평가제 : 피평정자 본인, 상관, 부하뿐만 아니라 피평정자의 능력과 직무수행을 관찰할 기회가 있는 동료, 프로젝트팀 구성원, 고객 등이 다양하게 참여하는 집단평정방법이다.
ㄹ. 근무성적평정제 : 5급 이하 공무원을 대상으로 실시되며, 근무실적 · 직무수행능력 · 직무수행태도 등을 평가항목으로 한다. 상벌 · 채용시험의 타당도 측정 · 교육훈련 수요 파악 · 근무능률 향상 · 적절한 인사배치 및 각종 인사행정의 기준으로 이용된다.

12

정답 ①

배분정책은 공적 재원으로 불특정 다수에게 재화나 서비스를 배분하는 정책으로, 수혜자와 비용부담자 간의 갈등이 없어서 추진하기 용이하다.

로위(Lowi)의 정책유형

배분정책	특정 개인 또는 집단에 재화 및 서비스를 배분하는 정책
구성정책	정부기관의 신설과 선거구 조정 등과 같이 정부기구의 구성 및 조정과 관련된 정책
규제정책	특정 개인이나 집단에 대한 선택의 자유를 제한하는 유형의 정책
재분배정책	고소득층의 부를 저소득층에게 이전하는 정책으로 계급대립적 성격을 띰

13

정답 ②

오답분석

ㄱ. 민츠버그(Mintzberg)의 전문적 관료제는 낮은 공식화와 높은 수직적 · 수평적 분권화를 특성으로 한다.
ㄴ. 콕스(Cox, Jr)의 다원적 조직에 대한 설명이다. 다문화적 조직은 다른 문화적 입장을 가진 사람들을 포용하면서도 집단 간 갈등수준은 상당히 낮다.
ㄹ. 정보화 사회에서는 조직의 핵심 기능인 기획 및 조정기능을 제외한 집행기능의 위임 · 위탁을 통해 업무를 간소화한다.

14

정답 ③

(총지출)=(경상지출)+(자본지출)+(융자지출)
=(일반회계)+(특별회계)+(기금)−(내부거래)−(보전거래)

15

정답 ①

중앙정부와 지방정부의 사무배분 원칙 중 하나인 보충성의 원칙은 가능한 많은 사무를 지방자치단체가 수행하고, 지방자치단체가 처리하기 곤란한 사무에 대하여 중앙정부가 보충적으로 관여하여야 함을 의미한다. 지방분권 및 지방행정체제 개편에 관한 특별법 제9조에 따르면 국가는 사무를 배분하는 경우 지역주민생활과 밀접한 관련이 있는 사무는 원칙적으로 시·군 및 자치구의 사무로, 시·군·구가 처리하기 어려운 사무는 특별시·광역시·특별자치시·도 및 특별자치도의 사무로, 시·도가 처리하기 어려운 사무는 국가의 사무로 각각 배분하여야 한다.

16

정답 ③

공공선택론은 합리적 경제인을 가정한다. 즉, 인간은 자신의 이익 극대화를 추구하는 이기적인 존재로 가정한다.

오답분석

① 점증주의식 예산결정에 대한 설명이다.
② 니스카넨에 의하면 예산결정에 있어 관료의 최적수준은 정치인의 최적수준보다 높다.
④ 역사적 신제도주의에 대한 설명이다.

17

정답 ④

정치와 행정은 따로 분리될 수 없는 개념이며 현대 행정은 정치적 영향 속에서 이루어지고 있다. 행정 또한 정책집행을 넘어서 정책형성에 큰 역할을 한다는 것에 비추어 볼 때 정치와 행정의 관계는 연속적인 관계로 볼 수 있다.

18

정답 ④

문제, 정치, 정책의 흐름이 독자적으로 흘러다니다가 어떤 계기로 모일 때 결정이 이루어진다고 한 것은 킹던(Kingdon)의 흐름창모형에 대한 설명이다. 쓰레기통모형은 문제의 흐름, 해결책의 흐름, 참여자의 흐름이 우연히 동시에 한 곳에 모이게 될 때 의사결정이 성립된다고 평가하는 이론으로, 복잡하고 급격한 변화 또는 혼란한 상황 속에서 조직의 현실적 결정 형태에 대한 이론모형이다.

19

정답 ②

공중의제에 대한 설명이다. 정책의제는 정부가 공식으로 다루기로 결정한 문제로서 '정책적 해결의 필요성을 가진 문제'이다.

의제 설정에 영향을 미치는 요인

- 문제의 중요성 : 내용이 대중적이고 중요할수록 의제 채택이 용이
- 쟁점화의 정도 : 관련 집단들에 의하여 쟁점화가 예민한 것일수록 의제화 가능성이 높음
- 문제 인지집단의 규모 : 문제를 인지한 집단의 규모가 클수록 의제화 가능성이 높음
- 사회적 중요성 : 사회 전체에 가져오는 충격의 강도가 클수록 의제화 가능성이 높음
- 선례의 유무 : 관례화된 문제일수록 의제화 가능성이 높음
- 해결책의 유무 : 해결책이 존재하면 의제화의 가능성이 높음

20

정답 ④

오답분석

① 뉴거버넌스론에서 관료의 역할이 조정자이며, 신공공관리론에서 관료의 역할이 공공기업가이다.
② 신공공관리론에서는 부문 간 경쟁에 역점을 두고, 뉴거버넌스론에서는 부문 간 협력에 관심을 둔다.
③ 신공공관리론에서는 투입(Input)보다는 산출(Output)의 통제에 더 큰 관심을 가진다.

신공공관리론과 뉴거버넌스론

구분	신공공관리론	뉴거버넌스론
인식론	신자유주의	공동체주의
관료역할	공공기업가	조정자
관리기구	시장주의	참여네트워크
관리가치	결과, 효율성(능률성)	과정(민주성, 정치성)
관리방식	고객지향	임무중심
작동원리	갈등과 경쟁 (시장메커니즘)	협력체제 (신뢰)
서비스	민영화, 민간위탁	공동공급 (시민·기업 참여)
분석수준	조직 내	조직 간
이데올로기	우파	좌파
혁신의 초점	정부재창조	시민재창조
정치성	탈정치화	재정치화

21

정답 ④

추가경정예산은 본예산과 별도로 성립되면서도, 성립 후에는 본예산과 함께 집행된다.

오답분석

① 2007, 2010, 2011, 2012년에는 추가경정예산이 편성되지 않았다.
② 국가재정법은 예산의 팽창을 막기 위해 추가경정예산의 편성사유를 제한하고 있다.
③ 추가경정예산은 예산이 성립된 이후에 생긴 사유로 인해 예산에 변경이 있을 때 편성된다.

22

정답 ③

오답분석

① 가치 있는 것과 교환하여 추종자에게 영향력을 미치는 리더십은 교환적 리더십이다.
② 새로운 관념을 촉발시키는 리더십은 변혁적 리더십 중에서 '지적자극'에 대한 설명이다.
④ 과업을 구조화하여 과업요건을 명확히 하는 것은 지시적 리더십이다.

23

정답 ④

신분을 더 강하게 보장하는 경향이 있는 제도는 계급제이다.

오답분석

① 계급제는 사람을 중심으로 공직자의 잠재능력을 개발하여 공직자를 일반행정가로 훈련시키는 제도이다.
② 직위분류제는 직위마다 전문화된 인력을 배치하려고 하기 때문에 인력운용이 경직적으로 이루어질 수밖에 없다.
③ 계급제는 폭넓은 안목을 지닌 일반행정가를 양성하고자 하는 제도이다.

24

정답 ④

비용편익분석은 공공지출의 비용과 편익을 경제적인 시각에서 분석하여 자원배분의 효율성을 극대화시키려는 기법이지, 화폐가치로 환산할 수 없는 형평성과 대응성을 분석하는 기법이 아니다. 따라서 비용편익분석은 경제적인 지표만을 분석대상으로 삼기 때문에 오히려 형평성과 대응성을 저해시킬 수 있다.

25

정답 ①

오답분석

② 규제정책 : 예 기업규제정책
③ 분배정책 : 예 공공복리
④ 상징정책 : 예 경복궁 복원, 국경일 등

26

정답 ③

중첩성은 동일한 기능을 여러 기관들이 혼합적인 상태에서 협력적으로 수행하는 것을 의미한다. 동일한 기능을 여러 기관들이 독자적인 상태에서 수행하는 것은 중복성(반복성)이다.

27

정답 ①

정부개혁의 주요 방향은 규칙중심이 아니라 임무중심이다.

28

정답 ②

헌법 제33조는 근로자의 단결, 단체교섭, 단체행동의 자유는 법률의 범위 내에서 보장된다고 규정하고 있다.

29

정답 ②

취득세, 등록세, 면허세, 주민세, 재산세, 자동차세, 공동시설세, 지역개발세, 도시계획세 등이 지방세에 해당하는 항목이다.

30

정답 ①

길버트(Gilbert)는 통제자가 외부인인지 내부인인지에 따라 외부·내부통제로 구분하고, 기구와 절차가 공식·비공식적인지에 따라 공식·비공식 통제로 구분한다. 청와대에 의한 통제는 공식적이며 내부통제에 해당한다.

오답분석

② 감사원에 의한 통제는 공식적이며 내부통제에 해당한다.
③ 이익집단 및 언론에 의한 통제는 비공식적이며 외부통제에 해당한다.
④ 직업윤리에 의한 통제는 비공식적이며 내부통제에 해당한다.

행정통제의 유형

구분	내부통제	외부통제
공식	행정수반(대통령), 정책 및 기획통제(국무총리실), 행정감사(감사원, 국무총리실), 인사·정원·예산·물자·법제 등(행정안전부(정부조직법 [2017.7.26 시행]), 기획재정부, 조달청, 법제처)	입법부(법률의 제정·개정, 예산심의, 국정감사, 국정조사), 사법부(행정소송제도), 옴부즈만 제도
비공식	행정윤리의 확립(직업상의 행동규범), 대표관료제, 비공식집단에 의한 통제	민중통제(선거, 투표), 시민참여(NGO), 정당, 이익집단, 언론

제4영역 법

01	02	03	04	05	06	07	08	09	10
①	③	①	③	④	④	①	②	③	③
11	12	13	14	15	16	17	18	19	20
①	③	③	④	①	①	④	④	①	①
21	22	23	24	25	26	27	28	29	30
②	④	①	④	③	②	④	①	①	②

01

정답 ①

용익물권에는 지상권, 지역권, 전세권이 있고, 제한물권에는 유치권, 질권, 저당권이 있다.

02

정답 ③

오답분석

㉠ 우리 민법은 정주의 사실을 요건으로 하여 주소를 결정하는 객관주의 태도를 취하고 있다.

㉣ 우리 민법은 주소가 두 곳 이상일 수 있는 복수주의 태도를 취하고 있다.

03

정답 ①

혼인과 같은 신분행위는 미성년자 단독으로 할 수 없다. 만약, 미성년자가 법정대리인의 동의 없이 법률행위를 하였다면, 이는 취소(소급 무효) 또는 추인(정상적 효력 발생)의 사유에 해당된다. 또한, 취소는 미성년자 본인과 법정대리인 둘 다 가능하나 추인은 법정대리인만 가능하다.

04

정답 ③

소송능력은 소송의 당사자로서 유효하게 각종 소송행위를 할 수 있는 능력을 말한다. 이러한 능력이 없는 자를 소송무능력자라고 하는데, 미성년자, 피한정후견인, 피성년후견인이 이에 해당한다.

오답분석

① 행위능력 : 민법상 단독으로 유효하게 각종 법률행위를 할 수 있는 능력이다.

② 권리능력 : 민법상 권리의 주체가 될 수 있는 능력이다.

④ 당사자능력 : 당사자가 될 수 있는 일반적·추상적 능력(소송법상 권리능력)이다.

05

정답 ④

이행강제금은 부작위의무나 비대체적 작위의무에 대해서 뿐만 아니라 대체적 작위의무의 위반에 대해서도 부과할 수 있다.

06

정답 ④

오답분석

① 문서가 아닌 구두에 의하여도 된다.

② '제3자의 정당한 이익을 해할 우려가 있는 경우가 아니어야 함'도 신뢰보호원칙의 성립요건이다.

③ 처분청이 아닌 다른 기관이더라도 사실상 권한을 가진 기관이면 족하다.

07

정답 ①

채권의 가장양도에서의 채무자는 제삼자에 해당하지 않는다.

제삼자에 해당하는 경우	제삼자에 해당하지 않는 경우
• 가장매매의 매수인으로부터 목적부동산을 다시 매수한 자, 저당권을 설정받은 자 • 가장저당권설정행위에 의한 저당권이 실행됨으로써 부동산을 경락받은 자 • 가장전세권에 대한 저당권자 • 가장매매에 기한 대금채권 또는 가장소비대차에 기한 대여금채권의 양수인 • 가장소비대차의 대주가 파산선고를 받았을 때의 파산관재인	• 대리인이나 대표기관이 상대방과 허위표시를 한 경우의 본인이나 법인 • 가장행위로서의 '제삼자를 위한 계약'에서 제삼자 • 가장매매에 의한 손해배상청구권의 양수인 • 채권의 가장양도에서 채무자

08

정답 ②

행정처분의 취소를 구하는 항고소송의 전심절차인 행정심판청구가 기간 도과로 인하여 부적법한 경우에는 행정소송 역시 전치의 요건을 충족치 못한 것이 되어 부적법각하를 면치 못하는 것이고, 이 점은 행정청이 행정심판의 제기기간을 도과한 부적법한 심판에 대하여 그 부적법을 간과한 채 실질적 재결을 하였다 하더라도 달라지는 것이 아니다(대판 1991.6.25., 90누8091).

오답분석

① 행정심판을 거치지 않고 소를 제기하였으나 그 뒤 사실심변론 종결 전까지 행정심판전치의 요건을 갖추었다면 흠이 치유된다(대판 1963.3.9., 63누9).

③ 행정소송법 제18조 제2항에 해당한다.

④ 행정소송법 제18조 제3항에 해당한다.

09

정답 ③

행정관청 내부의 사무처리규정에 불과한 전결규정에 위반하여 원래의 전결권자 아닌 보조기관 등이 처분권자인 행정관청의 이름으로 행정처분을 하였다고 하더라도 그 처분이 권한 없는 자에 의하여 행하여진 무효의 처분이라고는 할 수 없다(대판 1998.2.27., 97누1105).

오답분석

① 대법원에 의하면 국가사무는 지방자치단체의 장에게 위임된 이른바 기관위임사무에 해당하므로 시·도지사가 지방자치단체의 조례에 의하여 이를 구청장 등에게 재위임할 수는 없고 행정권한의 위임 및 위탁에 관한 규정 제4조에 의하여 위임기관의 장의 승인을 얻은 후 지방자치단체의 장이 제정한 규칙이 정하는 바에 따라 재위임하는 것만이 가능하다(대판 1995.7.11., 94누4615).
② 대판 1990.6.26., 88누12158
④ 대판 1995.12.22., 95누14688

10

정답 ③

기한의 이익을 가지는 자

- 채권자만이 갖는 경우 : 무상임치의 임치인
- 채무자만이 갖는 경우 : 무이자 소비대차의 차주, 사용대차의 차주
- 채권자, 채무자 쌍방이 갖는 경우 : 이자 있는 정기예금, 이자부 소비대차

11

정답 ①

후견인제도는 제한능력자를 보호하기 위한 제도이다.

오답분석

제한능력자의 상대방보호를 위한 제도는 ②·③·④ 외에 상대방의 철회권과 거절권, 취소권의 배제가 있다.

12

정답 ③

민법 제667조 내지 제671조의 하자담보책임기간은 재판상 또는 재판 외의 권리행사기간인 제척기간이므로 그 기간의 도과로 하자담보추급권은 당연히 소멸한다(대판 2012.4.13., 2011다46036).

13

정답 ③

오답분석

ㄴ. 행정절차법 제24조는, 행정청이 처분을 하는 때에는 다른 법령등에 특별한 규정이 있는 경우를 제외하고는 문서로 하여야 하고 전자문서로 하는 경우에는 당사자 등의 동의가 있어야 하며, 다만 신속을 요하거나 사안이 경미한 경우에는 구술 기타 방법으로 할 수 있다고 규정하고 있는데, 이는 행정의 공정성·투명성 및 신뢰성을 확보하고 국민의 권익을 보호하기 위한 것이므로 위 규정을 위반하여 행하여진 행정청의 처분은 하자가 중대하고 명백하여 원칙적으로 무효이다(대판 2011.11.10., 2011도11109).

14

정답 ④

채무자가 채권자를 해함을 알고 재산권을 목적으로 한 법률행위를 한 때에는 채권자는 그 취소 및 원상회복을 법원에 청구할 수 있다. 그러나 그 행위로 인하여 이익을 받은 자나 전득한 자가 그 행위 또는 전득당시에 채권자를 해함을 알지 못한 경우에는 그러하지 아니하다(민법 제406조 제1항).

오답분석

①·②·③ 상계권, 계약해제권, 예약완결권, 보증인의 최고·검색의 항변권의 행사에는 특별한 제한이 없으므로 재판상, 재판 외 모두 가능하다.

15

정답 ①

기판력은 확정된 재판의 판단 내용이 소송당사자와 후소법원을 구속하고, 이와 모순되는 주장·판단을 부적법으로 하는 소송법상의 효력을 말하는 것으로 행정행위의 특징과는 관련 없다.

16

정답 ①

역사적으로 속인주의에서 속지주의로 변천해 왔으며, 오늘날 국제사회에서 영토의 상호존중과 상호평등원칙이 적용되므로 속지주의가 원칙이고 예외적으로 속인주의가 적용된다.

17

정답 ④

격지자간의 계약은 승낙의 통지를 발송한 때에 성립한다(민법 제531조).

오답분석

① 민법 제534조에 해당한다.
② 민법 제530조에 해당한다.
③ 민법 제529조에 해당한다.

18

정답 ④

당사자의 존재는 효력발생 요건이 아니라 성립요건에 해당한다. 법률행위의 효력발생 요건으로는 당사자 권리능력, 의사능력, 행위능력을 가질 것, 법률행위의 목적이 확정·가능, 적법, 사회적 타당성이 있을 것, 의사표시에 있어 의사와 표시가 일치하고 의사표시에 하자가 없을 것 등이 있다.

19

정답 ①

피성년후견인이 단독으로 한 법률행위는 취소할 수 있다(민법 제10조 제1항). 성년후견인의 동의가 있더라도 마찬가지이다.

오답분석

② 민법 제9조 제2항에 해당한다.
③ 가정법원은 피한정후견인의 정신적 제약의 상태에 따라 한정후견인의 동의를 받아야 하는 행위의 범위를 탄력적으로 정할 수 있고, 동의가 필요한 행위를 피한정후견인이 단독으로 한 경우 한정후견인이 이를 취소할 수 있도록 하고 있다. 이를 해석해 보면 피한정후견인은 동의를 필요로 하는 행위가 아니라면 확정적으로 유효한 법률행위를 할 수 있다는 의미로 볼 수 있다.
④ 민법 제12조 제2항에 해당한다.

20

정답 ①

민법 제762조에 해당한다.

오답분석

② 책임능력이 없는 미성년자의 경우 배상책임이 없고, 그의 감독자 책임만이 문제된다(민법 제755조).
③ 고의 또는 과실로 심신상실을 초래하였으므로 배상책임이 인정된다.
④ 공동불법행위의 경우에는 부진정연대채무를 부담한다.

21

정답 ②

대판 2002.12.11., 2002무22

오답분석

① 기속력은 기각판결에는 인정되지 않고 취소소송의 인용판결에만 인정된다(행정소송법 제30조).
③ 대법원에 의하면 과세의 절차나 형식에 법이 있어 과세처분을 취소하는 판결이 확정되었을 때에는 그 과세부과권이 소멸되지 아니한 이상 과세관청은 그 위법사유를 보완하여 다시 새로운 과세처분을 할 수 있고, 그 새로운 과세 처분은 확정판결에 의하여 취소된 종전의 과세처분과는 별개의 처분이라 할 것이므로 종전의 처분과 중복된 과세 처분은 아니라고 할 것이다(대판 1987.12.8., 87누382).
④ 취소판결의 기속력에 따라 판결에 의하여 취소되는 처분이 당사자의 신청을 거부하는 것을 내용으로 하는 경우에는 그 처분을 행한 행정청은 판결의 취지에 따라 다시 이전의 신청에 대한 처분을 하여야 한다(행정소송법 제30조 제2항).

22

정답 ④

임대인이 임대물의 보존에 필요한 행위를 하는 때에는 임차인은 이를 거절하지 못한다(민법 제624조).

23

정답 ①

대법원에 의하면 공유수면 점용허가를 필요로 하는 채광계획 인가신청에 대하여도, 공유수면 관리청이 재량적 판단에 의하여 공유수면 점용의 허가 여부를 결정할 수 있고, 그 결과 공유수면 점용을 허용하지 않기로 결정하였다면, 채광계획 인가관청은 이를 사유로 하여 채광계획을 인가하지 아니할 수 있다(대판 2002.10.11., 2001두151).

오답분석

② 대판 1992.11.10., 92누1162
③ 대판 1982.3.9., 80누105
④ 대판 1999.8.20., 97누6889

24

정답 ④

기성고에 따라 공사대금을 분할하여 지급하기로 약정한 경우, 특별한 사정이 없는 한 하자보수의무와 동시이행관계에 있는 공사대금지급채무는 당해 하자가 발생한 부분의 기성공사대금에 한정되는 것은 아니라고 할 것이다(대판 2001.9.18, 2001다9304).

오답분석

① 도급인의 파산선고는 계약의 해제사유이다(민법 제674조).
② 민법 제666조에 해당한다.
③ 일반적으로 자기의 노력과 재료를 들여 건물을 건축한 사람은 그 건물의 소유권을 원시취득하고, 다만 도급계약에 있어서는 수급인이 자기의 노력과 재료를 들여 건물을 완성하더라도 도급인과 수급인 사이에 도급인 명의로 건축허가를 받아 소유권보존등기를 하기로 하는 등 완성된 건물의 소유권을 도급인에게 귀속시키기로 합의한 것으로 보여질 경우에는 그 건물의 소유권은 도급인에게 원시적으로 귀속된다(대판 1985.5.28., 84다카2234).

25

정답 ③

본법에서 물건이라 함은 유체물 및 전기 기타 관리할 수 있는 자연력을 말한다(민법 제98조). 물건은 민법 등 사권의 객체가 된다.

오답분석

① 신의성실의 원칙(고려의 원칙)의 파생원칙으로 사정변경의 원칙, 실효의 원칙, 금반언의 원칙이 있다.
② 국가적 공권은 국가 또는 공공단체나 그로부터 수권을 받은 자가 우월한 행정권의 주체로서 국민에 대하여 가지는 공법상의 권리이고, 개인적 공권은 국민이 국가에 대하여 가지는 공법상의 권리이다. 국가적 공권에는 형벌권, 경찰권, 하명권 등이 있으며 개인적 공권에는 자유권, 평등권, 참정권 등이 있다.
④ 어떤 행위를 하지 말아야 할 의무가 소극적 의무이고, 어떤 행위를 하여야 할 의무가 적극적 의무이다. 경업피지의무는 경쟁업을 하지 말아야 하는 소극적 의무이고, 급부를 하여야 할 금전급부의무는 적극적 의무이다.

26

정답 ②

대법원에 의하면 부작위위법확인의 소는 부작위상태가 계속되는 한 그 위법의 확인을 구할 이익이 있다고 보아야 하므로 원칙적으로 제소기간의 제한을 받지 않는다. 그러나 행정소송법 제38조 제2항이 제소기간을 규정한 같은 법 제20조를 부작위위법확인소송에 준용하고 있는 점에 비추어 보면, 행정심판 등 전심절차를 거친 경우에는 행정소송법 제20조가 정한 제소기간 내에 부작위위법확인의 소를 제기하여야 한다(대판 2009.7.23., 2008두10560).

오답분석

ㄱ. 행정소송법 제41조・제44조에 해당한다.
ㄷ. 대판 1991.6.28., 90누6521

27

정답 ④

각 당사자는 언제든지 전세권의 소멸을 통고할 수 있고, 상대방이 이 통고를 받는 날로부터 6월이 경과하면 전세권은 소멸한다(민법 제313조).

오답분석

① 전세권 설정행위 시 전세권의 양도 또는 담보제공의 금지를 약정할 수 있다(민법 제306조).
② 전세권자는 필요비상환청구는 할 수 없지만 유익비상환청구는 할 수 있다(민법 제310조).
③ 전세권자의 과실로 목적물의 일부가 멸실된 경우 전세권자는 전세권설정자에 대하여 손해배상책임을 부담한다(민법 제315조 제1항).

28

정답 ①

행정지도는 비권력적 사실행위에 해당되기 때문에 원칙적으로 처분성이 부정된다. 다만, 행정지도에 불응한 것에 대해 불이익한 처분을 받은 경우에는 그 처분에 대해 행정쟁송이 가능하다.

29

정답 ①

오답분석

ㄹ. 행정처분에 부담인 부관을 붙인 경우 부관의 무효화에 의하여 본체인 행정처분 자체의 효력에도 영향이 있게 될 수는 있지만, 그 처분을 받은 사람이 부담의 이행으로 사법상 매매 등의 법률행위를 한 경우에는 그 부관은 특별한 사정이 없는 한 법률행위를 하게 된 동기 내지 연유로 작용하였을 뿐이므로 이는 법률행위의 취소사유가 될 수 있음은 별론으로 하고 그 법률행위 자체를 당연히 무효화하는 것은 아니다. 또한, 행정처분에 붙은 부담인 부관이 제소기간의 도과로 확정되어 이미 불가쟁력이 생겼다면 그 하자가 중대하고 명백하여 당연무효로 보아야 할 경우 외에는 누구나 그 효력을 부인할 수 없을 것이지만, 부담의 이행으로서 하게 된 사법상 매매 등의 법률행위는 부담을 붙인 행정처분과는 어디까지나 별개의 법률행위이므로 그 부담의 불가쟁력의 문제와는 별도로 법률행위가 사회질서 위반이나 강행규정에 위반되는지 여부 등을 따져보아 그 법률행위의 유효 여부를 판단하여야 한다(대판 2009.6.25., 2006다18174). 따라서 부담이 무효이거나 취소가 된다고 해서 그 이행행위인 기부채납이나 금전납부가 바로 부당이득이 되는 것은 아니다.

30

정답 ②

전형적 과징금의 경우 실정법에서 통상 '위반행위의 내용・정도, 위반행위의 기간・횟수 이외에 위반행위로 인해 취득한 이익의 규모 등'을 고려요소로 규정하여 부과하지만 법령위반으로 취득한 이익이 없는 경우에도 부과한다.

제5영역 토목

01	02	03	04	05	06	07	08	09	10
④	④	④	②	③	④	③	②	②	③
11	12	13	14	15	16	17	18	19	20
①	③	①	②	②	②	③	③	④	③
21	22	23	24	25	26	27	28	29	30
①	①	③	②	③	②	③	①	①	①

01

정답 ④

유체 속의 물체가 받은 항력은 $D=C_D A\frac{\rho V^2}{2}$ 으로 볼 수 있다. 따라서 물체에 작용하는 항력과 관계있는 것은 물체의 형상, 크기, 속도, 유체의 밀도, 투영면적을 볼 수 있다.

02

정답 ④

$Q=0.3\text{m}^3/\text{s}=25,920\text{m}^3/\text{day}$

(BOD농도)=250mg/L

MLVSS=5,000mg/L

$$(\text{F/M비})=\frac{[(\text{BOD농도})\times(\text{유입유량})]}{\text{MLVSS}\times(\text{폭기조용적})}=\frac{0.25\times25,920}{5\times4,000}=0.324$$

03

정답 ④

구차(h)를 구하는 식은 다음과 같다.

$$h=\frac{D^2}{2R}=\frac{7.1^2}{2\times6,370}=0.0039$$

따라서 $h\geq3.9\text{m}$이므로 측표의 최소 높이는 4m이다.

04

정답 ②

평균유속(V_m)에 있어 2점법은 $\frac{1}{2}(V_{0.2}+V_{0.8})$이므로, 수면으로부터 수심의 $\frac{1}{5}$, $\frac{4}{5}$ 지점을 관측해야 한다.

1점법은 $V_{0.6}$, 3점법은 $\frac{1}{4}(V_{0.2}+2V_{0.6}+V_{0.8})$이다.

평균유속(V_m)

(1) 1점법 $V_m=V_{0.6}$

(2) 2점법 $V_m=\frac{1}{2}(V_{0.2}+V_{0.8})$

(3) 3점법 $V_m=\frac{1}{4}(V_{0.2}+2V_{0.6}+V_{0.8})$

05

정답 ③

삼각망 중에서 정확도가 가장 높은 것은 조건식의 수가 가장 많은 사변형망이다.

06

정답 ④

지하수 투수계수의 영향인자로는 토양의 평균입경, 지하수의 단위중량, 지하수의 점성계수, 지하수의 온도 등이 있다. 따라서 토양의 단위중량은 지하수의 투수계수에 영향을 주는 인자로는 거리가 멀다.

07

정답 ③

A의 거리는 2km이므로, A → P의 거리비는 $\frac{2+3+1}{2}=3$

B의 거리는 3km이므로, B → P의 거리비는 $\frac{2+3+1}{3}=2$

C의 거리는 1km이므로, C → P의 거리비는 $\frac{2+3+1}{1}=6$

$$124.00+\frac{(3\times0.583)+(2\times0.295)+(6\times0.792)}{3+2+6}\fallingdotseq124.645$$

따라서 P점의 표고는 약 124.645m이다.

08

정답 ②

$$\frac{1}{m}=\frac{f}{H-h}=\frac{0.153}{3,000-600}=\frac{1}{15,686}$$

따라서 사진축척은 $\frac{1}{15,686}$ 이다.

09

정답 ②

$Q=AV\rightarrow V=\frac{Q}{A}=\frac{0.1}{\frac{\pi\times0.3^2}{4}}\fallingdotseq1.414\text{m/sec}$이고,

$R=\frac{d}{4}=\frac{0.3}{4}=0.075\text{m}$이므로

$v=C\sqrt{RI}$에서 $I=\frac{v^2}{RC^2}=\frac{1.414^2}{0.075\times63^2}\fallingdotseq0.0067$임을 확인할 수 있다.

$I=\frac{h_L}{l}$ 이므로 관 마찰 손실수두(h_L)는

$h_L=I\times l=0.0067\times100=0.67\text{m}$이다.

10

정답 ③

$$P=\frac{AE}{l}\delta=\frac{1\times 2.1\times 10^4}{100}\times 1=210\text{kN}$$

11

정답 ①

$\sum M_A=0$에서

$(-P\times l)+(3P\times x)-(4P\times 2l)+(2P\times 3l)=0$

$\therefore\ x=l$

12

정답 ③

축강성이 일정하므로 분담하중은 부재길이에 반비례한다.

$R_A=\frac{2}{5}P,\ R_B=\frac{3}{5}P$

하중점변위는 $\delta_C=\frac{PL}{EA}=\frac{\frac{2}{5}P\times 3L}{EA}=\frac{6PL}{5EA}$이고, 수평변위도 같다.

13

정답 ①

우력(Couple of Forces)이란 일직선상이 아니고 크기가 같으며, 방향이 서로 평행으로 반대인 두 힘을 말한다. 우력은 두 힘이 작용하는 평면으로 수직인 축 둘레에 회전시키는 작용을 하며, 두 힘의 작용선 사이의 거리 a(우력의 팔의 길이)와 각 힘의 크기 F의 곱 aF를 우력의 모멘트라 한다.

14

정답 ②

합력 $3P-P=2P$

바리논의 정리에 의해 힘 $3P$를 기준으로 모멘트를 구하면 $\Sigma M=PL=2PX$이다.

$\therefore\ X=\frac{L}{2}$

> **바리논의 정리**
> 같은 평면에 있는 한 점에 작용하는 여러 힘에 대해, 평면 위 임의의 점에서의 모멘트 합은 이들 힘의 합력에 대한 모멘트와 같다.

15

정답 ②

$\delta_s=n\delta_c$

여기서 $n=\frac{E_s}{E_c}=9$

$P=\delta_c(A_c+nA_s)$

$\rightarrow 120=\delta_c[900+(9\times 27)]$

$\therefore\ \delta_c=\frac{120\times 10^3}{1,143}\fallingdotseq 105\text{kgf/cm}^2$

$\delta_s=n\delta_c=9\times 105=945\text{kgf/cm}^2$

16

정답 ②

$Z_r=\frac{I}{y}=\frac{h^3}{6}$

$Z_c=\frac{\pi D^3}{32}$

$h^2=\frac{\pi}{4}D^2,\ h=0.88623D$

$Z_r : Z_c=\frac{(0.88623D)^3}{6} : \frac{\pi}{32}D^3=1:0.85$

따라서 원의 단면계수비는 1 : 0.85이다.

17

정답 ③

$\Sigma M_B=0$에서

$R_A\times L-\frac{\omega L}{2}\times\frac{3L}{4}=0$

$R_A=\frac{3}{8}\omega L$

$\Sigma P=R_A+R_B-\frac{1}{2}\omega L=0$이므로

$R_B=\frac{1}{8}\omega L$이다.

따라서 전단력이 0인 위치에서 최대 휨모멘트는

$S_x=R_A-\omega x=\frac{3}{8}\omega L-\omega x=0$이므로 $x=\frac{3}{8}L$이다.

18

정답 ③

$$y_D=-\frac{\frac{1}{2}\times 3}{4}=-0.375$$

19

정답 ④

훅(Hooke)의 법칙

$E=\frac{\sigma}{\varepsilon}=\frac{P/A}{\Delta l/l}=\frac{Pl}{A\Delta l}$

$P=\frac{EA\Delta l}{l}=21\times 10^5\times\frac{(5^2\times\pi/4)\times 1.5}{200}$

$=3.09\times 10^5\text{kgf}=309\text{t}$

20

정답 ③

표고가 53.85m A점의 표척이 1.34m이므로 전시 F·S을 구하는 식은 다음과 같다.

53.85+1.34=50+F·S → F·S=5.19

따라서 50m 등고선을 측정하려면 전시를 5.19m로 관측한 점을 연결해야 한다.

21

정답 ①

하천측량을 실시하는 주된 목적은 하천의 수위, 기울기, 단면, 경사, 형상 등을 측정하여 평면도와 종단면도 및 횡단면도 등을 작성하고, 각종 수공설계, 시공에 필요한 자료를 얻기 위하여 실시한다.

22

정답 ①

유심삼각망은 삼각점 하나의 포함면적이 가장 넓으므로 광대한 지역의 측량에 적합하며, 정확도가 사변형삼각망보다는 낮지만 단열삼각망보다는 높으므로 비교적 높은 편이다.

23

정답 ③

여과의 손실수두는 여과속도와 비례하므로 급속여과가 완속여과보다 크다.

24

정답 ②

도상면적을 $a\text{cm}^2$와 실제면적을 $A\text{cm}^2$라고 하면,

$\frac{a}{A}=\frac{\ell_1\times\ell_2}{L_1\times L_2}=\frac{1}{m_1}\times\frac{1}{m_2}$ 이다.

이때, 가로와 세로의 축척이 같은 경우에 $\frac{a}{A}=\left(\frac{1}{m}\right)^2$ 이고,

가로와 세로의 축척이 다른 경우에 $\frac{a}{A}=\frac{1}{m_1}\times\frac{1}{m_2}$ 이다.

가로와 세로의 축척이 다르므로 $A=a\times m_1\times m_2$ 이다.

따라서 $A=40.5\times20\times60=48,600$, 즉 4.86m^2 이다.

25

정답 ③

측정된 강우량 자료의 일관성에 대한 검사방법은 이중 누가우량 분석법이다.

26

정답 ②

설계 전단력 V_u 와 공칭 전단강도 V_n 의 관계

$V_u\leq\phi V_n$

27

정답 ③

항공사진의 특수 3점은 주점, 연직점, 등각점이며 사진의 경사각이 0°인 경우 특수 3점은 일치한다.

28

정답 ①

비대칭 T형보의 유효폭을 구하는 식은 다음과 같다.

$6t_f+b_w=(6\times100)+300=900\text{mm}$

$\left(\text{인접한 보와의 내측거리의 }\frac{1}{2}\right)+b_w=\frac{1,600}{2}+300=1,100\text{mm}$

$\left(\text{보의 경간의 }\frac{1}{12}\right)+b_w=\frac{6,000}{12}+300=800\text{mm}$

따라서 유효폭은 최소값 800mm로 한다.

29

정답 ①

펌프의 비교회전도

- 터빈펌프 : 100 ~ 250
- 원심력펌프 : 100 ~ 750
- 사류펌프 : 700 ~ 1,200
- 축류펌프 : 1,100 ~ 2,000

30

정답 ①

Darcy의 법칙은 레이놀즈수가 작을수록 적용하기 좋다($1<Re<4$).

제6영역 전기

01	02	03	04	05	06	07	08	09	10
②	③	①	②	④	②	④	④	③	①
11	12	13	14	15	16	17	18	19	20
①	②	①	④	③	①	①	③	③	③
21	22	23	24	25	26	27	28	29	30
④	②	②	③	①	③	④	④	①	①

01

정답 ②

경계면 조건에서 $\dfrac{\mu_1}{\mu_2} = \dfrac{\tan\theta_1}{\tan\theta_2}$ 이다.

단, θ_1은 경계면의 법선에 대한 각도로서 입사각이고, θ_2는 경계면의 법선에 대한 각도로서 굴절각이다.

$\theta_2 = 90 - 60 = 30°$이므로 $\tan\theta_1 = \dfrac{500}{250} \times \tan 30 = \dfrac{2}{\sqrt{3}}$이다.

따라서 $\tan^{-1}\dfrac{2}{\sqrt{3}} = 49.107°$이므로 제일 가까운 값은 50°이다.

02

정답 ③

RLC 직렬회로의 리액턴스를 구하는 식은 다음과 같다.

임피던스 $Z = R + j(X_L - X_C)[\Omega]$

$X_L = j\omega L = j(5{,}000 \times 32 \times 10^{-3}) = j160$

$X_C = \dfrac{1}{j\omega C} = \dfrac{1}{j(5{,}000 \times 5 \times 10^{-6})} = \dfrac{40}{j} = j40$

$Z = 90 + j(160 - 40) = 90 + j120\,\Omega$

따라서 리액턴스$=120\,\Omega$이다.

03

정답 ①

콘덴서들을 병렬로 접속했을 때의 합성 정전 용량은 각 콘덴서의 정전 용량의 합과 같다.

$C = C_1 + C_2 + C_3 \cdots$

콘덴서들을 직렬로 접속했을 때의 합성 정전 용량은 각 콘덴서의 정전 용량의 곱을 합으로 나눈 값이다.

$$C = \frac{C_1 \times C_2 \times C_3 \cdots}{C_1 + C_2 + C_3 \cdots}$$

$C_s = \dfrac{4 \times 6}{4 + 6} = \dfrac{24}{10} = 2.4$

따라서 합성 정전 용량은 2.4μF이다.

04

정답 ②

$a = 2a$, $b = 2b$를 대입하면

$$C' = \frac{4\pi\varepsilon_0 \cdot 2a2b}{2b - 2a} = \frac{4\pi\varepsilon_0 \cdot 4ab}{2(b-a)} = \frac{4\pi\varepsilon_0 \cdot 2ab}{(b-a)} = 2C$$

따라서 2배가 된다.

05

정답 ④

유량이 적고 하천의 기울기가 큰 자연낙차를 이용한 발전 방식은 수로식 발전이다.

> **유역 변경식 발전**
> 고지대에 댐을 설치하고 도수터널을 통해 산 너머 경사가 급한 저지대로 떨어뜨려 그 낙차로 터빈을 돌려 전기를 생산한다. 수로식 발전은 유입된 물을 수원지로 되돌려 보낼 수 있으나 유역 변경식은 수원지와 다른 곳으로 흘려보낸다.
> 강릉 수력발전소, 보성강 수력발전소 등이 유역 변경식을 적용한 발전소로 알려져 있다.

06

정답 ②

전위가 높은 곳에서 낮은 곳으로 이동하여 운동 에너지는 증가하므로 $W = qV = \dfrac{1}{2}mv^2$ 에서

$v = \sqrt{\dfrac{2qV}{m}} = \sqrt{\dfrac{2 \times 1\text{C} \times 2\text{V}}{1\text{kg}}} = 2\text{m/s}$이다.

따라서 물체가 점 B에 도달하는 순간의 속도는 2m/s이다.

07

정답 ④

도체별 자계 크기(문제에서 N에 대한 언급이 없는 경우 1회 감은 것으로 간주하여 $N=1$로 놓으면 된다)는 다음과 같다.

- 직선 : $H = \dfrac{I}{2\pi r}$
- 무한 솔레노이드 : $H = \dfrac{NI}{l} = n_0 I$ (n_0 : 단위길이당 권수)
  ※ 단위길이당 권수가 N으로 주어질 경우 $H = NI$
- 환상 솔레노이드 : $H = \dfrac{NI}{2\pi r}$
- 원형 코일 : $H = \dfrac{NI}{2a}$
- 반원형 코일 : $H = \dfrac{NI}{4a}$

문제는 직선인 경우이므로 $H = \dfrac{I}{2\pi r}$AT/m에서

$I = 2\pi r H = 2 \times \pi \times 0.8 \times 20 = 32\pi$A이다.

따라서 도체에 흐르는 전류는 32πA이다.

08

정답 ④

조상기의 용량은 $Q=P(\tan\theta_1-\tan\theta_2)$이고,

$P=VI\cos\theta$ 이므로,

$\sqrt{3}\times3000\times1000\times0.8[\tan(\cos^{-1}0.8)-\tan(\cos^{-1}1)]\times10^{-3}$

$=3,429\text{kVA}$

09

정답 ③

자체 인덕턴스 $L=\dfrac{N\varnothing}{I}$[H]에 대입하면

$L=\dfrac{300\times0.05\text{Wb}}{6\text{A}}=2.5\text{H}$이다.

10

정답 ①

$I=\dfrac{Q}{t}=\dfrac{600}{5\times60}=\dfrac{600}{300}=2\text{A}$

11

정답 ①

사인 함수에 대한 무한 급수는 푸리에 급수이다.

12

정답 ②

오답분석

ㄴ. 단위계단함수 $u(t)$는 t가 음수일 때 0, t가 양수일 때 1의 값을 갖는다.

ㄹ. 단위램프함수 $r(t)$는 $t>0$일 때 단위 기울기를 갖는다.

13

정답 ①

$E_A-I_AR_A=E_B-I_BR_B$

두 발전기의 유기 기전력은 같으므로 $E_A=E_B$이다.

$I_AR_A=I_BR_B(I:135A\Rightarrow135=I_A+I_B)$

$(135-I_B)\times0.1=I_B\times0.2$

$\therefore\ I_A=90\text{A},\ I_B=45\text{A}$

14

정답 ④

△결선

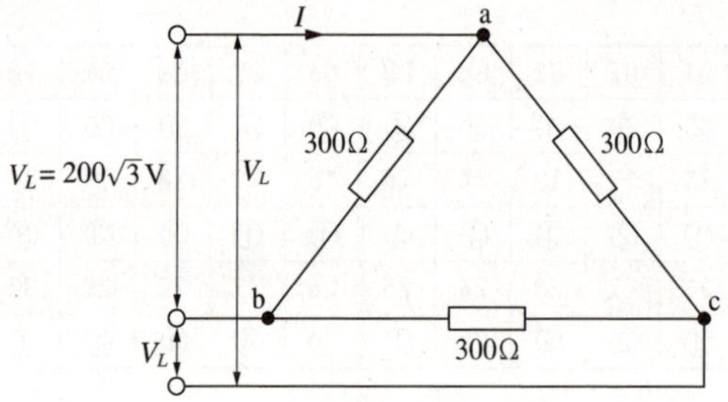

⇓

Y결선

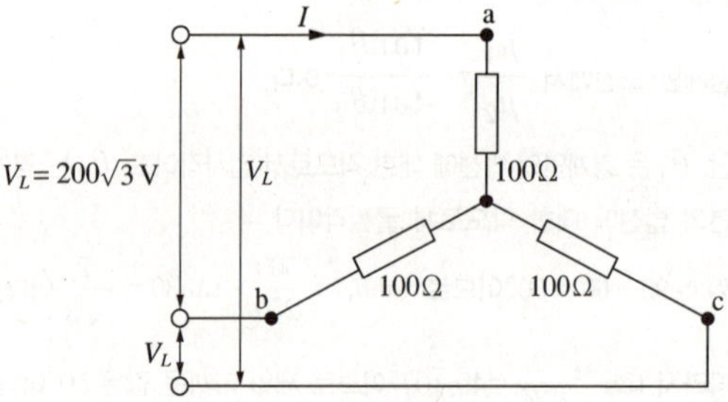

Y결선 임피던스 병렬연결상태(등가회로)

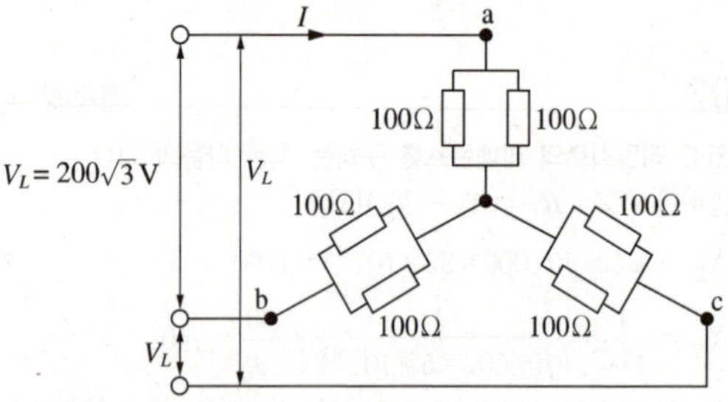

한 상당 임피던스

$Z=\dfrac{100\times100}{100+100}=\dfrac{10,000}{200}=50\Omega$

Y결선(상전류=선전류)이므로

$I_p=\dfrac{V_p}{Z}=\dfrac{\frac{200\sqrt{3}}{\sqrt{3}}}{50}=\dfrac{200}{50}=4\text{A}$이다.

15

정답 ③

오답분석

① 발광 다이오드 : PN접합에서 빛이 투과하도록 P형 층을 얇게 만들어 순방향 전압을 가하면 빛을 발생시키는 소자이다.

② 연산 증폭기 : 미세한 전기신호를 증폭시키는 집적 회로이다.

④ 터널 다이오드 : 증폭작용 및 발진작용, 스위칭 작용에 사용하는 소자이다.

16
정답 ①

전선의 접속 시 주의사항으로는 전기의 세기를 20% 이상 감소시키지 않고 80% 이상의 전기세기를 유지하며, 접속 부분에 전기저항이 증가하지 않도록 해야 한다.

17
정답 ①

$Z=\frac{I_{1n}Z_1}{V_{1n}}\times 100$ 식에서 $I_{1n}=\frac{10\times 10^3}{2,000}=5A$

$Z_1=\sqrt{(6.2)^2+(7)^2}\fallingdotseq 9.35$

$\therefore\ Z=\frac{5\times 9.35}{2,000}\times 100=2.3375\fallingdotseq 2.34\%$

18
정답 ③

변압기 유도 기전력 E=4.44fN∅m[V]에서 변압기 자속과 비례하는 것은 유도 기전력(전압)이다.

19
정답 ③

접지공사를 하는 주된 목적은 감전사고 방지이다. 이외에 전로의 대지 전압 상승 방지와 보호계전기의 동작 확보, 이상 전압의 억제가 있다.

20
정답 ③

$i=\frac{V}{R}=\frac{141\sin\omega t}{10}=14.1\sin\omega t$

따라서 실효값은 $I=\frac{I_{max}}{\sqrt{2}}=\frac{14.1}{\sqrt{2}}\fallingdotseq 10A$이다.

21
정답 ④

녹아웃 펀치와 같은 용도로는 '홀소'가 있으며, 홀소는 분전반이나 배전반의 금속함에 원형 구멍을 뚫기 위해 사용하는 공구이다.

오답분석

① 리머 : 금속관이나 합성 수지관의 끝 부분을 다듬기 위해 사용하는 공구이다.
② 벤더 : 관을 구부릴 때 사용하는 공구이다.
③ 클리퍼 : 펜치로 절단하기 힘든 굵기 $25mm^2$ 이상의 두꺼운 전선을 절단하는 공구이다.

22
정답 ②

저항에 흐르는 전류

$I=\frac{V}{R_1+R_2}=\frac{6}{1+2}=2A$

$\therefore\ V_{AB}=IR_1=2A\times 1\Omega=2V$

23
정답 ②

줄의 법칙에 따라 도체에 발생하는 열에너지는 $H=0.24I^2Rt$[cal]이다. 따라서 H는 저항에 비례하므로 R_2는 R_1보다 3배의 열을 발생시킨다.

24
정답 ③

$E=K\Phi N$

$E'=K\Phi\frac{1}{2}N$

$E=E'$

$K\Phi N=K\Phi\frac{1}{2}N$

따라서 Φ는 2배가 되어야 한다.

25
정답 ①

분전반 및 배전반은 전기회로를 쉽게 조작할 수 있는 장소에 설치해야 하며, 기구 및 전선을 점검할 수 있도록 시설해야 한다.

26
정답 ③

정회전 슬립은 $s=\frac{N_s-N}{N_s}$이며, N_s는 동기속도, N은 회전자속도이다$\left(s=\frac{N_s-N}{N_s}=1-\frac{N}{N_s}\rightarrow\frac{N}{N_s}=1-s\right)$.

역회전 슬립은 회전자속도 N에 $-N$을 대입하여 구한다. 따라서 $s'=\frac{N_s-(-N)}{N_s}=\frac{N_s+N}{N_s}=1+\frac{N}{N_s}=1+(1-s)=2-s$이다.

27
정답 ④

철심에서 실제 철의 단면적과 철심의 유효면적과의 비를 점적률이라고 한다.

오답분석

① 권수비 : 변압기의 1차·2차 권선수의 비이다.
② 변류비 : 변압기의 1차·2차 부하 전류의 비이다.
③ 변동률 : 정격전압과 무부하 상태의 전압의 차와 정격전압의 비이다.

28

정답 ④

△ → Y 변환 등가회로

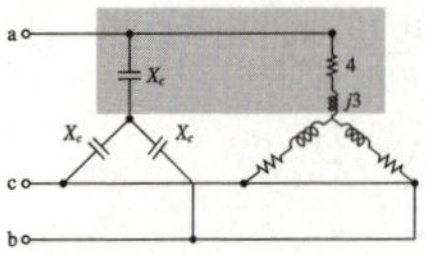

△ → Y 변환 시 1상당 임피던스 $Z=4+j3\Omega$

병렬 등가회로

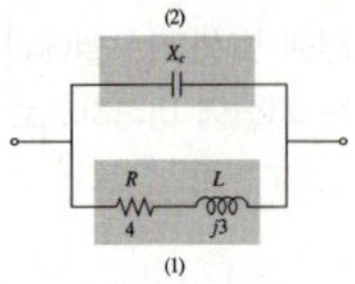

RL 직렬에 C 병렬연결인 등가회로로 구성

(1) 어드미턴스 $Y_1=\frac{1}{4+j3}$ ℧

(2) 어드미턴스 $Y_2=j\frac{1}{X_c}$ ℧

$$\therefore\ Y=Y_1+Y_2=\frac{1}{4+j3}+j\frac{1}{X_c}$$
$$=\frac{1\times(4-j3)}{(4+j3)\times(4-j3)}+j\frac{1}{X_c}$$
$$=\frac{4-j3}{16+9}+j\frac{1}{X_c}=\frac{4}{25}-j\frac{3}{25}+j\frac{1}{X_c}$$

X_c를 구하므로 (허수부)=0

$$-j\left(\frac{3}{25}-\frac{1}{X_c}\right)=0$$
$$\frac{3}{25}=\frac{1}{X_c}$$
$$\therefore\ X_c=\frac{25}{3}\Omega$$

29

정답 ①

줄의 법칙(Joule's Law)은 도선에 전류를 흘리면 열이 발생하는데 이때 발생한 열은 전류의 제곱과 흐르는 시간, 도체의 저항에 비례한다는 법칙으로, 공식은 $W=Pt=RI^2t$ [J] 이다.

30

정답 ①

RLC 직렬회로

- 직렬공진이므로 L 또는 C 양단에 가장 큰 전압이 걸리게 된다.
- 전류가 최대가 되므로 임피던스는 최소가 된다.
- 직렬공진이므로 저항 R만의 회로가 되어 동위상이다.
- L에 걸리는 전압과 C에 걸리는 전압의 위상은 180°이다.

제 7 영역 기계

01	02	03	04	05	06	07	08	09	10
②	③	④	②	③	②	④	④	①	②
11	12	13	14	15	16	17	18	19	20
②	④	③	①	④	①	④	③	②	①
21	22	23	24	25	26	27	28	29	30
④	④	④	③	④	①	①	②	④	②

01

정답 ②

압축률을 구하는 공식은 다음과 같다.

$$[\text{압축률}(\beta)]=\frac{1}{[\text{체적탄성계수}(E)]}\ \frac{1}{N/m^2}=m^2/N$$
$$=L^2F^{-1}=L^2(MLT^{-2})^{-1}$$
$$=L^2M^{-1}L^{-1}T^2=M^{-1}LT^2$$

02

정답 ③

유체 커플링은 유체를 매개로 하여 동력을 전달하는 장치로, 유체를 가득 채운 케이싱 내부에 임펠러를 서로 마주보게 세워두고 회전력을 전달한다.

오답분석

① 축압기 : 유체를 저장해서 충격흡수, 에너지축적, 맥동 완화 등의 역할을 하는 유압장치의 구성요소이나 유속을 증가시키지는 않는다. 또한, 유속은 관의 직경을 변화시킴으로써 변경시킬 수 있다.

② 체크 밸브 : 유체가 한쪽 방향으로만 흐르고 반대쪽으로는 흐르지 못하도록 할 때 사용하는 밸브이다.

④ 유압 실린더 : 유압 모터에 의해 발생된 유압에너지를 직선형태의 기계적 에너지로 변환시켜 실제 일을 수행하는 기계요소이다.

03

정답 ④

㉠ 오스템퍼링 : 오스테나이트에서 베이나이트로 완전한 항온변태가 일어날 때까지 특정 온도로 유지 후 공기 중에서 냉각, 베이나이트 조직을 얻는다. 뜨임이 필요 없고, 담금 균열과 변형이 없다.

㉡ 오스포밍 : 과랭 오스테나이트 상태에서 소성 가공을 한 후 냉각 중에 마텐자이트화하는 항온 열처리 방법이다.

㉢ 마템퍼링 : Ms점과 Mf점 사이에서 항온처리하는 열처리 방법으로 마텐자이트와 베이나이트의 혼합 조직을 얻는다.

따라서 (가) – ㉢, (나) – ㉠, (다) – ㉡이다.

04

정답 ②

호닝은 몇 개의 숫돌을 공작물에 대고 압력을 가하면서 회전운동과 왕복운동을 시켜 보링 또는 연삭 다듬질한 원통 내면의 미세한 돌기를 없애고, 극히 아름다운 표면으로 다듬질하는 가공법이다.

오답분석

① 배럴(Barrel) 가공 : 공작물, 연삭입자, 가공액, 컴파운드를 상자(배럴) 속에 넣고 회전 또는 진동시켜 공작물 표면의 요철을 없애고 평평한 가공면을 얻는 가공법이다.
③ 슈퍼 피니싱(Super Finishing) : 슈퍼 피니싱은 입도가 작고 연한 숫돌을 작은 압력으로 공작물 표면에 가압하면서 피드를 주고 또한 숫돌을 진동시키면서 가공물을 완성·가공하는 방법이다.
④ 숏 피닝(Shot Peening) : 금속재료의 표면에 강이나 주철의 작은 입자들을 고속으로 분사시켜 표면층의 경도를 높이는 방법으로 피로한도, 탄성한계를 향상시킨다.

05

정답 ③

응력집중계수(k)는 노치부의 유무나 급격한 단면변화와 같이 재료의 모양변화에는 영향을 받지만, 재료의 크기나 재질에는 영향을 받지 않는다. 응력집중현상 감소를 위해서는 필릿의 반지름을 크게 하고, 단면부분을 열처리하거나 표면거칠기를 향상시킨다.

06

정답 ②

크리프(Creep) 현상은 금속을 고온에서 오랜 시간 외력을 가하면 시간의 경과에 따라 서서히 변형이 증가하는 현상을 말한다.

오답분석

① 전성 : 얇은 판으로 넓게 펼 수 있는 성질이다.
③ 가단성 : 금속을 두드려 늘릴 수 있는 성질이다.
④ 연성 : 가느다란 선으로 늘어나는 성질이다.

07

정답 ④

스페로다이징(Spherodizing)은 공석온도 이하에서 가열하는 것으로 최고의 연성을 가진 재료를 얻고자 할 때 사용하는 열처리법이다. 한편, 미세한 펄라이트 조직을 얻기 위해 공석온도 이상으로 가열 후 서랭하는 열처리법은 불림(Normalizing)이다.

08

정답 ④

㉠ 쇼어 경도(H_S) : 낙하시킨 추의 반발높이를 이용하는 충격경도 시험이다.
㉡ 브리넬 경도(H_B) : 구형 누르개를 일정한 시험하중으로 시험편에 압입시켜 시험하며, 이때 생긴 압입 자국의 표면적을 시험편에 가한 하중으로 나눈 값이다.
㉢ 로크웰 경도(H_R) : 원추각이 120°, 끝단 반지름이 0.2mm인 원뿔형 다이아몬드를 누르는 방법(HRC)과 지름이 1.588mm인 강구를 누르는 방법(HRB)의 2가지가 있다.

따라서 (가) – ㉢, (나) – ㉠, (다) – ㉡이다.

09

정답 ①

가스터빈은 압축, 연소, 팽창의 과정으로 작동되는 내연기관으로 압축기에서 압축된 공기가 연소실에서 연료와 혼합되어 연소하면서 고온·고압으로 팽창한 힘으로 터빈을 움직여 에너지를 얻는 열기관사이클이며, 실제 개방사이클로 이루어진다. 또한, 공기가 공급되며 냉각제 역할을 한다.

10

정답 ②

GC300의 GC는 회주철의 약자이며, 300은 최저 인장강도를 나타낸다.

11

정답 ②

상자의 속도(v)를 구하기 위하여 운동량보존법칙을 이용한다.

$Ft=mv$에서 상자를 실제 움직이게 한 힘(F)을 먼저 구하면

- F=(잡아당긴 힘)–[마찰력(f)]=400–150=250N
  ※ [마찰력(f)]=μN=0.3×(50×10)=150N
- $Ft=mv$

$$v=\frac{Ft}{m}=\frac{250\text{kg}\times\text{m/s}^2\times 5\text{s}}{50\text{kg}}=25\text{m/s}$$

※ $1\text{N}=1\text{kg}\cdot\text{m/s}^2$

운동량 보존법칙

$Ft=mv$

F : 상자를 실제 움직이게 하는 힘
t : 상자가 움직이는 시간
m : 상자의 질량
v : 상자의 속도

12

정답 ④

디젤기관은 공기를 실린더에 넣고 발화점 이상이 되도록 단열압축하여 온도가 올라가면 연료분사펌프를 통해 디젤을 분출시켜 기체가 점화되면서 폭발하여 피스톤 운동을 하는 기관이다. 이 기관은 소음과 진동이 커서 정숙한 운전이 힘들다.

13
정답 ③

나사를 푸는 힘 $P' = Q\tan(p-\alpha)$에서 P'의 크기에 따른 나사의 풀림 여부는 다음과 같다.

- P'가 0보다 크면, 나사를 풀 때 힘이 든다. 따라서 나사는 풀리지 않는다.
- P'가 0이면, 나사가 풀리다가 정지한다. 따라서 나사는 풀리지 않는다.
- P'가 0보다 작으면, 나사를 풀 때 힘이 안 든다. 따라서 나사는 스스로 풀린다.

14
정답 ①

기계재료의 구비조건

- 고온에서 경도가 감소되지 않을 것
- 내마모성, 인성강도, 내식성, 내열성이 클 것
- 가공재료보다 경도가 클 것
- 마찰계수가 작을 것
- 재료 공급이 원활하고, 경제적일 것

15
정답 ④

제시문은 플래시(Flash) 현상이 나타난 성형 불량에 대한 대책이다.

오답분석

① 플로마크(Flow Mark) 현상 : 딥드로잉 가공에서 나타나는 외관 결함으로 제품표면에 성형 재료의 줄무늬가 생기는 현상이다.
② 싱크마크(Sink Mark) 현상 : 냉각속도가 큰 부분의 표면에 오목한 형상이 발생하는 불량이다. 이 결함을 제거하려면 성형품의 두께와 러너와 게이트를 크게 하여 금형 내의 압력을 균일하게 한다.
③ 웰드마크(Weld Mark) 현상 : 플라스틱 성형 시 흐르는 재료들의 합류점에서 재료의 융착이 불완전하여 나타나는 줄무늬 불량이다.

16
정답 ①

오답분석

② 나사 피치 게이지 : 피치 나사산의 형상을 한 홈을 만드는 게이지이다.
③ 반지름 게이지 : 둥근 모양의 측정에 사용하는 게이지이다.
④ 센터 게이지 : 선반으로 나사를 절삭할 때 사용하는 게이지이다.

17
정답 ④

이상기체 상태방정식 : $PV=mRT$, (P : 압력, V : 부피, m : 질량, R : 기체상수, T : 절대온도)

[상태방정식에서 질량(m)]$=\dfrac{PV}{RT}$

따라서 공기의 질량은 $m=\dfrac{PV}{RT}=\dfrac{101\times 5^3}{0.287\times(273+27)}$ $\fallingdotseq 146.6$kg이다.

※ (절대온도)=(섭씨온도)+273

18
정답 ③

[벽이 받는 힘(F)]$=\rho Av^2$(ρ : 밀도, A : 면적, v : 속도)

따라서 $\rho Av^2 = 1{,}000\times 0.035^2\times\pi\times 50 \fallingdotseq 192$N이다.

19
정답 ②

점성계수(μ)

유체유동에 대한 저항력의 척도로 점도라고도 간단히 부른다.

$$\mu=\frac{N\times \sec}{m^2}=\frac{(kg\times m/s^2)\times s}{m^2}=\frac{kg\times m\times s}{m^2\times s^2}=\frac{kg}{m\times s}$$

MLT 차원은 질량(M), 길이(L), 시간(T) 순서로 표시되므로 $\dfrac{kg}{m\times s}$을 구분하면 $M=$kg, $L^{-1}=\left(\dfrac{1}{m}\right)$, $T^{-1}=\left(\dfrac{1}{s}\right)$이고, 표시는 $ML^{-1}T^{-1}$가 된다.

20
정답 ①

미터 아웃 회로는 유압 회로에서 속도제어를 하며, 실린더 출구 쪽에서 유출되는 유량을 제어한다.

오답분석

② 블리드 오프 회로 : 유압 회로에서 속도제어를 하며, 실린더로 유입되는 유량을 바이패스로 제어한다.
③ 미터 인 회로 : 유압 회로에서 속도제어를 하며, 실린더 입구 쪽에서 유입되는 유량을 제어한다.
④ 카운터 밸런스 회로 : 부하가 급격히 제거되었을 때 관성력에 의해 소정의 제어를 못할 경우 감입된다.

21
정답 ④

- δ(변형량)=1일 때 스프링상수 k : $\dfrac{P}{\delta}$(P : 응력)
- $\delta=\dfrac{1}{3}$일 때 스프링상수 k : $\dfrac{P}{\frac{1}{3}\delta}=\dfrac{3P}{\delta}=3k$

따라서 스프링상수는 $3k$이다.

22
정답 ④

마이크로미터 측정값 계산

$7.5+0.30=7.80$mm

23

정답 ④

강(Steel)은 철과 탄소를 기반으로 하는 합금으로, 탄소 함유량이 증가함에 따라 성질이 달라진다. 탄소 함유량이 증가하면 경도, 항복점, 인장강도는 증가하고, 충격치와 인성은 감소한다.

24

정답 ③

유압회로에서 회로 내 압력이 설정치 이상이 되면 그 압력에 의해 밸브가 열려 압력을 일정하게 유지시키는 역할을 하는 밸브는 릴리프 밸브로, 안전 밸브 같은 역할을 한다.

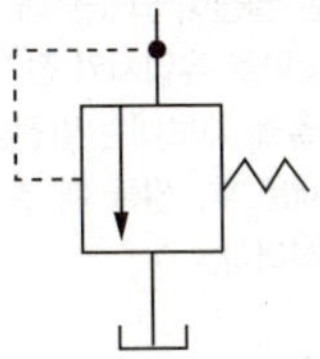

오답분석

① 시퀀스 밸브(Sequence Valve) : 정해진 순서에 따라 작동시키는 밸브로 기계의 정해진 순서를 조정하는 밸브이다.
② 유량 제어 밸브(Flow Control Valve) : 유압회로 내에서 단면적의 변화를 통해서 유체가 흐르는 양을 제어하는 밸브이다.
④ 감압 밸브(Pressure Reducing Valve) : 액체의 압력이 사용 목적보다 높으면 사용하는 밸브로 압력을 낮춘 후 일정하게 유지시켜주는 밸브이다.

25

정답 ④

디젤기관의 독립식 분사펌프는 각 실린더마다 개별적으로 분사펌프가 장치된 형식으로 연료는 연료탱크 → 연료여과기 → 공급펌프 → 연료여과기 → 분사펌프 → 분사노즐로 공급된다.

26

정답 ①

코일스프링 하나의 스프링상수를 1로 가정하고, 직렬 또는 병렬로 연결할 때 각각의 전체 스프링상수를 구하면 다음과 같다.

- 직렬연결

$$k=\frac{1}{\frac{1}{k_1}+\frac{1}{k_2}}=\frac{1}{1+1}=\frac{1}{2}=0.5$$

- 병렬연결

$$k=k_1+k_2=1+1=2$$

따라서 직렬 스프링상수는 병렬 스프링상수의 $\frac{0.5}{2}=\frac{1}{4}$배가 된다.

27

정답 ①

오답분석

- 롤러 체인, 웜 기어, 스플라인, 전자 클러치, 원추 마찰자 : 동력 전달용 기계요소
- 드럼 브레이크 : 제동용 기계요소
- 공기스프링 : 완충용 기계요소

28

정답 ②

키의 전달강도가 큰 순서는 '스플라인>경사키>평키>안장키'이다.

29

정답 ④

기체가 받은 일의 양은 $W=P\Delta V=50\times(0.36\times0.4)=7.2$kJ이다.

내부 에너지의 변화량이 13.5kJ이고 등압변화를 하였으므로 $Q=W+\Delta U=7.2+13.5=20.7$kJ이다.

따라서 실린더는 열량을 20.7kJ 얻었다.

30

정답 ②

체인전동장치는 초기 장력이 필요 없어서 베어링 마멸이 적고, 정지시 장력이 작용하지 않는다.

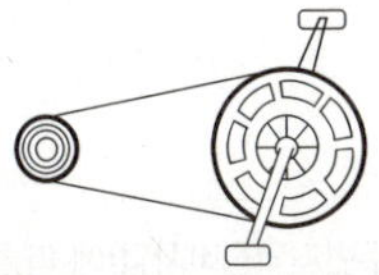

체인전동장치의 특징

- 유지 및 보수가 쉽다.
- 접촉각은 90° 이상이 좋다.
- 체인의 길이를 조절하기 쉽다.
- 내열이나 내유, 내습성이 크다.
- 진동이나 소음이 일어나기 쉽다.
- 축간거리가 긴 경우 고속전동이 어렵다.
- 여러 개의 축을 동시에 작동시킬 수 있다.
- 마멸이 일어나도 전동효율의 저하가 작다.
- 큰 동력전달이 가능하며 전동효율이 90% 이상이다.
- 체인의 탄성으로 어느 정도의 충격을 흡수할 수 있다.
- 고속회전에 부적당하며 저속회전으로 큰 힘을 전달하는 데 적당 하다.
- 전달효율이 크고 미끄럼(슬립)이 없이 일정한 속도비를 얻을 수있다.
- 초기 장력이 필요 없어서 베어링 마멸이 적고 정지 시 장력이 작용하지 않는다.
- 사일런트 체인은 정숙하고 원활한 운전과 고속회전이 필요할 때 사용되는 체인이다.

제8영역 K-water 수행사업(공통)

31	32	33	34	35	36	37	38	39	40
①	④	③	③	①	①	③	④	③	②

31

정답 ①

우리나라 최초의 상수도는 1908년에 영국 회사인 조선수도회사가 설치한 뚝도정수장이다.

32

정답 ④

소수력은 기존시설물의 이용 여부에 따라 일반 하천을 이용한 소수력과 기존시설물을 이용한 소수력으로 구분되며, 일반하천의 경우 건설비용이 많아 이용률이 적은 편이다.

오답분석

① 소수력이란 소규모의 수력발전으로 10,000kW 이하의 경우를 의미한다.

② 소수력발전은 건설기간이 비교적 짧고, 환경훼손을 최소화 할 수 있다는 장점이 있다.

③ 소수력발전은 대수력에 비해 첨두부하에 대한 기여도가 적고, 초기 투자 부담이 크다는 단점이 있다.

33

정답 ③

댐건설법 제41조(댐주변지역정비사업)에 따른 댐주변지역의 범위(댐주변지역정비사업구역이라 한다)는 다음 각 호의 지역으로 한다(댐건설법 시행령 제36조 제3항).

1. 댐의 계획홍수위선(계획홍수위선이 없는 경우에는 상시 만수위선)으로부터 5km 이내의 지역
2. 댐의 발전소로부터 반경 2km 이내의 지역
3. 댐주변지역정비사업의 효율적인 시행이나 지역의 균형발전을 위하여 댐주변지역정비사업계획을 수립하는 시・도지사가 관할 시장・군수 또는 구청장(자치구의 구청장을 말한다)과 협의하여 필요하다고 인정하는 지역

34

정답 ③

한국수자원공사의 미션은 '물이 여는 미래, 물로 나누는 행복'이다.

35

정답 ①

전략환경영향평가의 주 내용은 계획의 적정성과 입지의 타당성 등의 검토이다.

오답분석

② 전략환경영향평가는 사업의 계획 단계에서 이루어지는 평가이다.

③ 환경영향평가 및 소규모 환경영향평가는 사업의 설계 단계에서 이루어진다.

④ 인구, 산업은 평가분야 중 사회・경제 분야에 해당한다.

36

정답 ①

창조식과 낙조식으로 분류하는 것은 한쪽으로만 발전하는 단류식 발전이다. 창조식 발전은 밀물이 되었을 때, 높아진 바다와 호수의 수위차를 이용하여 바닷물을 유입시켜 전기를 생산하고, 썰물 때 낮아진 바다로 호수의 물을 내보내는 발전방식인 반면 낙조식 발전은 밀물 때 호수를 채운 후, 썰물 때 호수와 외해의 수위차를 이용하여 발전하는 방식이다.

37

정답 ③

한국수자원공사는 1973년 소양강 다목적댐을 준공하여 상업발전을 시작한 후, 2022년 5월 기준 대수력발전소 10개소(1,004.6MW), 소수력발전소 38개소(37.266MW), 보수력발전소 16개소(50.771MW), 조력발전소 1개소(254MW), 풍력발전소 3개소(8MW), 태양광발전소 39개소(17.245MW)로 총 107개소 1,371.882MW의 설비를 운영하여 국내에 전력공급을 하고 있다.

38

정답 ④

우리나라의 수변공간은 산업화 과정에서 오염되고, 격리된 공간으로 소홀히 다뤄져 왔다. 하지만 최근에는 수변공간의 활용성에 대한 시각이 점점 진화하고 있으며 미래에는 친환경성과 더불어 다양하고 복합화된 수요가 수변공간에 요구될 것이다. 따라서 앞으로는 사회・경제・문화적 환경이 집약된 수변공간(Waterfront)으로서의 잠재적 가치를 인정하는 인식의 전환이 필요하다.

39

정답 ③

- 원수의 탁질 중에서 입경이 10^{-2}mm 이상인 것은 보통 침전이나 여과로 제거가 가능하다. 하지만 입경이 10^{-3}mm(1μm) 이하인 물질은 대부분이 음전하를 띠기 때문에 자기들끼리 반발하여 자연적인 방법으로는 침전하기 어렵고, 여과로도 제거되지 않는다.
- 플록이란 물속의 현탁물질이나 유기물, 미생물 등의 미립자를 응집제로 응집시킨 큰 덩어리를 말한다.
- 혼화・응집공정의 처리과정은 응집제를 첨가해서 탁질을 플록으로 생성시키는 단계와 생성된 플록을 크게 성장시키는 단계로 구분할 수 있다. 이 두 단계의 기능을 분리하여 전 단계를 혼화, 다음 단계를 응집이라 한다.

40

정답 ②

지방상수도 현대화사업은 지방 노후 상수도 정비를 통해 안전하고 깨끗한 물을 공급하며 지자체 스스로 투자・관리가 가능한 수도사업의 선순환 구조 정착을 유도하기 위해 정부(환경부) 정책에 따라 국고를 지원하는 사업이다. 현대화사업의 총사업비는 국고와 지방비를 포함하여 3.1조 원으로 2017년부터 2024년까지 노후 상수관망 정비사업 103개, 노후 정수장 정비사업 30개가 순차적으로 추진 중이다.

시대에듀

M E M O

한국수자원공사 직업기초능력평가 답안카드

성 명

지원 분야

문제지 형별기재란	
(　　)형	Ⓐ Ⓑ

수 험 번 호						
⓪	⓪	⓪	⓪	⓪	⓪	⓪
①	①	①	①	①	①	①
②	②	②	②	②	②	②
③	③	③	③	③	③	③
④	④	④	④	④	④	④
⑤	⑤	⑤	⑤	⑤	⑤	⑤
⑥	⑥	⑥	⑥	⑥	⑥	⑥
⑦	⑦	⑦	⑦	⑦	⑦	⑦
⑧	⑧	⑧	⑧	⑧	⑧	⑧
⑨	⑨	⑨	⑨	⑨	⑨	⑨

감독위원 확인
㊞

1	①	②	③	④	21	①	②	③	④		
2	①	②	③	④	22	①	②	③	④		
3	①	②	③	④	23	①	②	③	④		
4	①	②	③	④	24	①	②	③	④		
5	①	②	③	④	25	①	②	③	④		
6	①	②	③	④	26	①	②	③	④		
7	①	②	③	④	27	①	②	③	④		
8	①	②	③	④	28	①	②	③	④		
9	①	②	③	④	29	①	②	③	④		
10	①	②	③	④	30	①	②	③	④		
11	①	②	③	④	31	①	②	③	④		
12	①	②	③	④	32	①	②	③	④		
13	①	②	③	④	33	①	②	③	④		
14	①	②	③	④	34	①	②	③	④		
15	①	②	③	④	35	①	②	③	④		
16	①	②	③	④	36	①	②	③	④		
17	①	②	③	④	37	①	②	③	④		
18	①	②	③	④	38	①	②	③	④		
19	①	②	③	④	39	①	②	③	④		
20	①	②	③	④	40	①	②	③	④		

※ 본 답안카드는 마킹연습용 모의 답안카드입니다.

〈절취선〉

한국수자원공사 직무능력평가 답안카드

성 명

지원 분야

문제지 형별기재란	
(　　　)형	Ⓐ Ⓑ

수 험 번 호						
⓪	⓪	⓪	⓪	⓪	⓪	⓪
①	①	①	①	①	①	①
②	②	②	②	②	②	②
③	③	③	③	③	③	③
④	④	④	④	④	④	④
⑤	⑤	⑤	⑤	⑤	⑤	⑤
⑥	⑥	⑥	⑥	⑥	⑥	⑥
⑦	⑦	⑦	⑦	⑦	⑦	⑦
⑧	⑧	⑧	⑧	⑧	⑧	⑧
⑨	⑨	⑨	⑨	⑨	⑨	⑨

감독위원 확인
㉐

1	①	②	③	④	21	①	②	③	④		
2	①	②	③	④	22	①	②	③	④		
3	①	②	③	④	23	①	②	③	④		
4	①	②	③	④	24	①	②	③	④		
5	①	②	③	④	25	①	②	③	④		
6	①	②	③	④	26	①	②	③	④		
7	①	②	③	④	27	①	②	③	④		
8	①	②	③	④	28	①	②	③	④		
9	①	②	③	④	29	①	②	③	④		
10	①	②	③	④	30	①	②	③	④		
11	①	②	③	④	31	①	②	③	④		
12	①	②	③	④	32	①	②	③	④		
13	①	②	③	④	33	①	②	③	④		
14	①	②	③	④	34	①	②	③	④		
15	①	②	③	④	35	①	②	③	④		
16	①	②	③	④	36	①	②	③	④		
17	①	②	③	④	37	①	②	③	④		
18	①	②	③	④	38	①	②	③	④		
19	①	②	③	④	39	①	②	③	④		
20	①	②	③	④	40	①	②	③	④		

※ 본 답안카드는 마킹연습용 모의 답안카드입니다.

한국수자원공사 직업기초능력평가 답안카드

성 명

지원 분야

문제지 형별기재란	
( )형	Ⓐ Ⓑ

수 험 번 호						
⓪	⓪	⓪	⓪	⓪	⓪	⓪
①	①	①	①	①	①	①
②	②	②	②	②	②	②
③	③	③	③	③	③	③
④	④	④	④	④	④	④
⑤	⑤	⑤	⑤	⑤	⑤	⑤
⑥	⑥	⑥	⑥	⑥	⑥	⑥
⑦	⑦	⑦	⑦	⑦	⑦	⑦
⑧	⑧	⑧	⑧	⑧	⑧	⑧
⑨	⑨	⑨	⑨	⑨	⑨	⑨

감독위원 확인
㊞ 인

1	①	②	③	④	21	①	②	③	④		
2	①	②	③	④	22	①	②	③	④		
3	①	②	③	④	23	①	②	③	④		
4	①	②	③	④	24	①	②	③	④		
5	①	②	③	④	25	①	②	③	④		
6	①	②	③	④	26	①	②	③	④		
7	①	②	③	④	27	①	②	③	④		
8	①	②	③	④	28	①	②	③	④		
9	①	②	③	④	29	①	②	③	④		
10	①	②	③	④	30	①	②	③	④		
11	①	②	③	④	31	①	②	③	④		
12	①	②	③	④	32	①	②	③	④		
13	①	②	③	④	33	①	②	③	④		
14	①	②	③	④	34	①	②	③	④		
15	①	②	③	④	35	①	②	③	④		
16	①	②	③	④	36	①	②	③	④		
17	①	②	③	④	37	①	②	③	④		
18	①	②	③	④	38	①	②	③	④		
19	①	②	③	④	39	①	②	③	④		
20	①	②	③	④	40	①	②	③	④		

※ 본 답안카드는 마킹연습용 모의 답안카드입니다.

〈절취선〉

한국수자원공사 직무능력평가 답안카드

성 명

지원 분야

문제지 형별기재란	
(　　)형	Ⓐ Ⓑ

수 험 번 호						
⓪	⓪	⓪	⓪	⓪	⓪	⓪
①	①	①	①	①	①	①
②	②	②	②	②	②	②
③	③	③	③	③	③	③
④	④	④	④	④	④	④
⑤	⑤	⑤	⑤	⑤	⑤	⑤
⑥	⑥	⑥	⑥	⑥	⑥	⑥
⑦	⑦	⑦	⑦	⑦	⑦	⑦
⑧	⑧	⑧	⑧	⑧	⑧	⑧
⑨	⑨	⑨	⑨	⑨	⑨	⑨

감독위원 확인
ⓘ인

1	①	②	③	④	21	①	②	③	④		
2	①	②	③	④	22	①	②	③	④		
3	①	②	③	④	23	①	②	③	④		
4	①	②	③	④	24	①	②	③	④		
5	①	②	③	④	25	①	②	③	④		
6	①	②	③	④	26	①	②	③	④		
7	①	②	③	④	27	①	②	③	④		
8	①	②	③	④	28	①	②	③	④		
9	①	②	③	④	29	①	②	③	④		
10	①	②	③	④	30	①	②	③	④		
11	①	②	③	④	31	①	②	③	④		
12	①	②	③	④	32	①	②	③	④		
13	①	②	③	④	33	①	②	③	④		
14	①	②	③	④	34	①	②	③	④		
15	①	②	③	④	35	①	②	③	④		
16	①	②	③	④	36	①	②	③	④		
17	①	②	③	④	37	①	②	③	④		
18	①	②	③	④	38	①	②	③	④		
19	①	②	③	④	39	①	②	③	④		
20	①	②	③	④	40	①	②	③	④		

※ 본 답안카드는 마킹연습용 모의 답안카드입니다.

2026 최신판 시대에듀 All-New 사이다 모의고사
한국수자원공사 NCS+전공

개정16판1쇄 발행	2025년 08월 20일 (인쇄 2025년 07월 23일)
초 판 발 행	2018년 04월 20일 (인쇄 2018년 03월 21일)
발 행 인	박영일
책 임 편 집	이해욱
편 저	SDC(Sidae Data Center)
편 집 진 행	여연주 · 신주희
표지디자인	현수빈
편집디자인	양혜련 · 고현준
발 행 처	(주)시대고시기획
출 판 등 록	제10-1521호
주 소	서울시 마포구 큰우물로 75 [도화동 538 성지 B/D] 9F
전 화	1600-3600
팩 스	02-701-8823
홈 페 이 지	www.sdedu.co.kr

I S B N	979-11-383-9692-9 (13320)
정 가	18,000원

사
이
다

사일 동안
이것만 풀면
다 합격!

한국수자원공사
NCS + 전공

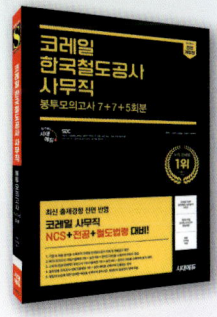

시대에듀가 합격을 준비하는
당신에게 제안합니다.
성공의 기회
시대에듀를 잡으십시오.
NEXT STEP
시대에듀
기회란 포착되어 활용되기 전에는 기회인지조차 알 수 없는 것이다.
– 마크 트웨인 –